김현미

# 흠결 없는
# 파편들의 사회

한국 2060 여성들의
일 경험과 모험

봄알람

일러두기

- 인용 문헌의 저자와 '실명'이라 별도 표기된
  이들을 제외한 인명은 전부 가명이다.
- 해외 인명의 원어 표기는 참고문헌에서
  확인할 수 있다.

차례

# 여는 글

나는 줄곧 여성들이 일터를 어떻게 경험하고 있는가에
관심을 가져왔다. "지금도 도저히 못 살 것 같은데 미래도
보이지 않는다. 희망이 없어 보인다"고 말하는 20-30대
여성이 주변에 많다. 일터의 성 평등이, 사회적 안전망이,
여성에 대한 존중이, 너무 요원하다는 의미다.

　　　현대의 여성들은 업무 성격도 다르고 관련성도
없는 직종으로 끊임없이 이동하고 있다. 지속해서 만나는
동료는 존재하지 않고, '낯선 환경'에서 '낯선 동료'들과
빨리 팀워크를 쌓아야 하는 상황을 반복적으로 맞이하는
경우가 많아지고 있다. 기업이나 일터에서 낮은 위치에
있는 사람들에게 요구되는 감정노동이나 돌봄의 수행은
여성들에게 '재여성화'의 압력을 만들어낸다. 여성들은 눈치,

비위 맞추기, 외모 가꾸기, 알아서 굽혀주기, 빠른 손놀림
등의 젠더 수행성을 강요받는다. 이러한 일터를 '코르셋' 피팅
룸 혹은 '사육장'처럼 느끼는 20대, 30대 여성이 많다. 임금,
성장, 안정성, 인정의 생산지이지만 동시에 부정의, 피폐함,
맹목성, 경쟁이 기본값인 일터는 욕망의 목적지이며 동시에
도망가고 싶은 격전지다.

　　　　하지만 동시에 이들은 말한다. "희망이 안 보이는데
포기도 안 된다." 이들은 좌절을 겪지만 쉽게 체념하지 않는다.




## 일하는 여성들의 딜레마

지난 몇 년간 급격히 대중화된 페미니즘의 외침은 여성혐오와
여성 몸의 식민화에 저항하는 데 집중되었다. 그리고 이
논의 안에서 고학력 사무직 여성의 노동 현장은 상대적으로
개인화된 경험으로 취급되었다. 성공하는 커리어 우먼이 되는
법을 알려주는 도서들이 유행했으나, 커리어라는 개념 또한
일부 여성들에게만 적용되는 현실이 되고 있다.


　　　"서른 살의 스타일로 마흔까지 승부하라"
　　　"서른 살, 당당하게 드러내라"

"여자가 리더로 성공하는 30가지 비결"

"우아하게 일하고 화려하게 떠나라"

과거 고학력 사무직이나 전문직 여성을 위한 대중서들은
어떻게 여성들이 자신을 '브랜드'로 마케팅하여 생존하고
성공할 수 있는지를 강조했다. 이런 책들은 대부분 명령조
아니면 선언문이다. 뭔가 한 방에 '전환'이 이뤄질 것 같은
예언적 선언으로 비전을 주거나 성공의 매뉴얼을 제안한다.
하지만 현실은 어떨까. 현대 한국의 여성들은 매뉴얼대로
따라 할 수 없는 매우 복잡한 일터의 세계에 살고 있다. 대학
교육을 받고, 취업준비생을 거쳐 사무직·전문직에 진입한
20-30대 여성은 일터에서 지속적으로 이동하기에 소속의
정서를 갖지 못하고, 이미 조직에서 관리자가 된 40-50대
여성은 자신의 지위에 끊임없이 불안감을 느낀다.

　　　'능력이 있으면 누구든 성공할 수 있다'는
신자유주의의 메시지는 매력적이었다. 여성들은 전 세계를
장악해버린 신자유주의 자본주의 경제의 확장과 함께
태어났고, 교육을 받았고, 일터에 나왔고, 그렇게 '인격'을
구성해갔다. 효율, 생산성, 탁월함과 자기 책임의 논리를
강조하는 신자유주의는 '전통적' 차별로 배제되어왔던
여성이나 특정 신분의 사람들, 사회적 소수자에게 긍정적
가능성을 가져다주었다. '개인화'와 능력주의는 페미니즘이나

여성 권리 향상에 긍정적 영향을 가져오기도 했다. 일견 신자유주의는 집단적 차별을 받아왔던 여성이나 소수자 중 일부에게 선택적 해방을 가져다준다. 일과 전문성에서 탁월함을 증명하면 여자라는 이유로 차별받지 않을 것이라는 고양된 기대를 만들어냈기 때문이다. 이는 고학력 여성들이 능력주의에 매달리는 이유이기도 하다. 하지만 능력주의의 실현과 보상은 상당히 젠더화되어 있다. 고학력 전문직 여성들이 어떻게 능력주의를 실천하고, 동시에 불안정성과 취약성을 경험하고 있는가는 '일터의 페미니즘'의 가능성을 상상하는 데 있어 중요한 문제다. 능력에 입각한 성과주의는 구체적인 일의 결과와 성취에 따른 보상을 강조한다. 많은 사람이 '자발적으로 장시간 일하는 노예(willing slaves)'가 되었고 높아진 노동 강도를 받아들였다.[1] 자신의 능력을 전통적 위계에 구애받지 않고 발휘할 수 있으리라는 확신 때문이다.

2000년대 알파걸 담론의 부상 이후, 한국의 고학력 여성들은 정당한 대우를 받기 위해 자격을 갖추는 일에 몰두했다. 한국의 경우, 실제로 2022년 기준 여성의 76.6퍼센트, 남성의 70.3퍼센트가 대학에 진학한다.[2] 몇 년 전부터 대학 진학률에서 여성이 남성을 앞서고 있다. 특히 문화적 감각과 창의력을 요구하는 디지털 플랫폼, 문화산업, 커뮤니케이션 서비스 분야는 여성들을 창의적 자율 노동의 제공자이자 콘텐츠 소비자로 만들었다. 이들은 경쟁에서

이기는 것이 곧 평등을 쟁취하는 길이라 믿었고 일터에
진입한 이후에는 성과를 보이고 능력을 입증해냄으로써
인정받는 다양한 쇼잉<sup>showing</sup> 전략을 택했다. 이렇게 많은 여성이
자기 계발만큼이나 자기 책임감의 윤리를 내재화한 일-중독
상태가 되었다.

　　　그러나 이런 '이미지 해방'은 한국에서 실제
일하는 대다수 여성의 경험과는 다른 것으로 밝혀졌다.
무엇보다 한국 사회의 공적 영역에서의 성 평등은 여전히
요원하다. 한국 직장 내 성 평등은 아시아 태평양 국가
중에서도 하위권에 속한다. 여성의 일자리 참여, 전문직
및 기술직 비중, 동종 업무 간 임금 격차, 간부급 진출
비중 등을 평가한 직장 내 양성평등 지수에서 한국은
0.39점으로 파키스탄(0.22점), 인도(0.30점), 방글라데시(0.34점),
네팔(0.38점)보다 높고 중국(0.51점), 일본(0.42점)보다 낮은
점수를 받았다.(최고 점수는 필리핀이다.)<sup>3</sup> 2021년 평균 급여는
여성이 남성의 60.2퍼센트를 받아, OECD 가입국 중 최고
수준의 격차를 유지했다. OECD 가입국 성별 임금 격차
평균이 12퍼센트인 데 반해 한국은 31.1퍼센트로, 1996년
한국이 OECD에 가입한 이래 27년 동안 부동의 '아래로부터
1등'이다.<sup>4</sup> 2022년 상반기 지역별 고용 조사에 의하면
여성 임금노동자의 월평균 임금은 220만 원으로 남성의
339만 원보다 119만 원 적은데, 이러한 임금 격차는 여성의

비정규직화로 인한 짧은 근속 기간에 기인한다는 분석이다. 여성 및 남성 전체 임금노동자 가운데 비정규직 비율은 각각 여성이 42.9퍼센트, 남성이 30.6퍼센트다.[5] 또한 여성들은 신자유주의 노동 유연화의 영향을 가장 심하게 받고 있으며, 코로나 시기에 '돌봄 노동'의 요구로 인해 일을 그만둔 여성도 많았다. 일자리에서 밀려난 여성들은 생계유지조차 불가능한 주당 15시간 이하의 초단시간 노동에 몰렸다.

그러나 노동시장의 성 불평등을 보여주는 수많은 통계에도 불구하고 여전히 많은 여성은 개별화된 능력주의를 신봉하며, 사무직 일터의 높은 장벽을 뚫고 있다. 그리고 이후 그들이 맞닥뜨리는 것은 아직 강력한 남성동성사회 그리고 적대적 혹은 온정적 성차별이 일상 문화로 자리 잡은 현실이다.

덧붙여 짚어둘 점은, 스스로를 일-중독 상태로 자처하고 능력 경쟁에 뛰어든 여성들이 현실의 일터에서 좌절을 겪으면서 점차 불평등의 구조를 문제시할 여력을 잃는다는 것이다. 생산직 일터가 여전히 노동조합에 기대를 거는 것과는 달리, 사무직이나 전문직 일터의 여성들은 '혼자서 겪어내기'라는 외로운 감정 상태에 자주 빠진다. 특히 눈에 띄는 것은 페미니스트 여성들이 자신의 가치관에 역행하는 현실을 견디면서도, 집단적 투쟁이나 제도 개선을 위한 싸움보다는 자신과의 싸움에 가장 많은 에너지를

투여한다는 점이다. 어떤 이들은 일터에서 격렬한 감정,
자원, 시간, 지식 등 모든 것을 쏟아부은 후 어느 날 탈진
상태에서 자신이 '진짜' 페미니스트가 되었다는 진실과
마주하기도 한다.


## 전통 질서 밖에서, 일하면서, 살아가기

20대 여성의 92.8퍼센트, 30대 여성의 42.5퍼센트가 비혼
상태다.[6] 결혼-출산-양육이라는 익숙한 생애사 시나리오에
의하면 이 여성들은 '예외적' 존재여야 하지만, 그 수가
절반에 이르면 이는 더 이상 예외가 아니다. 비혼 여성의
증가만큼이나 혼자 사는 여성과 남성이 급증하고 있다.
한국에서 1인 가구의 비율은 1980년대 5퍼센트였던 것이
2022년에는 34.5퍼센트로 증가했다.[7] 세 가구 중 하나는
1인 가구인 셈이다. 특히 여성 1인 가구의 비약적인 증가는
한국뿐 아니라 "인류의 새로운 실험"일 수 있다.[8] '정상
가족'의 상징을 독점해온 핵가족·확대가족보다 '안정적인'
가구 유형으로서 1인 가구가 자리 잡아가고 있는 것은 매우
낯선 현상이다.

　　　　배우자 없이 생활하는 여성은 전 연령층에서 고르게

증가하고 있다. 결혼하더라도 출산을 하지 않거나, 아이가 있어도 '매니저 맘' 같은 모성 경쟁에 뛰어들지 않겠다는 여성도 많다. 한국 사회의 견고한 젠더 불평등의 진입로였던 이성 간 결혼 및 핵가족 제도의 영향력이 예전만큼 큰 효과를 발휘할 수 없다는 뜻이다. 이런 현상은 신자유주의 경제 아래 개인화된 삶을 지향하는 사회들에서 공통으로 발견된다. 흥미롭게도 사회적 안전망이 잘 갖춰져 있고 출생률도 상대적으로 높은 핀란드의 1인 가구 비율은 47퍼센트(2021), 스웨덴은 45.4퍼센트(2021), 독일은 42.1퍼센트(2020)에 달한다.[9] 이 나라들에서 1인 가구가 많다고 해서 출생률이 한국처럼 떨어지는 법은 없다. 이는 1인 가구가 동거나 결혼 등을 통해 다인 가구가 되고 다시 1인 가구로 돌아오는 등, 여러 방식으로 아이를 낳고 함께 기를 만한 사회적 안전망이 제공됨을 의미한다. 다양한 가족 형태를 인정하면서 함께 노동하고 돌보는 생계 협력자 모델이 자리 잡은 것이다. 1인 가구와 법적 혹은 비법적 동거 가족에 제공하는 사회적 지원에 차등이 없고 다양한 가족 유형에 속한 아이를 수용할 수 있는 사회에서는 누구라도 각자의 생애 과정에서의 요구와 희망에 따라 다양한 형태의 삶을 선택할 수 있다. 그런데 이와는 대조적으로 한국 사회의 저출생 현상은 이미 20년 동안 이어진 것이지만, 거액의 국가 자원을 투여해도 개선되지 않았다. 가장 근본적인 이유는 사적 영역인 집과 가정 그리고 공적 영역인 일터에서의 성 평등이 요원하기 때문이다. 국가가 가임기 여성의 숫자로 전국 출산 지도를 만들어 지역별로 출산을 '할당'하는 어처구니없는 일을 저지른 것이 불과 수년 전이다. 이런 상황에서 신혼부부용 아파트를 싸게 임대하는 등의 정책은 근본적 해결이 되지 못했다. 아무리 비혼 여성들에게 이기적이고 반애국적이라 비난을 쏟아낸들, 점차 이들은 결혼 제도 주변을 맴돌며 경계에서 서성인다.

동시대 한국 여성들은 새로운 선택을 모색하고 있다. 이들이 자신을 사회적으로 위치시키면서 삶의 확실성에 다가서는 방법은 '일'을 통해서다. 이들은 학력, 능력, 자기 계발을 통해 전문직 일터에 진입하는 진화론적인 생애를 꿈꾼다. 이들은 결혼, 모성, 가족 구성으로부터 확실히 덜 종속된 삶을 산다. 이들은 과거처럼 제도 안으로 구겨 넣어질 수 있는 수동적 존재들이 아니다. 신경아의 표현대로 "여성들은 종속적 안정성을 잃은 대신 독립과 표류의 두 가지 가능성을 모두 얻었다".[10]

현대 한국 여성들은 여성이라는 대문자 범주를 실질적으로 존재하는 다양한 개인의 모습으로 확장해내고 있다. 그리고 이 범주들—비혼, 이혼한 독신, 퀴어, 트랜스, 무자녀, 싱글 맘, 동거, 이성애 핵가족, 동성 가족, 친구 가족 등—은 본질적인 것이 아니며 인생의 장기적 경로 속에서 일시적으로 머물러 있거나, 지속적인 선택을 통해 획득해가는 정체성이다. 하지만 이들 여성 모두가 인생의 어떤 순간에 딸, 부인, 어머니라는 역할 질서 바깥에 존재하게 됐다는 점에 주목해보자. 그런 이들에게 조금 더 확실한 삶과 자족의 근거는 무엇일까? 괜찮은 일과 일터다. 임금노동이, 일이 정말 중요해졌다. 자립할 만한 경제력을 갖춘 여성들, 자신의 삶에서 남성 생계 부양자를 안 만들기로 한 여성들, 그를 떠나보낸 여성들, 남성 배우자 없이 아이를 기르는 여성들, 여성들끼리 벌어 먹고사는 여성들, 혼자 사는 여성들, 고양이나 개와 같은 다른 동료 종을 돌보는 여성들 등, 이들 모두는 언제든 혼자일 수 있음을 받아들이고 자기 생계를 책임져야 한다. 계속 일하며 살아갈 수 있는가 혹은 일이 없어도 생존할 수 있는 사회 안전망이 존재하는가가 여성들의 최대 관심사가 되고 있으며 이들의 존재감을 구성한다.

한편으로 여성들이 사무직·전문직 일자리로 대거 진출한 현상은 '비혼 결정'에서 비롯된 결과인 것만은 아니다. 여전히 돌봄 노동을 하지 않는 남성을 표준적인 노동자상으로 삼아 조직된 남성 중심적인 일터에서 생존하고 성공하기 위해 '비혼-무자녀 상황의 유지'를 택할 수밖에 없었던 여성도 많다. 공적인 일 경험과 결혼, 출산, 양육과 같은 사적 경험은 상호 영향을 미친다. 임금노동과 돌봄 노동은 시간, 정서, 노력 면에서 갈등 관계에 있다. 돌봄

노동에서 상대적으로 면제되어왔던 남성 노동자가 일터에서 대부분의 시간을 보내듯, 남성 중심의 일터에 들어간 여성들 또한 결혼, 출산, 양육을 수행할 여력을 상실한다. 한쪽을 말끔하게 정리해야 생존이 가능한 구조에서 여성들은 자발과 강제를 구분할 수 없도록 사회가 구성한 제한된 선택지 안에서 선택권을 잃거나, 고통스러운 선택으로 내몰려왔다.

　　　한국 여성은 여전히 고도로 남성 중심적인 일터에서 이등 시민처럼 대우받는다. 이곳에서 여성 개개인이 페미니즘 담론에 노출되고, 무엇이 '가치' 지향적인 태도인가를 안다 해도 그것을 일터에서 행동으로 실행하게 되는 경우는 많지 않다. 그만큼 페미니즘이나 페미니스트라는 정체성은 여성 노동자성과 여전히 불협화음을 만들어낸다. 미투를 한 여성들이 단단한 지지를 얻고 유명인들이 페미니스트라 선언하는 몇몇 나라의 상황은 우리 사회와는 너무나 먼 이야기다. 정치권의 퇴행은 말할 것도 없으며 최근에 일어난 일련의 사건들은 더 많은 어려움을 예고한다. 대전 MBC의 아나운서 고용 성차별과 신한카드 신입사원 채용 과정의 불법적 점수 조작 등 고용 차별 사례가 끊임없이 발생하며 몇몇 사례로 이루 다 담을 수 없을 만큼 많은 여성이 일자리 획득 단계에서부터 불리를 겪는다. 게다가 GS25를 시작으로 맥도날드, 무신사까지 전염된 일련의 '숨은 메갈리아 찾기'를 통해 반페미니즘 정서가 확산했으며 실제로 '페미니즘 냄새'가 난다는 혐의만으로 여성 직원을 부당해고하기도 한다. 어렵게 획득한 일터에서도 여성의 자리는 몹시도 취약하며 일터는 사상 검증처로 퇴행하고 있다.

　　　주목하고자 하는 것은 이러한 환경에서 한국 여성들이 꾀하는 변화다. 그들은 덜 전통적인 방식으로, 현대 페미니즘 가치와 조우하면서 자신의 젠더-노동 정체성을 협상하고 변형시킨다. 물론 이 과정은 아직 충분히 가시적이지도 혁명적이지도 않다. 하지만 여성들은 기존의 '좋은 직원' '바람직한 여자 동료' '여성의 일'이 가진 개념 자체를 질문하고 변화시키며 일터의 성 평등을 향해 분명히 이동 중이다.

## 일터에서 변혁을 꿈꾼다

이 책은 단선적이고 균질하게 표준화된 생애 주기를 비껴가면서 자율성과 불안감을 동시에 안은 채 사무직·전문직 일터에서 살아가는 20-60대 한국 여성들의 일과 삶 경로를 따라가고자 한다. 그들은 남성 중심 일터의 질서에서 여자들 간의 관계를 재사유하고, 일터를 자주 옮기며, 전보다 오래 임금노동의 현장에 머문다. 일에 대한 관심만큼이나 살아낸다는 것, 산다는 것, 잘 산다는 것에 대해 자기 추궁적 질문을 멈추지 않으며, 사회적으로 의미 있는 일을 하려는 의욕도 매우 높다. 이 책은 노동, 일상, 정체성을 잠식해온 자본주의 사회에서 능력 있고 경쟁력 있는 개인이 되고자 하는 동시에 구조적 불평등과 페미니즘적 가치에 대한 인식이 높은 일터 여성들의 경험을 공유하기 위해 쓰였다. 여성들의 경험 세계에 진입하여, 일터 안 여성의 위치와 여성들 간 관계를 이야기하고자 한다.

　　　　나 또한 교수라는 나름 사회적 인정을 받는 직업과 페미니스트라는 부정적 '변별화'의 모순적 경험 세계에서 많은 부딪힘을 겪었다. 남성 중심, 그것도 고학력 엘리트 남성과 소수의 엘리트 여성이 포진한 대학이라는 일터에서 내가 느끼고 고민했던 감각과 내용은 내가 인터뷰한 다양한 세대 여성들의 열망, 두려움, 모순들과 교차했다. 성 불평등은 능력주의, 학력, 나이, 외모, 섹슈얼리티의 거래화와 상업화, 계급 등 다른 차별적 범주들과 결합하여 복잡하고 모호한 경험 세계를 구성해간다. 우리를 둘러싼 모든 이미지는 부유한 유명인들의 삶, '플렉스'라 불리는 과시적 소비, 인스타그램의 멋진 사진들이다. 그러나 이 이미지들은 실상 인간들이 어떻게 노동하고 무엇으로 자아를 구성해가는지에 대해서는 침묵한다. 소비주의 세계의 '돈'이라는 강력한 보상 체제는 불평등과 싸우는 연대를 장려하기보다, 여성 개인의 전략적 사유와 행동을 부추긴다. 어떤 점에서 신자유주의가 만들어낸 계급 격차와 불평등은 페미니즘이 주창해온 여성들 간의 연대가 매우 순진한 각본임을 환기한다. 하지만 노동 유연화와 일상의 상품화라는 구조에 포섭된 채 현대의 일터를 경험하는 여성들은 가부장적 자본주의에 '끼어들기' 전략을 통해 '썩은 파이'를 나눠 갖는 것이 과연 평등인가 질문을 던지기 시작한다.

딜레마를 인식하는 것은 해결을 위한 첫걸음이 된다. 일터에서 혁명은 일어나지 않는다. 일터는 동질적이고 폭발적인 선언과 행동이 만들어지는 광장이 아니다. 또한 여성 간의 일 경험이 상이하고 여성 내부의 계급 격차도 증가하고 있기 때문에 공통의 이해관계에 대한 감각 또한 사라지고 있다. 그러나 자본주의 사회의 모든 개인은 생계를 위해 시간을 많이 쓰며, 때문에 일터는 매우 유의미한 정치 공간이다. 노동을 통해 스스로의 삶을 구성하는 일터의 여성들은 생산, 소비, 여가의 방식에 대한 사유로부터 시작해서 일터의 성 평등과 사회 분배의 정의를 실현해내는 데 관심을 갖고 있다. 나는 사회 변화를 통해 일하는 사람들의 삶의 질이 분명 변할 수 있다고 확신한다. 일, 자아, 윤리, 젠더, 섹슈얼리티의 긴장과 각축을 견디고 해결하면서 그리고 자신의 일터를 합리적이고 공정한 장소로 만들면서 젠더 정의를 모색하는 여성들의 출현을 고대하며 이 책을 썼다.

페미니즘은 사회와 일상에서 젠더, 계급, 인종, 세대
등에 의한 불평등을 문젯거리로 보고, 변화를 만들어내고자
하는 말, 행동, 전략, 실천이다. 하지만 보수적인 사회와
기업이 요구하는 젠더 수행성의 압력은 여전하기 때문에
페미니스트 여성들은 자신을 '모순적'이고 '일관적이지 못한
존재'라 느끼며 자책하게 된다. 또 다른 여성들은 남성 중심
세계로의 과도한 동화로 인해 명예 남성이 되거나 일터에서
'오빠들'의 보호를 받아 젠체하며 살아간다. 이때 이들에게
있어 어떤 여성들이 시도하는 실천과 대안적 사유는 조직에
도움이 되지 않는, 똑똑한 척하는, '자칭 페미니스트'의
무모함으로서 비난의 대상이 된다.

일터는 특정 기업과 대표자의 사유지가 아닌 가치와
지향이 공유, 전수되어야 할 공론장이다. 자아를 버리고
포기하는 곳이 아닌 개인의 지향, 의지, 행위자성, 인권이
인정되어야 하는 곳이다. 현대의 일터에서 벌어지는 새로운
통제 기술과 문화, 각축하는 입장들과 모난 감정들 또한
토론거리가 되어야 한다. 이 책은 자신의 일 경험을 솔직하게
들려준 여성들과 남성들 덕분에 나올 수 있었다. 아마 이들도
일터가 자본의 이해와 수익성만을 유일한 목표로 구성되는
낙후된 '갑'들의 연대체가 아니기를 바랄 것이다. 일터의 성
불평등성과 노동자 비하는 한국의 고질적인 사회적 퇴행

현상이다. 일터는 대안 창출이 가능한 '광장'으로 변화해야 한다. 내게 자신의 이야기를 들려준 분들도 이런 신념을 공유했을 것이다. 이 책에 인용된 인물들의 이야기는 2009년 미래연구원의 지원을 받아 수행한 한국 커리어 여성에 관한 연구의 공동연구원(연구책임자 손승영)으로 참여하면서 실시한 면접, 한국여성민우회가 기획한 2015년 청년 여성의 노동 경험 연구, 2016년 1인 가구 여성과 남성에 대한 연구 사업의 책임자로 참여할 당시 만났던 여성들과 남성들, 2017년 성차별 경험 사례 분석 연구를 통해 접한 자료와 면접 기록 그리고 개인적으로 2018년부터 2023년 9월 현재까지 인터뷰한 여성들의 사례로부터 나왔다.[11] 특히, 2015년 페미니즘 대중화 이후 20-30대 대졸 사무직 여성들이 페미니즘 담론과 운동에 어떻게 영향을 받고 있는지에 대한 관심사를 갖고 실행한 최근의 연구를 통해 지난 10여 년간의 변화를 체감할 수 있었다. 독자적으로 수행한 개별 연구 자료는 총 15명의 여성과 4명의 남성으로부터 수집되었으며 인터뷰 참여자의 이름은 모두 가명 처리했다.

　　2020년부터 2022년 코로나 시기, 번아웃과 사회적 격리를 이유로 연구와 초고 수정을 미룬 채 나 또한 침잠하는 시간을 보내 원고를 기다리던 봄알람 이두루 편집장의 애를 태웠다. 이두루 편집장과 우유니 디자이너의 전문성과 열정에 감사드린다. 이 책을 관통해온 나의 질문은 일터에서 페미니즘은 어디에서, 누구와 함께, 어떻게 구성될 수 있을까였다. 이 질문은 여전히 지속적인 응답과 해석을 요구한다. 내가 이 책에서 다룬 이야기는 다양한 일터에서 다종의 계약 형태로 일하고 있는 사무직 여성들이 지닌 경험의 조각에 불과하고 쉽게 일반화할 수 없다. 또한, 모든 인터뷰가 서울과 수도권에서 일하는 여성과 남성들을 대상으로 했다는 점에서 지역적 한계를 지닌다. 이 책의 독자들이 비판적이고 창의적이고 정치적인 응답을 해주기를 고대한다.

1부

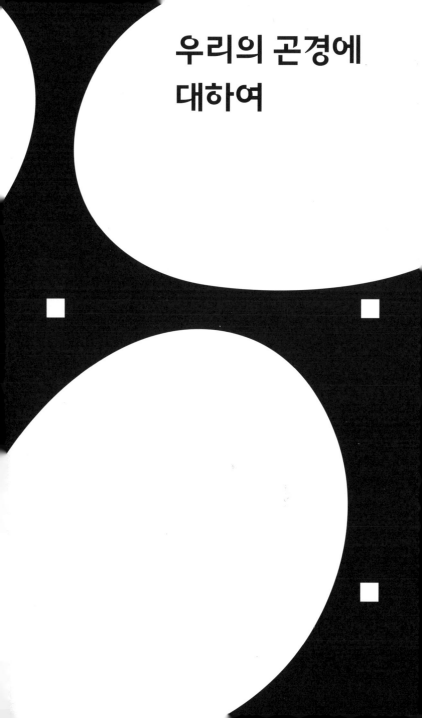

# 우리의 곤경에
# 대하여

# 1장           취업 문턱에서

"다 때려치우고 일본에 가서 편의점 아르바이트나
하면서 살래."

2년째 전문직 취업을 준비하고 있는 딸의 이 같은 선언에
철렁했다는 50대 여성의 이야기를 들었다. '해도 해도 끝이
없는 취업 준비'에 대한 지겨움과 절망의 표현이다. 그의
어머니는 전문직 맞벌이 부부로 중산층의 삶을 살고 있다.
딸아들을 함께 키우지만 딸의 사회적 성공에 대한 기대가
더 높다. 아들은 공부를 썩 잘하지 못하고 "변변치 못하다"고
그는 말한다. 딸은 사립 외국어고등학교를 거쳐 명문 대학
입학까지 속 한 번 썩인 적 없었다. 이런 딸의 갑작스러운
선언은 그에게 충격을 주었다. 그는 "혹시 딸도 요즘 많다는

20대 여성 우울증이 아닌가" 의심하고 있었다.

그의 이야기는 특별히 예외적이지 않다. 나는
주변에서 이런 서사를 구사하는 20대 여성을 자주 만난다.
내가 대학 교수이기도 하고, 이곳저곳의 강연장에 온
여성들의 고민을 들을 기회가 많기 때문이다. 이들은 모부와
주변인의 열망에 찬물을 끼얹었거나 기대를 낮추고자 이런
선언을 한다. 일종의 충격요법이다. 한편 그보다 훨씬 많은
여성이 모부의 기대에 저항할 용기조차 내보지 못한 채
속앓이를 하고 있다. "속 한 번 썩인 적 없는" 수많은 딸이
기대에 맞는 직장을 얻는 일 앞에서 부딪힌다. 그간 모부의
자원이나 헌신에 의존해 나름의 성취를 이뤄온 딸들은
취업의 문턱 앞에서 좌절한다. 그리고 주어지는 높은 기대
수준과 현실의 격차를 느끼는 동시에 평생 모부의 개입과
기대에 부응하며 살 수 없다는 인식을 갖기 시작한다.

20-30대 여성에게 일과 돈은 이전보다 직접적으로
큰 의미를 갖게 되었다. 가족주의에서 벗어나 독립적 자아로
이동하는 데 있어 가장 필요한 요소이기 때문이다. "내게
여성성을 강요하는 것은 여전히 가족이고, 이에 대항하는
힘을 갖기 위해 일을 한다"는 한 30대 여성의 표현은 이를
잘 드러낸다. 그처럼 생각하는 여성들에게 경제력 있는
모부가 자신의 삶에 끼어들어 결정을 내리고 특정 열망을
강요하며 영원히 자신을 구속할 수 있다는 생각은 구체적인

두려움이다. 동시에 여성에게 허용된 좋은 일자리가 많지
않은 상황에서 모부의 자원은 여전히 이들이 의존할 수
있는 안전망이기도 하다. 이때 중산층 집안의 딸들은
일터에서 기대되는 여성성을 수행하듯 가족 내에서도
명랑한 딸 역할을 '공연'하며 모부의 지속적인 기대와 투자를
받기를 선택하기도 한다. 이들은 기로에 서 있다. 스스로의
가치관과는 다르지만 전통적으로 딸에게 기대되는 바를
그럭저럭 수행하며 살아갈 것인가 아니면 전통적이지 않은
인생 경로를 만들기 위해 '계급 추락'의 위험을 무릅쓸 것인가?

## '오버스펙' 취업준비생

'성공하는 딸'이라는 모부의 기대를 인지하고 장기간 압박을
받으며 자란 중산층 딸들은 그에 맞추어 인생 이미지를
구상한다. 사회적으로 영향력 있는 전문직, 스타트업 COO,
기업 CEO, 부유한 딩크* 등의 모습이 그들이 상상하는
평범한 미래상이 되었다. 그리고 이들이 이런 열망을
달성하는 데는 모부의 투자가 핵심적인 역할을 한다.
현실적으로 "자수성가라는 말은 가난한 시절 꼰대 남성의
서사"라는 것이 이들의 경험이다.

---

* DINK. 아이가 없는 맞벌이 부부

하지만 '알파걸' '골드 미스' '돈 많고 잘나가는'으로 대표되는 상상을 현실화하기는 쉽지 않다. 말라붙은 고용 시장과 청년들의 고실업·반실업 상황은 여성에게 더욱 불리한 방향으로 진행되고 있다. 경제학자 가이 스탠딩은 프레카리아트<sup>precariat</sup> 개념을 통해, 전통적 프롤레타리아트와 구별되는 계급을 고안한 바 있다(2011). 전 지구적으로 급증하는 세계 인구는 절대다수가 프레카리아트 계급에 속한다. 이들은 전통적 노동자 계급과 달리 높은 수준의 교육을 받고 전문성과 자격증을 보유하지만 이에 걸맞은 일자리를 얻지 못하는 비정규 노동자로서 독특한 불안을 가진 계급이다. 즉, 장기적이고 안정적인 일자리를 갖기 어렵고, 바로 그런 이유로 고용주에게 복종을 대가로 신뢰나 보장을 얻으려 교섭하지 않는 혹은 교섭하지 못하는 계급을 의미한다. 동시에 이들은 지속적으로 임금노동을 하기 위한 훈련을 받고 자격증을 취득하며 이력을 만드는 데 많은 시간과 돈을 쓰는, 즉 '노동을 위한 일'<sup>work-for-labour</sup>을 하는 계급이다.

청년 구직자들 사이에 '취업 ○종 세트'라는 은어가 있다. 3종 세트부터 9종 세트까지 있는데 취업 9종 세트란 취업에 필요한 구직자의 9가지 조건으로서 학벌, 학점, 토익, 어학연수, 자격증, 공모전 입상, 인턴 경력, 사회봉사, 성형수술이다. 이 조건들을 충족해야 구직 시장에서 경쟁적 우위를 확보할 수 있다는 의미로 쓰인다. 보통의 대졸

구직자들에게는 이런 조건들이 학교-직장 이행 과정에서
순차적으로 성취해야 할 외연화된 능력이라 간주된다.
학교-직장의 단선적 이행은 매우 드문 사례가 되고 있으며
청년 구직자들은 지속적·임시적 단기 취업과 장기화된 학습
및 훈련이라는 생애 과정을 경험하고 있다.

　　　　분야를 막론하고 수많은 여성이 20대 내내 일련의
'노동을 위한 일' 사이클을 거치고 있다. 취업 설명회, 국내외
인턴, 기업 인턴, 정부 지원 교육 프로그램 훈련생, 예비
사회적 기업 인턴 등 수십 개의 일 아닌 일을 경험한다.

　　　　"거기에 들인 노력이 그야말로 엄청났어요."

　　　　6개월 인턴 자리를 얻기 위해 서류 심사-필기시험-
합동 면접-최종 면접-합숙 면접을 거쳤다는 20대 여성이
말했다. 이 같은 임시직 지원은 대학 재학 중부터 이어지는데
경쟁자가 많아 또 이 자리를 위한 영어 점수 준비, 자기소개서
준비, 면접 준비 등을 거친다. 이들은 지원을 준비하는 짧은
시간 안에 보여줄 만한 능력치를 최대한으로 끌어올리는
한편 서글서글한 성격을 연출하고, 예쁘장하고 단정한
인상을 만들어내는 데 집중한다. 송이 씨는 이때 페미니즘에
대한 관심이나 세상에 대한 비판적 입장은 드러내지 않았고
SNS 계정도 "정지 작업을 했다"고 한다. 이런 '전략'은 나름
성공적이라 평가되며 그렇게 얻은 것이 어떤 임시 경력이든
간에 "그 많은 사람 중에서 인정받고 선택되었다는 느낌"으로

자부심을 채우는 경험을 한다. 그러나 인턴십이나 교육생의 위치는 안정된 고용으로 이동하지 않기에 그들은 수개월 후 또다시 일자리를 찾아 나선다.

학교에서 직장으로 나아가고자 하는 20대 여성들은 점점 더 매 순간, 플랜 B, 플랜 C를 생각하면서 기획을 한다. 인턴이나 교육생으로서 자신이 원한 직업 공동체에 소속되었다는 일시적 느낌을 얻은 이후 반복적으로 '쫓겨나는 일'에 이들은 익숙해진다. 이런 경험을 쌓는 동안 "어쨌든 이동하고 발전하고 있다"는 느낌을 갖고 가능성에 무게를 두었던 시간은 결국 '허구적 감정'만 북돋우는 결과를 낳는다. 이 모든 과정에 쏟아부었던 에너지가 번번이 소진되고 나면 정작 손에 잡히는 것이 없다고 느끼는 것이다. 그들은 몇 번이고 소속도, 타이틀도, 수입도 없는 상태로 되돌아온다. 하지만 다시 플랜 D를 가동한다. "누군가의 부인이나 엄마 같은 성 역할 바깥에서 스스로 살아가기" 위해서다. 많은 여성이 "아무것도 안 하면 뒤처진다"는 불안을 안고 자신의 우울한 정서를 위로할 여유 없이, 또다시 시간표에 할 일을 채워 넣는다.

젊은 여성들과 면담하면 종종 그들의 남자친구나 남동생 이야기를 듣게 된다. "게임 할 것 다 하고도 취직을 하더라고요." 살 궁리를 억척스럽게 할 필요가 없어 보이는 남동생과 "한시도 쉬지 않고 무언가를 했지만 이룬 것이

하나도 없는" 자신을 비교한다. 이 시기를 보내며 이들은
이것을 성 불평등한 사회에 사는 여자와 남자의 모습으로
이해한다. 대학 내내 아르바이트, 취업동아리, 자격증 취득,
각종 인턴과 교육생, 교환학생 등을 거치며 기대와 소모를
반복하는 2, 3년이 지나면 청년 여성은 스스로의 자아가
매우 축소되었음을 자각하게 된다. 그리고 이런 '오버스펙'
여성들을 다른 편에서 내모는 것은 이들의 가족 경험이다.


## 딸의 부가가치?

> "너는 우리 집안의 유일한 여자애니까……"
> "우리 ○○이는 살만 빼면 정말 예쁘겠다."
> "딸은 엄마의 가장 좋은 친구"
> "여자애가 무뚝뚝하면 너만 손해야."
> "아빠는 딸다운 딸을 기르고 싶었단다."

한국의 수많은 딸이 집안에서 이 같은 말을 듣고 자란다.
여성은 본래 감수성이 풍부하고 공감 능력이 뛰어나다며
감정노동을 당연한 듯 요구받는다. 딸을 자신의 행복감, 미래,
안전망이라 생각하는 부부도 증가하고 있다. 전통적 남아

선호나 '딸은 시집보내면 남' 같은 인식이 옅어지고 딸에 대한 새로운 기대가 생겨났다. 이런 관심은 다시 대중 미디어에서 좋은 소재로 가공되어 '딸 바보' 아버지와 같은 이미지를 만들어냈다. 딸도 아들만큼이나 모부의 '투자'를 받는 존재임을 부각하거나, 실제로 덜 투자받더라도 집의 감정 공동화를 메우는 존재로서 그 기능을 추앙하기까지 한다. 다만 실상을 보면 이로써 격상되는 것은 실제 '딸'의 삶이 아닌 딸의 요구에 적극적으로 반응하는 딸 바보 아버지의 지위다. 오히려 딸은 추가적 감정노동의 수행자가 될 뿐이다.

　　　　동시대 20-30대 딸의 위치는 50-60대 여성들이 경험한 '차별받는 딸'로부터 얼마나 변화했을까? 딸 바보 아빠의 존재는 여성의 지위 상승을 의미하지 않는다. 미디어에서 재현되는 딸 바보 아빠의 모습은 여성 아이돌을 향한 '삼촌'들의 '남성 응시'(male gaze) 즉 젊은 여성, 귀여운 여성, 만만한 여성에 대한 탐닉과 연결된다. 한국의 딸들은 집안에서 자신의 위치를 간파하고 구성원들의 감정적 결핍을 관찰하고 메우는 존재가 되어야 한다는 부담을 안는다. 그 속에서 가정 내 딸의 위치는 엄마의 '친구', 아버지의 '유사 애인'으로 자리매김된다. 옛날처럼 오빠에게만 맛있는 반찬을 주는 집이 아니라 해도, 재산 상속에서 이전만큼 큰 차별을 받지는 않게 되었다 해도 딸들은 여전히 '딸이기 때문에' 받는 기대와 차별을 안고 있다.

딸 가진 많은 모부가 성 평등을 지지한다고 말한다. 중산층 집안의 똑똑한 딸들은 경력 단절로 좌절한 어머니의 넋두리를 들어주고, 독박 가사노동의 서러움에 공감해주고 손을 보태고자 하며, 어머니와 함께 쇼핑을 한다. 엄마가 '꼰대 아줌마'가 되지 않도록 행동, 말투, 매너를 살피고 교정해주며 유행을 알려준다. 한편 한국 대중문화를 통해 양산된 딸 바보 아버지들은 사랑하는 딸에게 '데이트를 신청'하고 이때 딸은 그 자신의 독립성이나 인격과는 상관없이 아버지의 현대판 '으스대기 감정'을 증폭시켜주는 역할을 떠안는다.

이와 함께 모부들은 딸을 사회적 전시물로 보는 일에 익숙해지고 있다. 아들 선호 사상이 이전보다 약화되었다는 사실이 곧 여성의 권익 신장으로 자동번역될 수 없는 이유가 여기 있다. 부상한 딸의 가치는 이들을 재여성화시킨다. 특히 자원이 있는 중산층 가정에서 크게 작용하는 '딸 가치론'은 계급과 젠더가 어떻게 교차되면서 이들의 일 경험을 구성해내는지를 잘 보여준다.

딸은 '예쁜' '친구' '애교'라는 키워드로 집안에서 '여자'가 된다. 어머니 아버지의 친구가 되어주는 애교 많은 예쁜 딸이라는 기대 속에서 이들은 친밀성을 공연한다. 딸의 건강, 외모, 교육, 취업, 성공, 안전과 딸의 연애 상대까지, 딸 가진 모부의 딸에 관한 관심, 애정, 기대는 어느 시대보다 커졌다. '아들보다 공부 잘하는' '아들보다 나은' 딸들은 당당히 투자 대상이 되고 있으며 소자녀 핵가족 안에서 딸에 대한 감정적 판타지 또한 강화되고 있다. 전형적인 중산층 가족의 많은 딸이 아들을 대신해 가족의 '얼굴'이 되고 있는 현상도 보인다. 딸의 학벌과 외모가 모부의 자랑 혹은 수치가 되는 가운데 딸은 중산층 가족주의의 수혜자인 동시에 가족의 사회적 지위를 증거해야 할 상징이 된다. 이슬람 근본주의 사회에서 딸의 섹슈얼리티가 가부장 가족의 명예를 결정하는 사회적 상징이라면, 한국 중산층 가족의 딸은 공부와 일에서의 성공, 무엇보다 이에 '최적화된 외모'를 통해 집안의 품격을 드높여야 하는 존재가 되었다.

문제는 새로운 부가가치를 획득하면서부터 딸은 또다시 관심 혹은 감시의 대상이 된다는 것이다. 젊은 여성 직원의 감정과 외모를 '지루한 일터'의 눈요깃감 혹은 가십거리로 활용하는 일터에서만큼이나 집안 거실에서도 딸의 외모, 감정, 태도는 지속적으로 검증과 평가의 대상이 된다. 즉 일하는 젊은 여성들에게 작동하는 통제 메커니즘은 일터가 아닌 집에서부터 시작된다. 실제로 많은 여성이 집에서 외모와 '여성스러움'에 대한 지속적 압박을 받는다고 토로한다. 여성에게 능력의 범주는 학력, 자격증, 일 경험뿐만 아니라 잘 관리된 마른 몸, 애교 있는 말씨와 꾸미는 솜씨 등을 모두 포함한다. 때문에 딸이 일터에서 여성에게 기대하는

'최적의 상태'를 유지하도록 모부는 일터 밖에서 이 과정에 참여한다. 특히 기업이 원하는 여성 신체를 만들어내는 데 중산층 모부는 상상 이상으로 관여하는데, 중요시되는 것은 '팔릴 수 있는 느낌'을 만드는 일이다. 신자유주의는 모든 개인에게 자기 책임의 정치학을 활성화시키고, 개개인이 적절한 공적 태도를 갖추도록 자기 통제의 미덕을 강조한다.[1] 여기서 모든 노동자는 자기 노동력의 가치를 증명하는 것만큼이나 일터에서 요청하는 규칙과 질서를 배워나가는 데 힘을 기울여야 한다. 그리고 이 질서를 살고 있는 모든 사람이 '팔릴 수 있는 느낌'을 갖기 위해 감정적 스타일과 신체에 대한 기대들을 학습한다. 일터에 진입하는 사람들은 몸, 감정, 태도를 모두 동원하여 시장성을 만들어내야 할 뿐 아니라, 자신이 사회 구성원이 될 가치가 있는 존재인가를 끊임없이 심문하면서 스스로의 가치를 측정해나간다. 이런 주체 만들기 과정은 젠더화되어 있는 동시에, 경제적 자원이 요구된다. 따라서 계급적 성격을 띤다.

　　　　모부, 가족, 교사, 친구, 낯선 이들까지도 여성 개인의 신체와 감정 표현을 검증할 자격을 가진 존재가 되어 심문의 과정에 참여하고 권력을 행사한다. 여성의 외모, 몸무게, 말투 등은 사회적 관리 대상처럼 취급된다. 이때 여성들은 자기 인생에 대해 성실했으며 책임감이 있음을 증명해내기 위해 외모를 꾸미고 다이어트를 해야

한다. 이런 지속적 압박 속에서 젊은 여성들은 다이어트
'능력'을 일터에서의 '능력'과 유사한 것으로 이해하게 되는데
여기서 또 하나의 문제는 이들의 모부가 성차별 사회의
대리인으로서 이들을 재여성화시키는 주요 행위자란 점이다.

> 어머니가 일주일에 적어도 두, 세 번씩 체중계에
> 올라가라고 해요. 살이 조금이라도 찌면 싫은 티를
> 내시고요. 시험 기간에 너무 스트레스받아서 살이
> 빠졌는데 그걸 보고 기뻐하는 엄마가 증오스러웠던
> 적도 있어요. 엄마가 기분이 좋지 않던 날에 내
> 팔뚝을 꼬집으면서 '살이 좀 쪘네' 했을 때 그
> 수치스러움은 지금도 잊히지 않아요.

이런 경험은 취업 문턱에서 '집중 상품화' 관리 중인 딸만이
겪는 일이 아니다. 외국계 기업에 다니는 중산층 가정 출신
30대 여성 또한 가족 내에서 지속적으로 막말을 들어왔다.

> 엄마와의 모든 대화가 기승전-다이어트예요. 먹을
> 거 먹으라고 해놓고, 먹고 있는데 옆에서 살이 너무
> 쪄서 괴물 같다고, 막 괴물이라고 그런 얘기를 해요.
> 정말 대놓고.

모부의 눈이 늘 자신의 몸을 훑고 있다는 느낌은 '남성
응시'만큼이나 집요하다. 교환학생으로 외국에 살다
귀국하는 여성들은 '돌아오기 한 달 전부터 밥을 안 먹는다'는
얘기가 있다. 공항에서 어머니가 딸을 보고 하는 최초의
인사가 "왜 이렇게 흉하게 살쪄서 왔냐"이기 때문이라는
것이다. 이들에게 기업이나 일터에서 여성에게 강요하는
외모 중심성은 사회에 나와서 처음 맞닥뜨리는 현실이
아니다. 여성의 삶에서 평생 지속되는 젠더화된 폭력이다.
이런 폭력의 고리는 집에서부터 '사랑' '돌봄' '염려'의
이름으로 합리화된다.

　　　　나의 지인은 어머니의 언어적 학대 때문에 심한
자괴감과 우울증에 시달리고 있었다. 그는 어머니의 집요한
체중 관리에 항변했지만, "남들은 네가 뚱뚱하고 못생겼다고
솔직하게 말해주지 않는다. 이게 다 엄마니까 해줄 수
있는 말이고 사랑이다"라는 대답을 들었다. 그의 어머니는
"다른 사람들은 네가 흉한 상태로 있어야 취업 경쟁에서
유리하기 때문에" 딸에게 솔직한 조언을 해줄 수는 있는
사람은 엄마뿐이고 "다 너를 위해서" 하는 말이라며 언성을
높였다. 이 딸이 '엄마는 여성의 존재 가치를 젊음, 예쁨,
날씬함, 명랑함에만 두는 고질적인 남성 중심적 시선을
강하게 내재화하고 있다'는 점을 머리로 안다고 해도 지속적
폭언에서 자유롭기는 실제로 쉽지 않다. 어머니의 끝나지

않는 감시와 언어적 학대로 그는 사회에 나갈 자신감을 상실한 상태였다. 하지만 그의 어머니는 이 모든 통제를 그의 성공과 연결 짓고 있었다. 사회의 문턱에서 맞닥뜨리는 성차별들에 문제의식을 지니기 시작한 딸들에게 이런 현실은 큰 어려움이다. 가족이 사회의 성차별에 맞서 딸과 함께 싸워주는 존재가 되기보다, 외모와 체중으로 결정되는 여성의 가치와 여성 간 위계를 정당화하는 경우가 많다. 그리고 가정에서 딸에게 끝없이 그것이 '너를 위한 일'이라 속삭인다. 이것이 소위 '가스라이팅'이다.

역시 중산층 집안의 한 여성은 "엄마, 아빠도 나를 있는 그대로 보고 인정하지 않는데 어떻게 회사나 남이 나를 편견 없이 봐주겠냐"고 되물었다. 모부로부터 '조건 없는 받아들임'을 기대할 수 없다는 자각은 사회로 나가고자 하는 여성들에게 불안감을 증폭시킨다. 많은 상황에서 그들은 유능하고 당당한 듯 보이지만, 다양한 취약성을 내재하고 있다. 이들은 모부자식 관계에서 '조건' '투자' '보상' '거래'라는 시장주의적 개념이 지배하고 있음을 인지하며, 언제든지 버려질 수 있다는 은밀한 두려움을 갖는다. 그러나 집안에서 '사랑받는다'고 느끼는 딸들은 그만큼 자신에게 감정을 쏟아붓는 모부와 이들의 기대에 눌려 다른 선택지를 갖지 못하며 규범적 삶을 살아야 한다고 느낀다. 한 여성은 오랜 분투 끝에 자신의 상황을 이렇게 정리했다. "아들은

아무리 못나도 결국 대를 잇는 존재라서 버리지 않지만
딸은 다르잖아요." 집안에서 높은 가치를 가지게 된 딸들은
모부의 사랑을 '거래'라고 받아들인다. 그리고 '사랑받았'기
때문에, 이들은 모부와 좋은 관계를 유지하기 위해 그들의
이해관계에 자신을 그리고 자신의 체중을 맞춘다. 이러한
기대에 부응하는 과정은 끝없이 이어진다.


## 엄마 미안해

한국의 청년 세대 대부분이 프레카리아트의 삶을 살고 있다.
이 중 특히 여성 청년들은 다중의 역할을 수행한다. 모부의
높아진 기대와 감정을 돌보며, 외모를 관리하고, 여성도
(남성만큼) 능력 있다는 것을 시시각각 증명하면서 생존한다.
          가족이 행사하는 부와 지위는 딸의 인생을 크게
좌우한다. 하지만 많은 중산층 딸이 자신이 모부의 '투자'에
부응할 수 없다는 점을 잘 알고 있다. 그러나 그런 현실을
인지한다고 해서 당장 치열한 취업 준비나 자기 계발을
멈추지도 못한다. 공무원 시험, 각종 고시, 대학원, 대기업
취직 준비를 하는 중산층 딸들은 자신의 실패만큼이나
모부를 실망시키는 일에 두려움을 느끼고 있었다. '졸업하고

바로 대기업에 취직한 대견한 우리 딸'이 될 가능성은 매우 낮다. 이 현실을 직시하면서도 그 기대를 저버리지 못하는 딸들은 종종 모부의 기대 수위를 낮추기 위해 가끔 "폭탄선언을 한다"고 한다. 그런데 그들의 이런 선언은 나를 이제 내버려두라는 '해방 선언'과는 거리가 멀다. 한 여성의 표현에 따르면 이는 "조만간 이루어지는 일은 없을 것임을 암시하며 시간을 버는 행위"다. 궁지에 몰린 딸은 모부의 기대에 찬물을 끼얹는 발언을 '기대 조절 장치'로 사용하고 동시에 그들의 기대를 좌절시킨 데 죄책감을 느낀다. 이들이 받는 심리적 압력은 모부의 생각보다 훨씬 더 강력하다. 1년간 취업준비생으로 지낸 뒤 현재는 직장에 다니고 있는 30대 여성 경미 씨는 취업 활동 당시를 "인생에서 가장 괴로웠던 시간"으로 기억한다. 그는 매일 다른 집 딸 직장과 결혼 얘기를 듣다 지쳐 일이 없어도 카페나 도서관으로 나돌았다. 20대 중반 선희 씨는 모부의 "기대 수준을 낮추는 것이 현재 삶의 목표"라고 말한다. 어렵사리 취업을 했더니 "좋은 대학 나와서 겨우 중소기업이냐"라는 말을 정말로 듣는 순간은 충격이었다. 그는 모부와 자신을 "애증 관계"라 정의한다. "자수성가와 노력을 강조하는 분들이라, 이렇게 투자를 해주고 뒤를 밀어주는데도 그 정도밖에 안 되냐고 생각하세요." 그는 모부가 자신을 경멸한다고 느낀다.

실제로 내가 만나온 많은 중산층 딸이 모부의

헌신과 투자에 비해 자신이 이룬 성취가 너무 보잘것없다는 생각에 조급해 했다. 모친의 '좌절된 꿈'을 본인이 이뤄내야 한다는 압박을 가진 이도 많다. 모부의 지원을 걸맞은 성취로 보상해야 한다는 한국 중산층 가족주의는 딸들의 우울감을 강화한다. 미국 유학을 다녀온 30대 여성 혜수 씨는 계약직으로 일하고 있다. 그가 가족에 가진 지배적 감정은 미안함과 죄책감이었다.

> 힘들게, 허리 휘게 저희에게 많은 걸 해주셨는데,
> 자식이 잘 안되니까 집안 분위기가 장난 아니에요.
> 이 어두운 분위기 어떻게 할 거야⋯⋯. 죄송해서,
> 이를 악물고 무언가 빨리 시작해야 하는데 제
> 뜻대로 되는 게 아니니까⋯⋯.

스스로 돈을 모아 독립할 형편도 안 되고, 그렇다고 안정되고 월급 많은 일자리도 얻지 못한다. 하지만 직장에서는 그를 '잘사는 집안 딸'로 바라보고 "진지하게 자신을 대우하지 않는다"고 그는 느낀다. 혜수 씨는 그러한 상황에 놓인 자신이 "사회의 불만 세력이 되고 있는 것 같다"고 말했다.
　　　이런 여성들에게 '기대를 조절하기'는 사회적으로 부상한 '능력 있는 딸' 담론에 대한 집단적 실천이다. '능력 있는 딸'로 자라고 키워진 딸들은 자신이 모부의 기대 수준에 맞춰 목표를 잡고, 그곳에 진입하기 위한 준비로 허송세월하는 것이 아닌지에 대한 두려움이 크다. 그래서 일단 뽑아주는 곳에서 일을 시작함으로써 "아무것도 하지 않고 있다는 공포감"을 지우고자 하며 "우왕좌왕 여기저기" 여러 일에 무작정 손을 대기도 한다. 그리고 그렇게 공포를 피해 스스로 다다른 일터가 또 다른 혼란과 좌절을 줄 때 이는 쉽게 자책으로 이어진다. 일단 뽑아주는 곳에 가는 것을 목표로 하다가 가치관에 부딪혀 갈등을 겪고 또다시 뽑아주는 어떤 곳으로 이동한다. 그러다 보니 그들의 20-30대는 이산과 고통이 화석화한 나이테가 된다.

소위 좋은 일자리인 전문직 정규직은 구조적으로 여성에게 좁은 문이다. 아무리 딸의 가치가 상승해도, 딸의 능력이 월등해도, 딸에게 투자를 해도 딸에게는 쉽게 열리지 않는다. 이것이 현실이다. 이에 따라 여성의 취업 준비 기간이 길어지며, 많은 여성이 우울의 세계로 빠져든다. 이 막막함 속에서 딸들은 자신이 모부의 욕망까지 수행하는 대상이 되었음에 두려움을 느끼며, 그들의 고양된 기대를 낮추려 애쓴다. 그리고 이들은 점차 어디에서도 누구에게도 자신의 심경을 말하기 어려워한다. "위로받을 수 있는 사람이나 장소를 모두 잃은 상태"라고 스스로 느낀다. "돈 때문에" 혹은 "불안해서", 무엇보다 "주변 사람에게 자신이 가치 있는 존재임을 증명하기 위해" 일자리를 전전했던 상황에 "분노를 느낀다"고 그들은 말한다. 그리고 그 분노는 대개 사회나 모부, 조직의 성차별 문화가 아닌 "신중하지 못한 선택을 한 자신"에게로 향하고 있었다.


## 마음의 보수화

학교, 일터, 미디어에 만연한 여성 차별과 비하의 세밀한 견고함을 발견하면서 생존해야 한다는 것은 동시대 2030 여성들의 주요한 딜레마다. 어릴 때부터 주목받는 데 익숙했던 이들, 성차별에 대한 인식 없이 '공부만 잘하면 인생이 풀린다' 믿었던 이들도 일터에 진입하면서는 완전히 다른 현실을 보게 된다. 그런데 문제는 SNS상에서는 여성 대상 차별 및 폭력을 적극적으로 문제시하며 전사가 되는 여성들도 정작 가족관계나 사적 관계에서 무엇이 페미니즘적 실천인지를 알기 어렵다고 호소한다는 점이다.

　　'어쨌든 집에서 사랑과 지원을 받았다'고 느끼는 한국의 딸들은 자신에게 감정을 쏟아붓는 모부와 가까운 이들의 기대에 부응하는 이외에 다른 선택지를 갖기 어려워한다. 이들은 자신의 문제의식과는 별개로 이 기대에 따라 '규범적' 삶을 살아야 한다고 느낀다. 이런 '보수적인 딸'은 주로 자원 있는 중산층 가정이라는 계급 조건에서 태동한다. '나처럼 포기하지 말고 너는 꼭 전문직 여성이 돼라'고 말하는 모친의 일상적인 주문과 몸의 통제에서 벗어나고 싶지만, 시간이 지날수록 모부의 세계관으로 이동하는 자신을 발견한다. 모부의 기대에 '일부만' 부응하거나 자신의 진면모를 덜 노출시키는 등의 방식으로 나름의 협상을 해나가기도 한다.

그런 한편 모부의 개입을 보다 적극적으로 받아들이는 딸들도 있다. 다양한 수단으로 딸의 '좋은 대학 진학'을 성공시킨 어머니가 진학에 '성공'한 이후 더 이상 간섭을 받지 않으려 하는 딸을 한동안 놓아두다가 취업 시기가 다가오면 다시 개입하는 일은 어느 정도 현상이 되어 있다. 졸업이 다가오고 취직 스트레스가 증가하면서, 저항적이던 딸들부터가 다시금 어머니의 '정보'와 '기술'에 의탁하려는 심리를 갖는다. 이때 딸들은 자금력, 정보력, 추진력으로 자신을 직업 세계로 보내줄 모부에게 의탁하는 것을 최선이라 여기기도 한다. 이렇게 다시금 '투자'를 함으로써 딸들을 향한 모부의 보상심리는 재차 강화되며, 딸의 연애와 결혼까지 '성공'시키리라는 기대로 이어진다.

이 같은 현상은 분명 사회 구조적 성차별과 여성에게 턱없이 기회가 적은 현실에 원인이 있다. 그리고 이때 집안의 투자와 기대, 사회로 가는 좁은 문 사이에서 여성 청년들은

'마음의 보수화'를 겪는다. 이들은 뿌리 박힌 사회적 불평등은 개인이 개선하기 어려우니 동원할 수 있는 자원을 동원하여 자리를 차지하는 것을 공정이라 인식한다. 이 과정은 청년 세대가 타인의 삶을 평가하는 방식에도 영향을 미친다. 오찬호의 지적에 따르면 이들의 능력주의는 기회와 결과의 평등이나 정의 같은 가치를 압도하고 있으며, 자기 계발을 지속하면서 타인에 대한 기준 또한 엄격해지는 모순에 빠졌다.[2] 이들이 모부로부터 전수한 학벌 및 학력 위계주의는 결국 사회적 부정의로 인해 생겨나는 타인의 고통에 대한 무감함으로 이어진다. 이들은 실패를 두려워하여 시간 관리와 자기 계발이라는 맹목적 길을 따라가면서 동시에 타인의 상승 이동이나 성공에 거부감과 부정적 감정을 갖게 되며 사회적 약자에 대해서도 강한 편견을 갖는다. 사회 구조적 불평등을 해결하고자 하는 의지는 개인이 위치한 다중의 특권과 피해를 동시적으로 사유할 때 행동이 된다. 현대의 구성원들은 어떤 영역에서는 권력 관계의 낮은 자리에 있고 어떤 영역에서는 기득권인, 모순적인 자리를 점한다. 여성으로서는 젠더 불평등의 피해자이지만 '모부 찬스'를 성찰 없이 활용할 때는 기득권의 옹호자가 되는 식이다. 이 속에서 근원적 문제를 향하는 실제적인 변혁은 일어나지 않는다. 각자는 불확실함으로부터 스스로를 보호하기 위한 자기합리화 및 자기방어에 익숙해지는 동시에 개인적 차원의 불안과 분노를 축적할 뿐이다.

'딸자식'을 반기는 모부들의 등장, 능력 있는 딸을 적극적으로 기획하고 꾸미는 현상은 성 평등으로 해석될 수 없다. 우리 사회는 기존의 아들 선호와 남성 중심 질서에서 벗어나 성 평등으로 향했다기보다는 가정 내에서 딸들에게 더 많은 의무와 높은 역할 기대를 부여했다. 이에 대한 문제의식으로부터 2020년 이후 유행한 'K-장녀' 담론은 20-30대 여성들이 현대 핵가족의 독특한 가부장제에서 떠맡게 된 감정 관리사로서의 역할과 책임에 대한 자기 객관화와 비판을 이끌어내는 페미니즘 용어가 되고 있다.[3] 성 불평등을 지속하고 딸의 심리를 조정하는 체제인 가족은 사회만큼이나 여성들의 투쟁 장소다. 여전히 여성을 저평가하는 사회에서 과잉된 기대를 업고 자란 20대 여성 청년, 특히 이 장에서 집중적으로 조명한 중산층 고학력 여성 청년은 젠더, 세대, 계급이라는 복잡한 범주의 다양한 압력, 기대와 협상한다. 딸들의 '기대 조절하기'는 중산층 여성의 젠더-계급적 곤경을 잘 보여준다. 이들은 '성공'을 위해 모부에게 의존적이 될 수밖에 없지만 동시에 그들로부터 심리적·경제적으로 독립하고자 한다. 동시에 화려한 스펙을 끌어안고 취직 실패에 거듭 부딪히며 성차별의 벽 앞에서 분투한다. 이들은 어디로 가야 할까?

# 2장

# 정규직의
# 주변부에서

"요즘 나 알바하느라 바빠."

대기업을 다니다 퇴직한 70대 여성에게 안부를 묻자
뜻밖의 대답이 돌아왔다. 50대 중반인 다른 친구는 정규직
교사였으나 지금은 아르바이트로 아이들을 가르친다. 이들은
정규직 직장에 다니다가 정년을 채우지 않고 집으로 '돌아온'
여성들이다. 교사였던 친구에게는 아이들이 있다. 그는
아이를 키우며 교사 일을 한 시절, 학교에서 퇴근하면 너무
피곤해 일단 쓰러져 잤다고 한다. "아이들 저녁 준비는 꿈도
못 꿀 일이었어." 그렇게 지내다가 체력이 너무 달려 이러다
죽겠다고 느꼈을 때 그는 '애들 독립할 때까지는 좀 더 살아야
한다'는 위기감에 학교를 그만뒀다.

많은 한국 여성이 '일-가족 균형'을 잡으려다 탈진한다. 그리고 20년간 내가 봐온 많은 이가 건강과 생존의 위협에 직면했을 때에야 일을 줄이는 선택을 한다. 그리고 이후 어느 정도 다시 안정이 되면 이들은 가족의 생계 보조자로서, '용돈 벌이'라는 이름으로 비정규 노동(아르바이트)에 입문한다. 한때 정규직 노동자였던 이 여성들은 시간적 여유를 가질 수 있고 일의 양을 조정할 수 있기에 아르바이트가 좋은 '선택'이라고 여긴다.

## 언제까지 아르바이트나 할래?

전 세대에 걸쳐 많은 여성이 인생의 많은 시간을 아르바이트를 하며 보낸다. 여성들은 청년기에, 은퇴 이후에, 혹은 학벌이나 특별한 기술이 없어서, 그저 써주는 곳이 없어서, 단기간에 급전이 필요해서 등 다양한 이유로 아르바이트(알바)를 한다. 어떤 여성들에게 알바는 선택이 아니다. 누군가의 삶에서는 평생 지속되는 노동 형태이기도 하다. 주로 여성에게, 알바는 청년기 한때 몸담는 시간제 일자리나 경험을 쌓기 위해 잠시 거치는 고용 형태가 아니다. 내가 만난 사무직이나 전문직 여성들 또한 현재의 직장에 이르기까지 수없이 많은 서비스 직종 알바를 했다. 가정 형편이 좀 괜찮았다면, "고상한 취준생"으로 지낼 수 있었다면 더 좋은 직장에 갈 수 있지 않았을까를 아쉬워하는 '알바의 대가'들도 많다.

1990년생 하영 씨는 지방에서 고등학교를 졸업한 후 대학에 진학했다. 그는 고등학교에 다니는 동안 횟집과 스낵바에서 서빙 아르바이트를 했다. 최저시급 규정이 무색하게도 고등학생이었던 그가 받은 시급은 각 3000원이었다. 서울에 있는 대학으로 진학한 후 졸업할 때까지 그가 돈을 벌기 위해 한 일은 수십 가지에 이른다. 학원 보조 교사 알바, 에스닉 레스토랑 서빙 알바, 예식장 서빙 알바, 카페 알바, 학교 근로 장학생으로 사무 보조 알바, 고등학생 과외 지도, 소품 매장 판매 알바, 스크린골프장 알바, 결혼정보회사 모니터링 알바, 바 손님 응대 알바, 패션계 대기업 아동사업부 인턴, 인터넷기업 홍보 알바, 통신사 매장 평가 단기 알바, 콘퍼런스 스태프 단기 알바, 리서치 회사 인력 양성 과정 실습생 등 여러 가지 일을 했다. 하영 씨가 대학을 졸업하기까지 경험한 서비스업, 사무직, 육체노동, 연구직 등의 알바는 그의 전공과도 큰 상관이 없고, 직종 간 관련성도 없고, 지속성도 적절한 임금도 보장되지 않았다. 하영 씨의 경험처럼, 가족 자원이 부족한 대졸 여성들은 듣는 것만으로 고충이 전해질 만큼 수많은 단기 노동을 거치며 살고 있다. '젊을 때는 뭐든 다 경험' 같은 말이 무색해지는 것은, 수십 가지 알바 노동을 거친 후 그 경험을 살려 결국 안정적인 직장을 얻게 되었다……로 마무리되는 이야기는 현실에 좀처럼 없기 때문이다.

"언제까지 아르바이트나 할래?"라는 흔한 타박과는 별개로 세상의 많은 일자리는 알바 노동으로 채워진다. 그리고 이것이 나이와 상관없이, 많은 여성에게 평생의 노동 형태가 되고 있다.


## 요요 이행

1인 출판업자 강민선 씨가 자신의 일 경험을 쓴 책 『나의 비정규 노동담』은 한국의 20-30대 여성의 노동 생애사를 잘 보여준다.[4] 그는 스무 살이었던 2000년에 노량진 재수학원 근처의 액세서리 전문점에서 시급 1600원으로 아르바이트를 시작했다. 청소, 정리, 손님 감시, 석유 심부름 등 주인이 하지 않는 모든 일을 했다. 액세서리점 알바를 마친 오후 다섯 시부터 밤 열 시까지는 시급 2000원을 받고 식당에서 일했다. 2001년부터는 막 확산하기 시작한 멀티플렉스 영화관에서 자정부터 아침 여덟 시까지 야간 청소를 했고

2002년에는 문예창작과 '전공'을 살려 출판사 아르바이트 일을 시작했다. 이때 그가 맡은 것은 출판사의 책 만드는 일이 아니라 정기구독을 권유하는 아웃바운드 업무다. 그는 정규직 직원들이 모두 퇴근한 오후 여섯 시부터 열 시까지 일했고 시급은 3500원을 받았다. 이후 서점의 고객 상담 콜센터 인턴 직원, 인터넷 쇼핑몰 고객 전화 상담원 등 학교 졸업 후 2년간 콜센터 세 군데를 다녔다. 폭 80센티미터의 '닭장'에서 "전화를 받는 동안 나는 이미 병을 얻었다"고 그는 썼다. 이후 그는 책이 있는 공간에서 일하며 계속 글을 쓰고 싶다는 포부를 안고 몇 군데 서점에서 계산원 아르바이트를 했다. 디지털 용품 매장에서 일을 하다 쓰러진 적도 있었다.

그의 목표는 작가였으나 그 꿈에 도달하기까지 글 쓰는 일과는 아무 관련이 없는 수없이 많은 아르바이트를 했다. 그는 값비싼 대학 학비에 보태기 위해 장시간 일했고 학교 수업에서는 주로 잤다. 모부의 학비 부담을 덜고자 아르바이트를 시작했지만 그가 일을 하자 모부는 그가 으레 돈이 있을 거라 생각해 더 이상 돈을 주지 않았고 나아가 아버지는 급전이 필요하다며 딸에게 돈을 빌렸다. 많은 저소득층 가정에서 딸이 위험에 빠졌을 때 가족은 필요한 도움을 주지 못한다. 딸의 아르바이트 소득이 가정의 유일한 소득인 경우도 많다. 그는 노동 강도가 세고 근무 시간이나 형태가 정규직과 비슷한 종류의 아르바이트를 하게 되었고,

때문에 글을 쓸 시간을 낼 수 없게 되었다. "글을 쓰기 위해 아르바이트를 그만두었지만, 글을 계속 쓰기 위해서는 새로운 아르바이트를 구해야만" 하는 상황이 반복되었다. '예술인 창작준비금 지원' 제도를 알게 되었지만, 연간 300만 원의 지원금을 받기 위해서는 다른 소득 활동이 없어야 한다. 그리고 이마저도 예술인으로서 활동 경력이 부족하다는 이유로 탈락했다. 그는 서른네 살에 프랜차이즈 카페에서 커피를 만들면서 사설 학원을 다닌다. 그리하여 획득한 사서 자격증으로 그 2년 뒤 도서관에 입사하며, 1년 6개월의 비정규직 기간을 거쳐 정규직 사서가 되었다. 그의 이야기는 이렇게 '알바 탈출 성공'으로 끝나고 정규직으로서의 안정된 미래가 이어질까?

　　　　많은 경험담이 실제로 바로 이 지점에서 끝이 난다. 그러나 이들의 실제 삶은 '정규직 취업'으로 '해결'되지 않는다. 이후 강민선 씨는 글을 쓰기 위해 1인 출판사를 만들어 자영업자의 길에 들어선다. 직접 자신의 책을 펴내는 그는 이제 저소득 자영업자로서 "아무것도 하지 않으면 아무것도 얻는 게 없는" 삶을 살고 있다. "돌아가고 싶은 과거가 단 한 곳도 없다"고 말하는 그의 이야기에는 스스로 일을 하며 살아가고자 하는 여성의 힘겨움, 희망, 설움이 고스란히 담겨 있다. 그리고 이와 유사한 상황을 겪고 있는 20-30대 여성들의 이야기를 나는 지속적으로 들게 된다. 내가 만난 젊은 여성들의 일 경험은 이동, 단절, 유예를 반복하는 알바 노동으로 가득 차 있다. 가족의 지원을 얻지 못하는 여성들이 "자신이 원하는 일을 할 타이밍을 맞이하기"를 고대하며 '목표와 무관한 돈벌이'를 "버틴다".

이들의 경험은 '요요 이행'이라 불리는 회로를 잘 보여준다. 요요 이행이란 청년들이 "장기화되는 이행기 동안 취업-실업-교육·훈련 상태를 반복적으로 오고 가는" 현상이다.[5] 청년들은 교육에서 취업으로 이행한 후 다시 교육 및 훈련으로 복귀하는 역이행을 반복하고 있다. 이 현상은 청년들이 기존의 표준적 이행 궤적에서 벗어나 굴곡진, 파편화된 궤적을 그리고 있음을 보여준다. 요요 이행은 여러 가지 형태로 나타난다. 우선 많은 청년이 대학 시절 내내 아르바이트와 학업을 병행하거나, 학비 마련을 위해 휴학과 복학을 반복하며 학업을 이어간다. 그 주요 원인은 막대한 규모의 학비와 생활비다. 또 다른 흔한 경우는 생계를 위해 우선 취업했다가 열악한 노동 조건을 겪고 다시 학교나 학원으로 복귀하는 사례다. 이들은 직장의 상향 이동을 위해 학력 자본을 강화하거나 학원을 다니며 자격증 준비를 한다. 홍희 씨는 몇 년간 외무고시와 공무원 시험 준비를 했지만 합격하지 못했다. 나이 때문에 취업을 못 할 것 같은 불안감이 강해지자 그는 서둘러 비정규직 일자리에 취업했고 그 뒤 다시 공무원 시험 준비를 위해 학원으로 돌아왔다.

고등학교 또는 전문대 졸업 이후 다양한 비정규직 일자리를 경험하다가 그만두고 다시 4년제 대학에 진학하는 여성들도 많다. 열악한 비정규직 일자리와 학력 차별을 경험하면서 더 좋은 자격으로 구직 시장에 진출해야 한다는 필요를 깨닫고 벌어놓은 돈을 다시 대학에 쏟아붓는 것이다.

요요 유형은 20대에게만 일어나는 현실이 아니다. 전문직에 종사하는 30-40대 여성들 또한 취업과 비취업 상태를 오가며 경제적 생존과 대안적 삶 사이를 왕복한다. 삶을 장기적으로 조망하기 어려워지면서 취업 상태에서도 경제적·감정적 불안이 쌓이게 되는데, 때문에 어느 정도 재직한 후 일을 쉬며 직장 바깥에서 자기 계발, 여행, 취미 활동을 병행한다. 이렇게 해야 할 일과 원하는 일 사이를 오가며 생존하는 여성의 비율이 매우 높다.

요요 이행에 영향을 주는 변수는 학력, 계층, 나이다. 고졸 여성들은 불안정한 일자리에 취업할 확률이 훨씬 높다. 또한 장기적인 취업 준비를 하기보다 '일단 들어갈' 수 있는 일자리를 선호하는 경향이 여성들에게서 더 크게 나타난다. 나이가 한 살이라도 더 많아지면 취업 기회가 급격히 제한된다는 것을 현실에서 경험하기 때문이다.[6] 아르바이트 자리도 여성의 경우 '26세 미만' 같은 식으로 나이 제한을 두는 경우가 많다. 여성에게는 한두 살의 나이 듦이 취업 가능성을 급격히 제한한다. 한편 이 때문에 직장 안에서 여성의 나이가 상대적으로 어린 것도 문제가 된다. 게임 업계에 재직했던 은선 씨는 '어린 여자'라는 사실 때문에 거듭 겪어야 했던 일들을 털어놓은 뒤 다음과 같이 결론지었다. "여기서 여자는 전문성과 능력이 있어도 소용없어요. 이 업계에서는 남자라는 사실이 스펙입니다."

어려도 문제, 충분히 어리지 않아도 문제인 여성들의 현실에서 다른 변수는 그의 모부의 계급이다. 20대 여성들은 분명 남성들에 비해 '빨리 붙는 곳'에 취업하려는 경향이 더 보이지만, 이 중에서도 중산층 자녀들은 '일단' 취업하기보다는 스펙을 더 쌓아 안정적인 취업을 하고자 하는 경향이 강하다. 학비 마련을 위해 휴학과 복학을 반복했던 이들이 '더 늦기 전에' 우선 취업을 한 뒤 이직을 위해 추가 스펙을 준비한다면, 모부의 지원을 받고 학비 걱정 없이 미래를 준비할 수 있는 환경에 있는 여성들은 상대적으로 비자발적 요요 이행에서 자유롭다.[7]

## 일터를 떠도는 사람

내가 면접할 당시 29살이었던 상희 씨는 일을 시작하면서부터 서울에 살게 된 이주민이었다. 그는

"페미니스트로서는 서울이 너무 좋은데, 먹고살기는 너무나 힘들다"고 말한다. 상희 씨는 나고 자란 P시에서 대학을 다녔다. 그가 대학을 졸업했을 즈음 강남역 살인 사건이 있었고 이후 촉발된 SNS상의 페미니즘 논의들을 접하며 그는 "후끈 달아오른" 한편 "공허함과 답답함으로 미칠 것 같았다"고 한다. 그가 고향을 떠나겠다 결심한 것은 경제적 빈곤 때문이 아니었다. 그는 P시에서 페미니즘 관련 이슈와 감정, '말'을 나눌 사람이 없다고 느꼈다. 그의 지역에서는 가족이라는 1차적 관계를 잘 유지해야만 '좋은 사람'일 수 있었고 익명성이 애초에 불가능한 곳이라 그런 지역 특색에서 자유로울 수가 없었다. 그는 그곳에서 당연하게 부여되는 이성애 가족주의와 세대 간 결속 의무를 현실화시킬 자신이 없었다. 그래서 어떤 연고도 없이 계약직으로 서울에 왔다. 이후 글이나 SNS로만 접해온 페미니스트들의 강연에 가고 시위에도 참여했다. 그리고 상희 씨처럼 '페미니즘 이주'를 감행한 20-30대 여성들은 잠시의 해방감 이후 '적대적인 도시 서울'을 맞닥뜨린다. 서울은 그 어느 곳보다도 지불 능력에 따라 개인의 지위가 구성되는 도시다. 상희 씨는 서울에 온 이후 정규직 일자리를 가져본 적이 없다고 했다. "도시가 요구하는 통행세를 지불하기 위해" 그는 닥치는 대로 아르바이트를 했다. 그렇게 몇 년간 알바 노동을 하다 건강이 나빠져 모부의 집으로

"요양"을 가기도 했지만 가난할지언정 서울에서의 긴장과 흥분의 감각이 그리워 다시 서울로 이주했다.

아르바이트는 분명 독립을 하고자 하는 여성이 용기를 낼 수 있게 도와주는 '쉬운 일자리'다. 어디서든 마음만 먹으면 아르바이트 한 자리쯤은 찾을 수 있다는 생각으로 젊은 여성들은 이주를 결심한다. 윤이나의 책 『미쓰윤의 알바일지』는 이런 이주가 국가의 경계를 넘어간 사례를 잘 보여준다.[8] 저자는 무려 14년간 총 12만2640시간의 알바 노동을 했다고 썼다. '당연히' 4대 보험의 혜택을 받아본 적이 없는 그는 시급 1만6000원을 받을 수 있다는 말에 호주로 떠났고 온갖 '비숙련, 비정규, 임시노동'을 해내며 알바계의 '고위경력자'가 되었다.

오랜 기간 학교만 다녔던 나는 사실 수많은 일을 동시에 혹은 연속적으로 해내는 여성들을 경이롭게 여기기도 했다. 방송가를 장악한 소위 '미래 예측가'들처럼 다중적 역할 수행에 긍정적인 의미를 부여해왔고, 이것이 유연성을 기반으로 한 디지털 경제에 최적화된 능력이라 찬양했었다. 그런데 정작 단기 아르바이트로 온갖 종류의 일을 해내고 변화무쌍한 프로젝트성 일자리에 오래 몸담은 여성들은 '아니다'라고 일축한다. 시간이 지날수록 뭐든지 잘 해낼 수 있다는 자신감보다는 "아무것도 잘할 수 있는 게 없다"는 감정이 더 많이 든다고 말한다. 영혼 없이, 전체의 맥락을 알지 못한 채, 단시간 내에 갖가지 일을 해내다 보니 "심사숙고하는 능력이 사라진 것 같다"고도 말한다. 인정과 소속감을 얻지 못한 채 이들은 일터가 마치 여행지가 되는 듯하다고 느낀다.

일터에서 소외되는 현실은 상흔을 남긴다. 자신의 노동이 가져올 최종 결과를 알지 못하고 계속 다른 일을 해야만 하는 상황이 반복되면 자신의 일에 무심해질 수밖에 없다. 분명 여성들은 쉬지 않고 다양한 일을 하고 사회 참여를 해왔지만 이들의 노동 이력에 대한 사회적 존중은 거의 없다. 여성 개인의 인생사에서 다양한 일을 많이 했다는 경력은 경험치, 사회성, 높은 위기관리 능력 같은 긍정적 개념으로 평가받지 못하며 오히려 '쉽게 쓰고 버려도 되는 비전문적 노동력'으로 취급된다. 대학 재학 중에 경험한 비정규직 노동이 졸업 후의 정규직 취업에 도움이 되는 지식의 습득과 별 연관성이 없다는 연구 결과[9]에서는 젠더 차이가 드러난다. 박기남의 연구에서 보듯, 학력을 높여도 여성이 정규직이 될 가능성이 남성보다 낮다. '정규직 일자리는 여성을 원치 않는다'는 성차별적 고용 문화는 현존한다. 그러나 수많은 지표가 증명하는 명백한 차별과 그로 인한 어려움을 겪으면서도 많은 여성이 문제 제기조차 하지 못한다. 대등한 경쟁과 능력주의 신화로 인해 "고용불안정성과 성차별에 대해 문제 제기하는 것은 시대에 뒤떨어진 논리이며,

루저들의 변명"이라 여기기 때문이다.[10]


## 난 구덩이에 빠지지 않을 거야

내가 인터뷰한 여성들은 아르바이트 일을 찾을 때 "큰 고민을
하지 않았다"고 대답했다. 알바는 '한때 하는 쉬운 일자리'고,
영혼을 팔거나 과도하게 헌신할 필요가 없다는 생각이다.
대다수는 어떤 알바를 하든 그것이 자신에 대한 평가나
가치를 좌우할 거라 생각하지 않는다. 그만큼 알바 노동은
개인의 진정한 인격이나 목표와는 무관한 임시적·일시적
돈벌이처럼 선택된다. 하지만 시간이 지나면서 이 여성들은
알바조차 구하기 어려운 현실을 직면하기도 하고, 이
알바에서 저 알바로 자리만 이동하는 자신을 발견하게 된다.
영화 속 대사처럼 "난 구덩이에 빠지지 않을 거야"[11]라는
결심을 반복하며 곧 '진정한 자신'에게 걸맞은 일자리가
나타날 것이라 믿지만 점차 평범하고 안정된 직장에서
일하고 싶다는 바람조차 불온하고 주제넘는 선언이라
인식하게 되는 것이다.

　　　'여자면 알바에 만족해라' '결혼하면 되지 않느냐'
사회는 그렇게 속삭인다. 이런 인식이 낳은 소외 속에서

여성들은 생존과 인격을 걸고 일자리를 뚫고자 분투한다. 이 과정에서 각종 아르바이트, 인턴, 심지어 무급 자원봉사자 자리를 두고도 서로 경쟁하며 거듭되는 실직을 경험한다. 많은 여성이 기간제 비정규직 자리에서 "일을 잘해도 해고된다". 뺏고 뺏기는 구조 안에 너무 많은 사람이 몰려 있는 것이다.

여성들의 일 경험이 상시적인 이동 상태가 된다는 것은 안정과 소속의 느낌을 갖지 못한다는 것을 의미한다. 젊었을 때 호기롭게 여러 일을 전전하던 여성들은 30-40대가 되어 마침내 안정적 일자리를 얻었을 때 그동안 무엇을 박탈당해왔는지 깨닫는다. "내 책상, 내 자리가 생겨 정말 좋았어요." 이 말을 한 여성은 곧 쫓겨날 것 같은 어정쩡한 고용 상태에서 어느 정도 벗어났음을 인생 처음으로 느끼면서 "진짜 인생이 시작된 것 같았다"고 말했다.

한국의 20-30대 딸들은 수많은 비정규 일 경로를 거치는 동안 신뢰할 만한 관계를 만나지 못하는 채로 더 깊은 자기 착취와 마음이 떠난 상태 사이를 떠돌도록 방치된다. 10대 때부터 아르바이트를 하며 여러 일터를 전전했던 여성들은 자신의 현재 상황을 "푹 적셔진 수건 같은 무거움" "갈수록 몸이 축나는 느낌" "비정규직 끝판왕" 등으로 표현했다. 서른도 되지 않은 20대 청년 여성들이 이런 사이클을 겪으면서 "여기서 이렇게 고꾸라지는 것은 아닌가"

두려워한다. 자신의 미래에 대한 선택권이 점점 없어진다고 느끼면서 이들은 일단 닥치는 대로 일을 한다. 동시에 자기 계발과 이동을 위한 투자를 계속해야만 하기 때문에 노동에 헌신함에도 불구하고 이들은 고비용 삶의 구조 속에서 '적자 인생'을 살게 된다. 일을 할수록 가난해지는 상황이 청년 여성들의 삶에서 반복되는 것이다. 성 불평등과 계급 불평등은 이렇게 교차한다.

# 3장　　　내가 될 수 없는
　　　　　　나의 일터에서

일터라는 공적 영역은 오랜 기간 남성이 정의 내리고,
남성이 지배하고, 남성의 권익을 유지해온 장소였다. 근대
자본주의가 확장해낸 수많은 일터에서 여성은 불청객
취급을 받았고 자신의 '여성성'을 쩔쩔매며 관리해야 할
무엇으로 인식하게 된다. 때문에 일하는 여성에 관한 많은
연구는 여성들이 일터에서 어떻게 여성성을 수행하는가에
초점을 맞춘다.

## 남성이라는 대표 노동자

일터는 '생계 부양자 남성'이라는 헤게모니적 남성성이
주도하는 공간이다. '여자라서' '여자니까' '여자지만' 같은
말은 일터에서는 취약함과 동일시된다. 이곳에서 '여성성'은
종종 진정한 노동자가 되기에는 아직 부족한 그 무엇이다.
여성은 때로는 남성의 욕구에 부응하는 '과장된 여성성'을
연출하도록 강요받으며, 바로 그 과장성으로 인해 쉽게
조롱당한다. 여성이나 여성성에 대한 모든 명명과 서술에는
강한 목적성이 있다. 여성이 어떤 존재인가를 정의하는 일은
여성을 일터에서 배제하고, 이들의 노동력을 저평가하며,
임금 차별을 합리화하는 데 사용된다. 그리고 가부장적
자본주의와 남성성은 이 같은 성과 계급의 지배를 통해
초과이윤을 얻고 남성의 '대표 노동자' 자리를 지켜나간다.
현실이 이러하기에 여성은 '괜찮은 직장'에 들어가기 위해
여성성이라 불릴 만한 자신의 일부를 떼어내거나, 다른
것으로 위장하거나, 드러내면 큰일 날 절대적 약점으로
인식한다.

　　　여성들은 '진정한' 전문 직업인이 되기 위해서는
여성성을 극복해야 한다는 소리를 자주 듣는다. 왜 여성성은
이토록 반-기업적이고 비-노동자적이며 반-사회적인 것으로
비난받을까? 여성이 결혼하거나 출산을 한다는 사실이

이전의 열정적이고 능력 있는 여성을 갑자기 무능하게 만들까? 여성에 대한 악의적인 저평가와 비난이 동료 남성을 갑자기 성취 지향적인 유능한 인재로 등극시킬까? 여성을 승진시키지 않고, 여성이라는 이유로 쉽게 해고하면 생산성이 전폭적으로 향상될까? 자본주의와 여성성의 관계는 합리적 인과보다는 남성 지배와 착종돼 있다.

여성들은 일터에서 전문가적 정체성을 형성하면서 조직의 기대에 부응함과 동시에 젠더 실천을 한다.[12] '젠더를 수행한다'doing gender는 것은 일터를 관장하는 남성 중심의 가치가 여성에게 기대하는 각본을 실천하거나 혹은 이에 저항하면서 전통적이지 않은 선택과 실천을 한다는 의미 둘 다를 포함한다. 자본주의 경제의 지속적인 변화와 함께 일터에서의 여성성은 논쟁적인 주제가 되고 있다. 현대 여성은 이전 세대 여성보다 더 높은 강도로 여성성, 여성적인 것, 페미니즘적인 것과 일터 사이의 간극과 긴장을 경험한다. 젠더를 둘러싸고 벌어지는 일터 여성들의 조정과 협상의 기술 역시 변화하고 있다. 그런 면에서 일터는 여성성과 페미니스트 자아를 탐구해볼 만한 흥미로운 장소다.

# 여성성이라는 난제를 어떻게 풀까?

페미니즘이 이뤄낸 가장 큰 성과는 여성적(feminine)이 아니어도 충분히 여성임(femaleness)을 주장한 것이다.[13] 생물학적 여자와 사회적으로나 문화적으로 기대되는 여성성 사이에는 실제로 수많은, 복수의 여성성이 존재한다. 주디스 버틀러의 표현대로 여성은 다른 여성의 젠더 수행을 모방하면서 그냥 여성이 된 것뿐이고 자신을 여성스럽다고 느낀다. 마찬가지로 모든 여성은 동일한 방식으로 여성적으로 되지 않는다. 남성 중심 사회에서 바람직한 여성성이라 간주하는 것은 다양하고 이질적인 실존하는 여성성을 없는 것처럼 취급하고 억압하여 만들어진 이미지다. 타자성 혹은 대상으로서의 여성성은 젠더라는 성차 권력 체제 안에서 끊임없이 규정되고 환기된다. 이런 점에서 여성성은 본질의 발현이 아니라 성 권력의 결과다.

　　　페미니즘은 '종속'과 '본질' 혹은 남성 욕망의 대상으로 구성된 여성성에 지속적인 의문을 제기해왔다. 이를 통해 실제로 존재하는 여성들의 다양한 젠더 실천을 드러내고, 여성성이 본질화된 속성처럼 이해되는 것을 거부한다. 이때 사회가 여성에게 부여한 제한된 역할이나 이미지로서의 여성성은 종종 부정적인 혹은 극복해야 할 것으로 간주된다. 최근의 탈코르셋 운동도 '코르셋'을 벗어야 여자가 아닌 '인간'이 될 수 있다고 주장한다.

여기서 여성성이 다시 고정된 무엇처럼 간주되기도 한다. 헤게모니적 남성성의 대상물처럼 존재하는 억압적인 여성성을 거부하다 보니, 이를 본질화하여 저항을 위한 실체적 진실처럼 바라보게 되는 것이다. 어떤 점에서는 남성 중심주의만큼이나, 페미니즘에서도 여성성은 탐구되기보다는 쉽게 가치 절하된다. 마빈과 그랜디는 이때 '올바른' 혹은 '잘못된' 종류의 여성과 여성성이 있을 뿐이라 지적한다.[14] 어쨌든 여성성은 페미니즘과 남성 중심주의 둘 다에서 대개 '문제적'인 것으로 간주된다.

　　　지금 우리 사회에서 널리 통용되는 의미의 여성성은 '하늘하늘한 원피스에 윤기 나는 긴 머리와 자연스럽게 연출한 무결점 피부'처럼 주로 광고와 미디어를 통해 재현된 것이다. 의견을 표명하는 대신 듣는 미덕을 갖춰야 한다는 등의 규범도 여성성의 지표다. 이렇듯 늘 과장되고 협소한 방식으로 다루어지는 여성성은 보여지는 것 이상의 내재적 가치 혹은 실행적 자질로서 사유되기 어렵다. 이런 방식으로 상상된 여성성은 종종 특정 여성을 조롱하거나 경멸하는 데 사용된다. 그러나 모든 인간은 생애 과정을 통해 그의 인격을 거듭해 재구성하며 살아간다. 여성이 자신의 '여성성'을 표현하고 사유하는 방법 역시 지속적으로 변한다. 우리는 주류 남성성을 상상할 때 15세 소년을 기준으로 사유하지 않는다. 그러나 여성성에 부착된 고정적 이미지는 한참 미성숙한 여성성을 그 본질로 설정하고 있다. 가부장제가 세대, 계급, 민족주의에 따른 독특한 형태의 남성성을 지속적으로 구성해가는 것처럼, 여성들도 다양한 표현 체계와 구조적 위치를 통해 또는 페미니즘과의 조우를 경험하면서 정체성을 구성한다. 여성은 단순히 어떻게 보이고 말하느냐로 젠더를 수행하지 않는다. 이들은 제한된 조건에서 미래를 위한 선택을 하고, 사유하며, 행동한다.

일하는 여성 중 앞서 언급한 것과 같은 단순하고 과장된 여성성을 실천하는 여성은 없다. 또한 일터라는 구체적인 현장에서 모든 여성은 동일한 위치에 있지 않다. 많은 여성이 강요된 여성성과 자신의 수행성 사이 간극을 인지하고 있다. 또한 사회에서 여성이 '이등 시민' 취급을 받는 것이 현실이라 해도 많은 일터의 여성들은 지위, 명성, 권력을 추구하는 전략가이기도 하다. 이들은 신입, 막내, 인턴, 관리자, 기획자, 팀장, CEO 등 무수한 위치에 존재한다. 그리고 일터에서의 다양한 위치만큼이나 이들 각자의 젠더 실천은 역동적이고 전략적이다. 무엇보다 자본주의 체제가 젠더를 체제 운영의 논리로써 활용해온 만큼, 여성성을 배열하고 억압하고 차용하고 찬미하고 상품화하는 방식 자체도 변화해왔다. 이 안에서 여성성 담론과 여성들은 어떻게 달라지고 있을까?

# 남자처럼 생존하라

오랜 기간 일터의 사무직 여성에게 매뉴얼처럼 주입된 젠더 각본이 있다. "성공을 위한 복장dress for success"이 그것이다. 성공을 위한 복장이란 직장에서 좋은 인상을 주고 인정받기 위해서는 특정 방식으로 화장을 하고 옷을 입어야 한다는 전수된 규칙이다. 예를 들어 '사무직이나 전문직 여성은 청색이나 검은색 슈트에 하이힐을 신는다'는 식이다. 전 세계의 수많은 여성이 성공을 위한 복장을 껴입고 출근했다. 여성이 화이트칼라 직종에 대규모로 진출한 시기는 국가에 따라 차이가 있겠지만, 산업자본주의 노동 체계에서 이는 꽤나 설득력 있는 조언으로 여겨졌다. 동시에 서비스 분야가 팽창하면서 유니폼을 걸친 여성들이 제복 속의 상냥한 복종자 역할을 널리 수행하기도 했다.

한국 사회에서 여성들의 사무직 진출이 활발히 시작된 때는 1980년대다. 생산 영역 중심의 발전주의 전략을 통해 빠른 시간 내 자본을 축적했던 한국 사회는 철저한 성별 분업을 통해 여성성과 남성성의 가치를 고정하는 데 성공했다. 공/사, 생산/재생산, 임금노동/무임금노동의 위계적 이분법을 통해 여성은 사적 영역의 재생산 노동을 담당하고 이를 무임금으로 수행했다. 반대로 남성은 생계 부양자의 타이틀을 쥐면서 공적 영역의 독점적 성원권을

획득했다. 이 과정에서 한국전쟁 이후 수많은 여성이
경제 활동을 통해 가족을 먹여 살리고 전쟁의 폐허로부터
경제 발전을 이룩했던 현실은 역사의 뒤안길에 남겨진다.
여성의 임금노동과 경제 활동은 '가족을 위해 희생하는 딸'
혹은 '아이를 먹여 살리려는 억척스러운 모성' 같은 식으로
사사화된다. 이로써 여성이 돈을 버는 행위는 사회적 행위가
아닌, 가족의 빈곤 또는 남편의 부재라는 '불운'을 극복하기
위한 개별적 행위로 귀결되었다. 그러다 1980년대 이후
고학력 여성의 사무직 진출이 활발해지면서, 이런 방식으로
구겨 넣을 수 없는 여성 임금노동자들을 어떻게 호명하고
범주화해야 하는가라는 난제가 등장한다.

　　　　여성의 사무직 진출이 증가했지만 일터의 규칙은
쉽게 바뀌지 않았다. 올드 보이즈 네트워크 즉 남성 연대는
old boys' network
여성의 진입을 막았고, 여성에게 높은 통행세를 부과했다.
그들은 '여성성'이 기업의 합리성, 공정성, 시장주의와
부합하지 않는다고 단언했다. 여성은 감정적이고
비일관적인, 신뢰하기 어려운 노동자로 배척되었다. 남성
중심적 조직에서 그나마 여성이 문턱을 넘을 수 있었던 것은
지루하고 거친 일 세계의 '흥밋거리'가 되기 때문이다. 여성은
남성들의 냉혹한 일터를 친밀성과 감정이 오가는 장소로
만들어내는 존재가 되어야 했다. 오랜 기간 여성은 직장의
꽃이라 불렸다. 한 장소에 고정된 볼거리, 시들면 곧 치워버릴

존재 말이다.

　　　　이 '규칙'은 근본적으로 바뀌지 않았다. 지금도
일터의 여성성은 공적 영역의 규칙을 위협하는 질서
교란자나 가십거리로 다뤄진다. 이보다 더 악의적인 것은
여성의 승진이나 업적을 능력이 아닌 여성성을 거래한
결과로 보는 견해다. 내가 만난 한국의 수많은 일하는
여성이 남성 상관의 모순적인 태도에 혼란을 겪고 있었다.
이들은 공적인 회의 자리에서는 눈길 한 번 주지 않고
의견을 무시하며 업무나 승진에서 부당한 결정을 하던
남자 상사로부터 "할 얘기가 있으면 찾아와라" "문제
있으면 만나자"란 말을 자주 듣는다. 공개적으로 업무
능력을 인정하거나 공정한 기회를 주지 않는 상사들이
뒤에서 사적인 '만남'을 시도하는 것이다. 일터의 여성들은
남성의 승인을 얻으려면 여성성을 자원화할 수 있어야
한다는 메시지를 지속적으로 받는다. 여성이 업무상의
인정을 받거나 승진한다면 '다른 거래'가 있었으리라
여기는 남성들의 편견 자체가 남성에 의해 유도되고 강화된
것이다. '사내 와이프' '여자친구 같은 동료' '잠자리 승진'
'베갯머리송사' 같은 말은 여성성과 섹슈얼리티의 수행을
여성 노동의 일부로 여기는 남성들의 견해에서 유래한다.
그들은 여성 동료가 화려하거나 수수하거나 순종적이거나
그렇지 않거나 여타 어떤 특징을 가졌든, 반드시 그

'여성성'을 거래한 후견인이 배후에 있다고 믿는다. 한 30대 남성은 여성 노동자의 미투에 대해 "거래를 시도하다 실패한 여성이 하는 행동"이라 단언했다. 이 남성의 이야기는 5장에서 좀더 자세히 다룬다.

남성끼리의 연고주의가 서열을 결정하는 일터에서 여성들은 그들의 질서를 어지럽히는 존재처럼 취급된다. 남성들은 여성 동료가 얼마나 "위험하고 부당한 전략가"인지를 성토한다. 나이에 따라, 입사 순서에 따라, 결혼 여부에 따라, 자녀 수에 따라 승진과 보상이 차례로 주어지는 남성 중심의 일터에서 여성은 이러한 암묵적 호혜주의의 대상이 아니며, 그들의 질서를 유지하기 위해서라면 마땅히 제거되어야 한다. 생계 부양자 지위를 지닌 남성 간의 연대는 여성 배제를 통해 지속한다. 이러한 남성 질서에서 여성성은 합리와 공정의 반대 항이자 위험 요소로 간주된다.

이때 일하는 여성들에게 권장되는 '성공을 위한 복장'이란, 강력한 여성 배제와 위험한 여성성이라는 조직문화 속에서 탄생한 젠더 실천의 예다. 여성들은 자신이 조직의 일부임을 '증명'하기 위해, 여성성을 과도하게 전시하지 않고 '대표 노동자'인 남성을 모방하되 남성과 완전히 같지는 않은 의복을 두른다. 남성적 태도, 옷차림, 말하기라는 '표준'을 모방하라는 조언은 여성에게 생존과 성공의 길로서 제시되었다. 한때 여성들은 자신의 몸을 양복으로 봉합함으로써 일터의 세계에서 무해한 존재로 위장했다. 또한 '남성보다 더 고지식한' 규칙의 관리자가 됨으로써 여성이 아님을 증명했다. 과거 인기를 끌었던 『남자처럼 일하고 여자처럼 승리하라』는 여성들에게 성공하기 위한 14가지 규칙을 제안했다.[15] 규칙의 요지는 경쟁하고 과장하고 주장하고 얻어내는 남성의 게임 법을 배우라는 것이다. 그리고 그런 남자 흉내 내기로 성공하여 최고의 자리에 오르면, 이제 여성임을 드러내도 된다. 이후로는 '여성처럼 행동해도' 그것은 결점이 아닌, 성공한 여성의 진정한 모습으로 받아들여질 수 있기 때문이다.

　　　'성공을 위한 복장'이나 '남자처럼 일하고 여자처럼 승리하라'는 제안들은 여성이 남성처럼 입거나 행동하거나 말을 하면 그들과 비슷한 지위를 얻을 수 있다는 상상을 하게 했다. 동시에 직장에서는 여성의 몸이나 여성성이라는 문화적 표식을 지워야 할 의무가 있으며 그래야만 생존할 수 있다는 것을 알게 했다. 그러나 남자와 비슷해지면 평등해지리라는 상상은 완전히 틀렸다. 여성이 어떤 옷을 입고 어떤 행동을 하든 그 수행 주체가 여성일 때 그는 항상 남성보다 저평가된다는 진실이 수십 년간 여실히 증명되었다. 기업에서 가장 중요도가 높고 주목받는 분야라 해도 여성이 그 일을 맡는 순간 일 자체가 가치 절하되고 지위나 보상이 축소되었다.

　　　'끼어들기'나 '모방하기'와 같은 젠더 실천은 성
불평등 자체를 질문하지 않는다. 기준, 규범, 평가 방식에
도전하지 않고 개인 여성의 노력만을 강조하는 논지의
조언들은 남성의 규칙에 자신을 맞춰가다 보면 인정받고
지위가 생길 것이고, 그때 본연의 여성성을 표현하라고
설득한다. 그러나 모든 여성이 이런 게임의 노련한
플레이어가 될 수는 없다. 남성 중심 가치가 규범이 된
일터에서는 극도로 억압된 여성이나 과도하게 성취 지향적인
여성만이 생존할 수 있다. 그리고 그럴수록 여성들 각자가
본연의 자아를 발휘하여 단일하게 상상된 여성성을 해체하는
일은 요원해진다. 일터의 기준이나 규범을 바꾸지 않은 채
이뤄지는 여성들의 '끼어들기'나 '명예 남성 되기' 전략은
일터에서 성 평등을 이끌어내지 못한다. 왜 일터가 부당한
차별을 지속시키는 공간인가를 질문하지 않기 때문이다.


## 성공을 위한 현실적 조언들

여성성의 수행이 일터에서 긍정적인가 혹은 부정적인가를
논하는 것은 사실 소모적이다. 일터는 시간이 정지된 장소가

아니기 때문이다. 왜 일터에서 혹은 노동의 조건으로 여성성을 수행하는 방법이 지속적으로 변화하는가는 정치경제학적 질문을 필요로 한다. 젠더 수행성은 문화 규범으로서 자본주의 축적 체제의 변화에 영향을 받는다. 전세계 경제는 지난 40년간 글로벌 신자유주의로의 큰 변화를 경험하고 있고 이런 변화는 산업자본주의와는 또 다른 젠더 규범을 구성한다. 내가 목격하는 가장 중요한 변화 중 하나는 고학력 전문직 여성이 일터에 들어옴에도, 이들이 적어도 성 평등에 대한 강한 열망을 갖고 있음에도 관련 사안에 대해 문제 제기하거나 싸우는 일이 지극히 드물다는 점이다. 일터의 여성들은 시시비비 가리기, 공격적이지만 투명한 언어, 논쟁을 유도하는 문제 제기 같은 투쟁 방식을 상실한 채 살아가고 있다. 신자유주의 일터는 어떻게 여성의 투쟁성을 앗아갔을까?

신자유주의적 자본주의와 여성의 관계는 "엇갈린 축복"이라 불린다.[16] 어떤 여성들에게는 긍정적인 기회를 선사했으나 동시에 가중된 억압을 만들어냈다는 의미다. 그리고 그 영향력은 여성 개인이 행사할 수 있는 경제 자본, 교육 및 문화 자본, 사회적 관계 자본 등에 따라 다르게 작동한다. 사회 전반의 계급 불평등이 커짐에 따라 여성들 간의 계급 격차도 커졌다. 신자유주의 논리는 자기 계발, 생존, 위험 관리 모든 면에서 '개인화'를 강조한다. 구조나 체제를 탓하지 말고 스스로 발전하며, 돌봄 능력을 개발하고 성취를 보이라고 주문한다. 능력주의가 강조하는 '개별성'과 '변별적 역량'은 사회적 소수자라도 자기 계발, 자기 훈련, 자기 책임을 통해 얼마든지 일터의 시민권을 얻어낼 수 있다고 말한다. 전통적 억압이나 불평등으로 인해 공적 영역에 진출하는 것이 좌절되었던 여성들에게 능력, 공정, 경쟁이라는 슬로건은 충분히 매력적일 수 있다. 여기서 개인의 성공 또는 실패의 의미를 구성하는 사회 구조적 통치 체제나 이에 저항하는 집단행동은 관심사가 아니다.[17]

이런 '개인화'는 페미니즘이나 여성 권리 향상에 늘 부정적인 영향력을 갖지는 않는다. 워싱턴 합의를 통해 강조된 '인적자원개발론'은 국가의 경쟁력을 강화해줄 인적 자원의 생산을 독려하며, 여성이라도 이 조건에 들어맞으면 적극적으로 초청된다. 능력주의가 전통적인 젠더 억압을 초월한다는 의미다. 가정 내 가부장적 권위, 제도 정치, 산업자본주의에서의 젠더 위계 등 기존의 견고한 틀은 신자유주의가 구축한 '유연화'에 의해 녹아내렸다. 나이, 인종, 젠더 같은 전통적 위계가 약해지고 시장이나 소비 확산에 효과적인 새로운 감각과 혁신이 숭상되었다. 고용 안정성은 사라졌지만, 개인이 문화적 감각과 창의력을 발휘하면 누구라도 성공할 수 있다는 가치가 확산되었다.

생산성과 효율성으로 누구나 경쟁할 수 있다는

메시지는 일견 관습과 전통의 경직성에서 개인을 해방하는 것처럼 보였다. 탁월하고 참신하기만 하다면 전통적 주류 엘리트와 거리가 먼 개인도 그들과 같은 지위를 획득할 수 있다는 약속은 여성에게도 주어졌다. 이는 여성의 젠더 수행에도 영향을 미쳤다. 여성 주체는 성별 불평등 같은 오래된 차별의 피해자로 자신을 위치시키기보다 스스로의 능력으로 불평등을 초월하거나 극복하고자 했다. 그 결과 많은 이가 남에게 무언가를 보여줌으로써 인정과 보상을 획득할 수 있다는 '전시성 자아'를 갖게 되었고 페미니즘 담론 내에서도 욕망, 기회, 성공에 대한 추구가 이전 세대에 비해 훨씬 강력해졌다. 개별적 역능감을 통해 '이등 시민인 여자'의 위치에서 벗어날 수 있다는 믿음 역시 생겨났다.

　　내가 만난 고학력의 비혼 여성들은 일터의 인간관계를 힘들어했지만, 일이 싫다거나 일 자체가 재미없다고 말하는 이는 드물었다. 일터에 머무는 시간이 너무 길다고 불만을 가지면서도 일을 더 잘하기 위해 자격증 취득이나 체력 관리 등에 기꺼이 더 많은 시간을 투자하기도 했다. 많은 여성이 일과 삶의 활동을 완전히 분리하기보다 일을 중심으로 사생활의 내용을 구성한다. 이러한 성향의 20-40대 여성들은 새로운 도전에 고양되어 있었고 자신의 분야에서 능력을 인정받는 존재가 되겠다는 목표에 과한 겸손이나 주저함이 없었다. 흥미로운 것은 이들이 최근

한국 페미니즘 담론에서 부상한 '성공하는 여성' 담론에
심리적으로 동조하고 있었다는 점이다. 또한 많은 이가
페이스북의 최고운영책임자였던 셰릴 샌드버그의 『린
인』을 읽었거나, 흥미를 표했다. 일하는 여성들의 멘토는
이제 반드시 같은 직장의 선배나 동종 분야의 시니어일
필요가 없어졌다. 특히 IT나 금융, 스타트업 분야의 여성들은
세계적으로 성공한 여성의 이야기를 통해 가능성과 연결감을
느끼며, 해외에서 일하는 것에 매우 개방적인 태도를 보였다.
경력에 방해가 된다면 결혼과 육아를 선택하지 않겠다는
결연함을 드러낸 이도 많았다.

　　　그렇다면 결혼, 육아, 커리어 모두의 '경영'에 성공한
여성들은 여성성을 어떻게 사유할까? 세계적 여성 CEO 네
명의 자서전을 분석한 마리아 애덤슨은 이들의 자서전이
여성들에게 전 지구적으로 영향력을 갖는 현상을 연구했다.[18]
전 세계 고학력 중산층 여성들이 일과 직업에서 성공하려는
열망은 아주 높아졌다. 여성 CEO들의 자서전은 성공하는
여성이 되는 방법, 이들이 행사하는 힘과 영향력에 대해
자세히 기록한다. 이전의 성공한 여성들과 다른 것은 이들이
자신을 페미니스트로 호명한다는 점이다. 이들 모두는
페미니스트 자아를 강조하면서 일터에서의 성차별주의를
비판하고 평등을 부르짖는 리더다. 애덤슨은 CEO 여성의
자서전이 공통적으로 강조하는 것을 "균형 잡힌 여성성"이라

정의한다. 균형 잡힌 여성성은 조직이나 기업에서 성공하기 위해 여성이 갖춰야 할 습관, 태도, 가치다. 이들은 일터의 성차별주의와 맞서 싸우기 위한 조언을 제시하는데 그 핵심은, 여성들이 '과도한' 태도를 보이지 않고 매사 균형을 이뤄야 한다는 것이다. 어디서 많이 듣던 얘기다. 이들이 주장하는 균형 잡힌 여성성은 "기업에서의 모든 토론에 '성별을 주입하지 않도록' 주의하거나" "정서적인 면에서 여성성이 과도하게 표출되지 않도록 자제력과 책임감을 느끼고" "'슈퍼 우먼'이 되거나 집으로 완전히 퇴각하는 대신, 엄마로서의 불완전성을 받아들이고 보모 고용 등을 통해 해결하라" 등으로 요약된다. 일견 설득력 있고 현실적인 조언이다. 일과 가정의 양립은 돌봄 공백을 메울 다른 이의 노동을 통해서만 가능하기 때문이다.

　　　　그러나 여전히 질문이 남는다. 여성의 성공 서사는 왜 차별에 맞서는 방법으로서 '균형'에 집착하는가? 균형 잡힌 여성성은 일터 여성들에게 시장주의 논리에 최적화된 계산적 태도와 감정을 구성해가도록 요구한다. 그런데 이는 자본주의나 비즈니스 목표에 부합하는 여성상이며, 차별을 받는 여성의 권리를 구체적으로 제시하지 않는다. 애덤슨 또한 이 '균형'이 구조적 평등을 향해 가지 않는다고 비판한다. 성공한 리더들은 여성이 더 많은 능력과 성취를 증명해 보임으로써 성차별주의가 해결된다고 낙관한다.

이런 균형 잡힌 여성성 담론에서 신자유주의와 페미니즘의 독특한 결합이 나타난다. 자유로이 '선택'하여 자신을 스스로 재창조하는 여성 개인을 찬미하고 그들의 직업적 성공을 '성차별 극복'으로 칭송하는 개인화된 능력주의 서사는 여성의 집단적 피해자화를 비껴가면서 성공과 지위 욕구를 갖추어야 할 여성 주체를 구성한다. 이들의 성공은 마치 성별 권력 관계를 해체한 것으로 쉽게 번역되지만, 이 같은 의미의 성공은 소수자에게만 돌아가는 지위이므로 평등을 위한 정치적 전략으로 채택되기 어렵다.

　　　일터에서 기쁨을 주는 것은 성취다. 하지만 성취와 성공은 다른 개념이다. 여성이 성공하려면 균형 잡힌 여성성을 수행해야 한다고 말하는 것은 노동자에게 한계 없는 생산성을 요구하는 자본의 논리에 끊임없이 부응하라는 것과 다름없다. 무엇보다 일과 삶의 균형은 여성 개인의 균형 감각 유지라는 젠더 수행을 통해서 달성될 수 있는 것이 아니다. 시장이 요구하는 균형의 의미가 무엇이고 왜 이것이 여성들에게만 이토록 요구되는가? 이것을 질문하지 않는 한, 균형 잡힌 여성성은 일터의 평등과 무관하다.

　　　능력주의 원칙은 고학력 중산층 여성들의 전문직 진출을 촉진했다는 점에서 일견 축복이었으나 경쟁심을 강화해 사회적 관계를 약화시켰으며 무엇보다 여성들이 여성성을 통제하는 동시에 '세련된' 방식으로 전시해야만

'남자처럼 성공'할 수 있다는 각본을 제시했다. 여전히 일터에서 자의적으로 적용되는 '여성성'은 억압 혹은 찬미되어야 할 본질로 여겨진다. 여성들에게 널리 부과되는 이러한 딜레마는 성공한 소수 여성의 전략적 협상으로 해소될 수 없다. 일터의 성 평등을 이뤄내기 위해서는 몇몇 여성이 '어떻게 성공했느냐'가 아닌, 왜 여성이 일터에 오래 남을 수 없는가를 집요하게 물으며 답을 찾아야 한다.


## 흠결 없는 파편이 되어

페미니즘은 역사적 상황과 늘 밀접한 관계를 맺으며 구성된다. 지난 40년간의 신자유주의적 글로벌 자본주의는 페미니즘에 영향을 주었고, 페미니즘 또한 이러한 자본주의의 확장에 자원을 공급했다. 신자유주의하에서 모든 개인은 경제적 수치나 평가에 따라 가치가 매겨진다. 여전히 전 지구적 시장에서 경제적 가치를 높이 평가받는 것은 백인 고학력 중산층 기혼 남성이다. 젠더와 인종 특권은 여전히 강건하다. 실제로 남성 생계 부양자와 여성 돌봄노동자의 전통적 페어링은 크게 달라지지 않았지만, 달라진 것은 이제 누구라도 학력, 외모, 사회적 영향력에 지속적으로 투자하고 능력을 향상시키면 자신의 경제적 가치를 높일 수 있다는 믿음이 확산되었다는 점이다. 사회적, 구조적 불평등에 목소리를 내는 것은 약자의 위치를 내세워 자신의 게으름과 노력 없음을 변명하는 행위로 비난받는다. 과거의 차별적 규범 때문에 고통받던 여성들은 이제 직장에서 차별에 대해 말하는 대신 더 '노력'한다. 자기 계발에 매진하며 경쟁을 불사하고 성공에 매달리는 여성이 '일하는 여성'의 바람직한 이미지가 되었을 뿐 아니라 일과 사랑, 자기관리까지 완벽한 여성상이 찬양된다. "완벽함의 이상이 현대 여성성의 중심 사상"이 된 것이다.[19]

여성 해방의 이미지는 이제 여성 개개인의 성공과 성취로 의미화되고 있다. 여성들은 몸, 건강, 커리어, 사랑, 가족 모든 면에서 완벽한 행복을 성취할 수 있다는 메시지가 새로운 규범으로 제시된다. 하지만 문화이론가 앤절라 맥로비는 이것이 여성들에게 다가온 새로운 시련이라고 말한다. '완벽해질 수 있다'는 희망을 주입당한 여성들은 매일 수많은 질문 속에서 일상을 보낸다. 몇 칼로리의 음식을 먹어야 하지? PT를 받으러 가야 할까? 오늘 계획한 일을 내가 얼마나 해냈지? 오늘 집에 돌아가 요리를 할까? 음식을 주문할까? 피부를 어떻게 관리해 유지할까? 살을 조금 더 빼야 할까? 일하는 여성들은 점차 의식주, 대인관계, 몸매, 연애, 인품 등 자아의 세세한 부분에서까지 완벽함을

추구하고자 한다. 많은 여성에게 자아는 지속적으로
관리하여 향상시킬 수 있는 '프로젝트'로 이해된다. 끊임없는
계산과 수치들, 지칠 줄 모르는 자기관리, 강력한 자기
감시와 통제를 통해 현재의 나보다 더 잘난 자신이 되어야
한다는 주문을 건다. 이들에겐 회사 경영 부서, 지역의
보건시스템이나 정부의 세금 정책이 아닌 매일 반복되는
내 일상과 내 몸이 마이크로매니징˙의 대상이다. 맥로비는
이런 완벽한 여성성에 대한 추구가 실제로 일터의 젠더
위계에 도전하고 남성들과 공개적으로 경쟁하는 것을 피하게
만든다고 주장한다. 개인의 노력을 통해 젠더 억압이라는
고질적 불평등의 해결이 가능하다고 믿게 되기 때문이다.

　　　　노력과 경쟁을 통해 완벽한 여성이 될 수 있다는
신념만큼이나 현대의 일하는 여성들은 일터에서의 좌절과
실패에 대해 개인이 책임을 지는 것을 당연하게 생각한다.
부당한 대우에 화를 내는 것조차 여성의 '약함'을 보여주는
것이므로, 분노하는 대신 감정의 항상성을 유지하기를
그리고 앞으로 더 완벽해지기 위해 노력하기를 택하는
것이다. 물론 완벽해질 수 있다는 것은 환상이다. 실제로
이 여성들은 '남성'으로 설정된 완벽한 노동자상에 당신은
이러저러한 이유로 부합하지 않는다는 신호를 매일 받으며
일하고 있다. 동시에 자신의 가치를 향상시키기 위한 노력을
결코 중단해서는 안 된다는 기대에 시달린다.[20]

---

˙　(주로 임금노동자를) 과도하고
　세밀하게 감독·통제하고
　자기결정권을 제한하는 관리 형태

맥로비(2015)는 이것을 "고조된 형태의 자기 검열"이며 "중산층 질병"이라 표현한다. 완벽을 추구하는 것은 끊임없이 자신을 응시하고 감시하고 분석하여 개선점을 뽑아내고 또 노력하는 일련의 과정이다. 이 과정을 지속하는 여성들은 뭔가를 달성하지 못했다고 생각되면 자신에게 가혹해지며 이들 삶에서는 평화가 사라진다. 완벽한 여성의 신화는 수많은 일터 여성들에게 신념과 확신을 주기보다 끊임없는 불안감을 갖게 한다. 그러는 동안 여성들은 조직의 '완벽한 노동자'라는 이상이 실제의 완벽함과는 상관없는 패권적 남성성을 기준으로 배타적으로 구성된 것이라는 점을 이해하기보다는 본인이 더 노력함으로써 그 이상에 도달할 수 있다고 믿는다. 그러나 이런 경쟁에서는 쉽게 번아웃될 수밖에 없다. 완벽주의자 자아에 도달하고자 여성들은 많은 것을 희생하지만, 이 도달할 수 없는 환상과의 불가피한 만남은 여성을 우울증으로 이끈다.[21] 게다가 이 같은 이상은 성별 권력의 존재와 구조적 불평등을 가린 채 젠더 차이를 배제한 채 구성된 '냉정한 객관적 지표'에 매달리게끔 한다. 이들은 반페미니즘적 정서가 평가 시스템을 구성하는 현실을 비판하는 일 자체가 '매력적'이지 않을 뿐 아니라 프로답지 못한 것이라 여긴다. 이 같은 일터에서 여성들은 파편화되고, 감정적으로 위선적이 되며, 더 우울하고, 덜 투명해진다.

2부

우리의
동료 남성들에
대하여

# 4장

# 남성 연대의
# 게임 규칙

회식 자리에 가면 팀장이 부장 옆에 가서 앉으라고
한다. 그냥 자리에 있겠다고 하면, 팀장이 "융통성
없다"고 화를 낸다. 나도 매번 힘들다. 하지만 이게
내 페미니즘이다. 〔20대 계약직 여성〕

'권력자 남성 옆에 젊은 여성 앉히기'는 쉽사리 변하지 않는
조직의 회식 풍경이다. 회사와 같은 조직에는 바람잡이 '베타
남성'이 여럿 있다. 이들은 동료들의 자리를 배열하고, 상사가
왔을 때 이들이 회식, 술집, 노래방 등에서 행해야 할 역할과
행동을 지시하고 관리한다. '상관을 위하는' 행동인 동시에
자기 자신을 위한 행동이다. 그들은 상급자가 물러나면
다음에 그것을 누리는 사람은 자신이리라 기대한다.

오랫동안 한국의 일터에서는 조직 내 성희롱이나 성폭력이 남성 노동자의 사기, 협동, 연대를 강화하는 수단으로 묵인 또는 심지어 장려되었다. 일터의 성적 괴롭힘은 권력자 남성 한두 명이 만드는 것이 아니다. 다양한 위계 안에 놓인 남성과 여성이 마치 오래된 각본에 따라 연기하듯 서로를 부추기고, 조직하고, 순응하고, 묵인한다. 주로 남성의 흥을 띄우기 위해 여성을 활용하는 일터의 '의례'를 위해 구성원 각자의 역할이 잘 짜인 공연처럼 일상화되어 있다.

조직이 오랜 기간 이런 젠더 각본을 수행함으로써 모든 종류의 성적 괴롭힘은 재생산된다. 남성의 지배, 이익, 욕망, 결속을 강화하면서 일상화된 이 각본 안에서 많은 여성 또한 능숙하게 제 역할을 수행한다. 이 같은 일터의 생리는 성희롱과 성폭력이 당사자 간에 은밀하게 이뤄진다는 전제를 반박한다. 한국의 일터에서 흔히 목격되는 성적 괴롭힘은 집단적이며, 조직화되어 있고, 과시적이며, 협동적으로 이뤄진다. 나는 일터의 이런 의례를 '전시성 성적 괴롭힘'이라 이름 붙인다. 구경꾼을 전제하고, 보란 듯이 행해지는 경우가 많기 때문이다. 이를 통해 획득되는 지배의 쾌락은 참여자들끼리 공유되고, 높은 지위에서 낮은 지위의 직원에게로 증여된다.

이는 수십 년 전의 이야기가 아니라 현재 진행형의 현실이다. "회사에서 이런 일이 일어날 줄 몰랐다"고 한

20대 여성이 내게 말했다. 소위 '공적 영역'이 어느 정도는 합리적일 것이라는 기대와 실제 그가 속한 사무실 문화의 격차가 너무 컸던 것이다. 대학에서도 비슷한 일이 종종 일어났지만 "회사처럼 대놓고 하지는 않았다"고 그는 말한다. 같은 직장의 여성들에게 사방에서 날아오는 음담패설, 시도 때도 없는 성적 시선, 끼리끼리 모여 키득대는 담화, 사생활 캐묻기, 데이트 강요 등은 일 자체보다 견디기 힘든 현실이다. 같은 공간에서 회의를 하고 업무를 수행하고 함께 야근하고 프로젝트를 꾸리는 동료와 이런 불편을 안고 어떻게 관계를 맺어야 할지 늘 걱정이다. 상대적으로 조직에서 지위가 낮은 여성들은 이런 문화를 정면으로 문제 삼거나 바꿀 엄두는 내지 못한 채 타깃이 되지 않도록 피해 다니거나, 동조 안 하기, 얼버무리기 등으로 대응한다.

## 폭력의 전시를 통한 서열화

'전시한다'는 것은 보여줌으로써 확인시킨다는 의미다. 전시성 성적 괴롭힘은 자신에게 지위나 권력이 있음을 대상에게 확인시키기 위해 성적 폭력을 행사하는 것이다. 한국 근대사에서 최근의 미투 운동처럼 섹슈얼리티 관련

이슈가 정치 영역을 장악하며 막강한 영향력을 발휘한 적은 없었다. 미투 운동을 보도하는 미디어나 언론은 기득권과 지위를 가진 남성이 특정 여성(들)을 성적 대상화하거나 성적으로 제압하고 폭력을 휘두른 것에 주목했다. 그리고 그 안에서 고발된 남성들은 일부의 '일탈적 개인'으로 그려졌다. 그러나 이런 관점으로 미투 운동을 보게 되면 성폭력을 저지른 몇몇 남성만 제거되면 그 같은 문제가 사라지고 사회는 깨끗해질 것이라 여기게 된다. 하지만 이것은 착각이며, 때문에 다른 접근법이 필요하다. 일터에서 그 같은 성폭력이 만연하고 지속적으로 재생산된 문화를 성찰해야만 이 문제를 제대로 볼 수 있다. 무수한 고발과 문제 제기에도 불구하고 많은 조직에 깊숙이 배태된 남성동성사회의 성 문화는 여전히 견고하다.

남성동성사회는 '공적 영역은 남성에 의해서 지배되어야 한다'고 믿는 사회다. 일터와 사회에서 여성을 배제하는 배타적인 남성 연결망이라고도 할 수 있다. 그 성원들은 여성의 진입을 막고 남성들끼리만 자원, 정보, 권력을 분배하는 것에 익숙하다. 이 문화의 가장 큰 특징은 남성들 간에는 위계만큼이나 연대가 강하다는 점이다. 남성동성사회에서 남성은 자기보다 우월한 지위를 가진 남성이나 동료들의 인정을 받는 것을 가장 중요하게 생각한다. 그래야 생존이 가능하기 때문이다. 남성동성사회

문화는 기업, 조직, 일터를 규정하는 가장 강력한 질서인데, 사회마다 그 정도가 다르게 나타난다. 여남 분리 교육을 장려하는 학교와 남성들만의 결사체인 군대 등을 거치면서 한국의 남성동성사회는 특히 강력해진다.

남성동성사회는 자연스럽게 만들어지지 않는다. 남성들 간 경쟁과 결탁을 통해 특정한 남성성을 연출해야만 개개인은 해당 사회 안으로 편입될 수 있다. 이때 남성의 관심은 온통 다른 남자에게로 가 있다. 남성 집단에서의 수용, 인정, 승인, 지위 획득, 과시, 제압 등이 일터에서의 정체성을 구성하는 중요한 참조 체제가 된다. 이들은 다른 남성의 눈으로 자신을 보는 법을 배워나간다.

남성동성사회는 이성애를 강조하는 동시에 여성과의 연애나 로맨스를 폄하한다. 남성들은 스스로가 여성의 눈에 매력 있는 존재인지에 대해 세밀한 감각을 발달시키지 않는다. 구애와 같은 특정한 목적이 있을 때를 제외하면 여성의 마음에 드는 일은 기본적으로 그들 관심사가 아니다. 이들은 여성이 사회적 권력이 없는 존재이며 따라서 여성의 평가는 자신들의 사회적 지위에 큰 영향을 미치지 않는다는 것을 안다. 남성동성사회에 강하게 편입된 남성들은 지배할 대상으로서의 여성 집단과 자신들을 분리하고 위계화하는 일에 관심을 갖는다. 남성들은 어린 시절부터 여성을 희롱, 조롱, 멸시하는 문화를 다른

남성으로부터 배운다. 여성과 협력하거나 평등하고 친밀한
관계를 갖는 남성은 주변 남성들로부터 '여자 같다'고 놀림을
받는다. 특히 남초 현상이 심한 집단에서 이런 경향이 강하고
이런 조직 내의 여성은 자기다움을 유지한 채 젠더-횡단적
동료애를 구성하기 힘들어진다. 남성이 다수인 IT 업체에
근무한 경력이 있는 20대 후반 기순 씨는 친한 남성 동료
만들기가 "늘 다른 남성들에 의해 좌절되었다"고 말한다.

> 누가 조금이라도 먼저 나서서 제게 호감을 보이고
> 말을 걸고 챙겨주면 다른 남자들이 노골적으로 "야,
> 뭐야? 너 여자한테 왜 잘해? 둘이 뭐야?" 하면서
> 그 남자를 놀려요. 친한 동료 남자들한테 놀림
> 받으면서 여성 동료와 굳이 대화하겠어요? 이러다
> 보니 저만 고립되더라고요. 그러다 보니 제가 먼저
> 인사하고, 막 극도로 털털한 척하면서 여러 사람과
> 친한 척했어요. 회사에서 한두 명이랑 친하면
> 무조건 연애로 얽으려고 하지만, 여러 사람과
> 친하게 지내면 "쟤 원래 성격이 활발해" 하니까.
> 그런 이미지를 만들어나간 거지요.

남성동성사회의 성격이 강한 조직일수록 여성이
'남성화'된다는 얘기를 많이 한다. 남성 문화에

동화된다기보다는 고립에서 벗어나면서도 쉽게 '연애
관계'로 엮이지 않도록 자신의 여성성을 특정한 방식으로
수행하는 것이다. 반대로 남성들 사이에서 여자와 친근한
관계를 표현하는 남성은 놀림의 대상이 되거나, 동성
사회로부터 일탈한 남자로 견제받는다. 견제를 피하기 위해
남성들은 자신이 여성을 제압하는 것처럼 허세를 부린다.
연애 중이거나 결혼한 남성들은 다른 남성들이 자신을 '여자
때문에 통제력을 잃은 남성'으로 볼까 봐 전전긍긍한다. 이
때문에 친구나 또래 남성에게 자신의 여자친구를 '××년'
'그것' 따위로 지칭하는 경우도 많다. 연인 관계인 여성
앞에서는 그를 존중한다 해도, 다른 남성들에게는 경멸조로
언급하거나 자신이 상대 여성을 휘두르고 있다는 식으로
허세를 부리는 것이다. 그리고 많은 남성이 이것을 부끄러운
행위로 인지하지 못한다. 남성들만의 위계와 협력이
강조되는 곳에서 '찍히지' 않기 위해 남성동성사회의 '문화'에
순종하는 것이다.

　　　한국식 남성동성사회 문화는 동성애적 성향도
승인하지 않는다. 남성들의 섹슈얼리티는 이성애와 동성애
사이 어딘가에 위치한다. 남성의 지위와 권력으로 여성을
성적으로 정복할 수는 있어도, 여성과의 사랑 때문에
전전긍긍하는 남성은 경멸하는 문화다. 이들이 사회에서
보란 듯이 행하는 성적 괴롭힘은 성적인 욕구보다는 지배

욕구를 충족하기 위한 것이다. 남성들도 동성사회에서 지속적인 성적 괴롭힘을 당하며 사회화된다. 이들의 외모, 성기 크기, 건강, 여자친구와 배우자 유무가 지속적인 놀림과 조롱거리다. 이런 문화가 싫어 가능한 어울리지 않으려는 남성도 많지만, 이들 또한 회피할 뿐 이를 문제시하거나 노골적으로 적대감을 드러내지는 않는다.

성적 괴롭힘은 남성동성사회에서 자신이 지위 있는 남자임을 과시적으로 증명하는 '전시적 남성성'의 연행이다. 전시적이라는 말은 구경꾼이 있을 때 더 활성화됨을 즉 구경꾼을 필요로 함을 의미한다. 한 기업 리더십 연구는 유능한 리더상에 '유머를 잘 구사하는 자'라는 공유된 레퍼토리가 존재함을 보여주는데,[1] 한국의 일터에서도 반드시 유머 경쟁이 일어나는 술자리 건배사나 상사의 연설은 유능한 리더임을 증명하는 수단이다. 특히 남성 지배적 문화에서는 괴롭힘과 놀림이 유머가 되고 이것이 성적인 특성을 띤다. 조직원을 괴롭혀 웃음을 만드는 것으로 누군가를 질책함과 동시에 구성원 간 서열과 결속을 강화한다. 이때 괴롭힘에 노출되는 것은 여성뿐 아니라 남성도 마찬가지지만, 남성 간 연대를 위해 여성은 보다 쉬운 표적이 된다. 이 같은 웃음을 위한 괴롭힘은 남성들 사이에서 매우 역동적인 협동 게임의 형태를 띠며 흥분을 일으키기 때문에 언제나 '효과'가 좋다고 여겨진다. 때문에 쉽게 사라지지 않으며, SNS나 메신저까지 이용하여 마치 "스타크래프트 하듯" 정해진 여성 타깃을 모는 게임처럼 진화하고 있다. 이렇게 게임화되는 전시성 괴롭힘은 경쟁적 일터에서 남성들의 감정과 의식을 지배한다. 여성을 실컷 괴롭히는 '게임'을 한 뒤 사후에 과시하는 것 또한 놀이의 일부다. "이런 말하면 미투로 잡혀가는 거 아니냐" "고발해보지 그래" "어디 무서워서 살겠나"부터 "나 지금 벌금 500짜리 하고 있는 건가?" 같은 말을 구경꾼들과 나누며 또 한 번 쾌락을 공유하는 것이다.

　　　　남성이 다수인 모든 조직에서 이런 '문화'가 지배적인 것은 아니다. 고용주나 중간 관리자급 남성의 인식과 행동 여하에 따라 이런 문화가 지배 문화가 되기도 하고, 안 되기도 한다. 또한 여성 다수 조직에서도 이 같은 괴롭힘은 일어날 수 있다. 조직 안의 소수 남성을 천연기념물처럼 보호하여 자리를 잡게 해주려는 리더들이 존재하면, 몇 안 되는 남성들은 '관대한 누나들'을 동원해 성적 괴롭힘을 수행할 가능성이 높다. 전시성 성적 괴롭힘은 '조직의 모두가 참여하고 즐겼다'라는 인상을 통해 일종의 정당성을 부여받기 때문에, 주도자·가해자는 개인으로 지목되지 않으면서 침범할 수 없는 지위를 유지한다. 이런 조직 내 성적 괴롭힘은 윤리적 위반이나 개인의 수치로서 성찰되지 않는다. 이는 남성들 간의 관계를 구성해가는 적극적·과시적 행위이기 때문이다. 여기에서 함께 웃거나 침묵하는 여성들도 공모자가 된다.

## 권력자 남성의 화간 판타지[2]

남성이 자기 권력을 과시하기 위해 전시하는 성적 괴롭힘의 한편으로, 비밀스럽게 이루어지는 보다 심각한 형태의 성폭력도 존재한다. 이런 종류의 성폭력은 남성이 개별화된 여성의 몸과 정서에 대한 '점유'와 '점령'을 장기화하려는 목적을 내포한다. 이 유형의 성폭력은 대개 상관의 개인 사무실, 출장지 등 사적 공간에서 이뤄진다. 안희정, 박원순, 이윤택의 범죄 사건이나 대학 교수들의 성폭력 사건에서 볼 수 있듯, 일단 강한 저항이 어려울 정도의 권력 격차가 있는 상황에서 이런 성폭력은 지속된다.

　　가해자들은 자신과 권력 격차가 큰 여성을 '사냥감'으로 택한다. 은밀한 자리를 만들기 위해 여성들을 따로 불러내는 일도 흔하다. 여성들은 남성 상사나 선배가 저녁 늦게 혹은 주말에 따로 만나자는 연락을 "의외로 자주" 하며 이때 "이상하다고 느끼면서도 거절할 분명한 이유가 없"기 때문에 자리에 나간다고 이야기했다. 남성

상급자가 부른 자리에서 여성들이 듣게 되는 말은 "앞으로
내가 너를 키워주겠다" "혹시 노조하는 것 아니지?" "넌
똑똑한데 융통성이 너무 없어" 같은 식이다. 여성들은 이
같은 말이 굳이 둘이 따로 만나 할 이야기가 아님을 아는
채로도 자리에 응할 수밖에 없다. 여성들은 이들 남성이
자신의 지위나 노련함을 과시하며 후견인 역할을 자처하는
한편 여성이 이를 수용하지 않을 경우 호의가 처벌이 될
수 있다는 협박 역시 숨기지 않는 것을 경험한다. 좀 더
나아가서는 "우리끼리 있을 때는 오빠라고 불러"와 같은 말로
친밀하고 감정적인 접근을 시도하며 이런 장치는 성폭력으로
이어진다.

　　　남성동성사회의 구경꾼이 없는 상황에서 발생하는
성폭력은 우발적이지 않다. 권력 있는 가해자는 육체적,
언어적 폭력이나 위협을 동원하기보다 오히려 가장
취약하고 감성적인 자아를 드러내면서 여성을 제압하는
경우가 많다. 이때 가해자가 여성을 통제하기 위해 사용하는
언어는 약자의 목소리를 흉내 낸 것이다. 이들은 중책의
버거움, 리더로서의 고독, 과중한 기대를 받는 스트레스,
결정권자로서의 부담 등을 호소하면서 접근한다. 때문에
일견 위력 행사가 아닌 듯한 양상을 띤다. 그러나 이는 분명
메울 수 없는 권력을 파격적으로 해체하는 척하면서 권력을
발휘·집행하는 권력자의 기술이다.

이때 피해자들은 종종 자신이 처한 맥락을 파악하기 어려운 혼돈 상태에 빠진다. 이들은 언어적 저항이 어려운 상황에서 일순 권력이 전도된 것 같은 느낌을 받으며 마치 권력자 남성이 동의 없이 드러낸 그의 약한 부분을 이해해줘야 할 것 같은 느낌, 그 호소를 뿌리치면 안 될 것 같은 두려움, 그와 동시에 어찌 되었든 최대한 거부와 거절의 의사를 표현해야 한다는 절박함이 뒤죽박죽 교차하는 상황에 놓인다. 여성이 자신에게 벌어지는 일이 분명 본인 의사에 반하는 폭력임을 알고 있다 해도 이는 단호함으로 표출되기 어려우며 물리적 저항으로도 이어지지 못한다. '인간적'인 권력자의 얼굴은 그와의 관계에서 무권력 상태에 있던 여성들에게 전치된 감정을 안기며 여성들은 여기서 공감 능력을 베풀어야 한다는 압박을 느끼기 때문이다.

가해 남성 사이에는 이 같은 방식의 성폭력을 '화간'으로 변형시키는 공유된 지식이 존재한다. 가해자들은 해당 성폭력을 실제 폭력이 일어난 시공간에서 탈구된 경험으로 기억하고 정말로 그렇게 믿기까지 한다. 이들은 그것을 합의하에 이루어진 성행위라 묘사하며, 그 순간 피해자와는 순수하게 '남녀 관계의 개인들'이었다고 증언한다. 이것이 권력자 남성의 화간 판타지다. 분명 자신의 권력으로 자리를 만들고 피해 여성의 행동을 제약했음을 알면서도 성행위는 상대방과의 순수한 합의하에 이루어진

것이며 그러므로 성폭행이 아니라 믿는 것이다. 이런
논리는 종종 피해자에게 가스라이팅처럼 사용되기도 한다.
이 유형의 성폭력은 전시되지 않고 목격자도 없지만 조직
내에서 소문과 낙인으로서 유통된다. 때문에 결국 피해자
여성에게 가장 치명적인 형태의 고통으로 남게 된다.
『시장으로 간 성폭력』의 저자 김보화는 가해자들의 성찰이
불가능해지는 원인의 하나로 가해자 지원 산업의 전문화를
꼽는다. 가해자들을 위한 정보 카페가 존재하고 이들의
변호를 전문으로 하여 돈을 버는 법률가들이 등장한 것이다.
이런 전문화를 통해 성폭력이 합의하의 관계나 상간으로
재정의되며, 재판에서 피해 여성들이 비난을 받고 무고죄로
처벌될 가능성이 높아지고 있다.[3]


## 훌륭한 기혼남성은 왜 '일탈'하는가?

『기업과 섹슈얼리티』의 저자 셰어 하이트는 '훌륭한
기혼남'이 성폭력 가해자가 되기 쉬울뿐더러, 이들이 처벌을
제대로 안 받는 이유에 대해 흥미로운 해석을 내놓는다.[4]
여기서 훌륭한 기혼남이란, 남성동성사회에서 인정받는
헤게모니적 남성성을 획득한 사람이다. '정치 신동' '위대한

장인이자 예술가' '명문대를 졸업하고 손대는 사업마다 대박을 친 오너' '기념비적 베스트셀러를 쓴 학자' 같은 남성부터 그저 평범하게 사회생활을 하는 기혼 남성까지를 모두 포함한다. 어쨌든 공적 영역에서 지위, 보상, 평판을, 사적 영역에서는 부인과 아이들이라는 '전리품'을 획득한 남성은 그 자체로 훌륭한 기혼남이다.

하이트에 의하면 남성은 자신이 속한 두 세상 즉 공적 영역과 사적 영역에서 섹슈얼리티와 관련하여 매우 이질적인 행동을 한다. 하이트가 인터뷰한 미국과 아시아의 고위직 남성들은 연인관계 아니면 가족관계라는 두 가지 방식으로만 여성을 보도록 교육받아왔다. 이들은 자신이 젊은 시절 가장 열정적으로 사랑한 여성과 결혼하지 않았음을 자랑스럽게 생각하고 있었다. 그들은 '한때'의 감정에 휩쓸려 결혼하지 않았으며 "결혼의 진정한 의미를 이해하여 이성적으로 책임 있게 한 행동이 결혼"이라고 말한다. 그들에게 너무 많이 사랑하는 것은 통제력을 잃는다는 의미이며 그리하여 이들이 '정신을 차린 상태'로 결혼한 아내는 함께 아이를 기르고 가족을 이끌어가는 좋은 파트너다. 이 훌륭한 기혼남들은 여성에게 목매는 일이 다른 남성에게 비웃음을 받을 일이며, 자신을 "약한 존재로 비춰지게" 한다고 생각했다.

한편 이들의 성적 모험은 공적 영역에서

활발해진다. 지위와 권력이 커질수록 이 훌륭한 기혼남들은 공적 영역 즉 일터의 모든 여성을 제 손아귀에 넣을 수 있는 대상으로 바라본다. 이들은 조직에서 인정받고 지위를 획득하는 데 온 힘을 기울이며 모든 시간, 능력, 감정을 남성들 간 경쟁이나 지위 획득에 쏟기 때문에 사적 영역에서 정서적 친밀도를 유지하지 못한다. 그리하여 가정에서 무성적 인간이 된 이 남성들은 "진짜 삶의 모험"이 일어나고 성적 흥분이 발현되는 곳은 남성들이 몰려 있는 장소라 인식한다. 남성들이 기업이나 사회 조직에서 만나는 동료 및 피고용인 여성에게 성적으로 접근하거나 폭력을 휘두르며 쾌감을 쫓는 기저에는 이런 심리가 있다는 것이다.

그런데 이 훌륭한 기혼남들은 성희롱, 성폭행에서 쉽게 면죄부를 받는다. 통상 조직에서 상당한 지위에 오른 기혼 남성은 도덕적으로도 가장 우월한 위치를 점유한다. 이들은 성적 억압, 충동, 변태성 같은 의혹에서 자유로우며 조직 내 성범죄를 일으키더라도 좋은 남편이자 아버지 같은 이미지를 통해 주변인들로부터 "절대 그럴 분이 아니다"와 같은 강력한 지지를 받는다. 이들이 저지른 성폭력은 '의도하지 않은 채 벌어진 일' '별것 아닌 사건' '실수' 등으로 간주되며 거의 처벌되지 않는다. 오히려 주변 남성들은 가해자 남성이 주변 여성을 '성적으로 장악한' 것으로 여겨 그의 권력을 부러워하기까지 한다.

'훌륭한 기혼남'이 성폭력 가해자가 될 가능성이
많고 또한 쉽게 면죄부를 받는다는 이야기는 한국 사회에서
특히 설득력이 있다. 기혼 남성은 한국의 가부장적
가족 제도에서 가장 혹은 생계 부양자로 추앙되어왔다.
남성동성사회의 강력한 공사 영역 이분법 작동으로 남성
섹슈얼리티가 심하게 왜곡되는 현상 또한 한국 기혼
남성들에게 널리 해당한다. 한국의 훌륭한 가장 대다수가
평가나 경쟁이 없는 사적 영역에서 시간, 돈, 노동력,
에너지를 쓰는 것을 낭비라 생각한다. 이들의 경쟁과 흥분은
공적 장소에서만 왕성해지며 다른 남성과의 연대 혹은
과시의 수단으로서 '성적 모험'을 감행한다. 이들에게 사적
영역에서 파트너와 성적, 정서적 친밀성을 나누고 헌신하는
일은 게임과 같은 흥분을 주지 못하기 때문이다.

　　'훌륭한 가장'은 우리 사회에서 가장 높은 위치를
점유한 남성 집단이다. 이들은 서로를 추켜세우면서
자신들의 결핍, 폭력, 무지를 은폐하는 데 익숙하다. '나
가장이야. 이렇게 해서 내가 조직 키웠고, 애들 키웠다'는
말은 수많은 윤리적 파행을 무마하는 강력한 주문이다.
훌륭한 가장의 성적 모험은 직장 내 성폭력 가해로
나타나지만 이들의 성폭력은 그것이 아무리 장기간에 걸쳐
일어났더라도 '일시적 스캔들'로 언어화된다. 기혼 남성의
성폭력은 그가 결혼 관계를 유지하는 한 훌륭한 가장 신분의

결격 사유가 될 수 없다. 그들은 성폭력을 했지만 가장으로서
일 경력, 전문성과 사회적 기여를 해온 존재이며 성폭력
같은 '사소한 일'은 이들의 총체적인 삶과는 아무 상관이
없다고 간주된다. 훌륭한 가장들은 한국 사회의 굳건한 1등
신분으로서 쉽게 도전받지 않는다.

　　　나는 주변에서 남편의 성희롱과 성폭력에 매우
관대한 그들의 여성 배우자들을 볼 때마다 놀라움을 금치
못한다. 이들은 관대할 뿐 아니라 남편을 적극 변호하며 모든
원인을 여성 피해자의 성적 접근, 부적절한 행위, 의도적
유혹 등으로 이해하고 있었다. 기혼 여성들의 이런 판단은
윤리보다는 가족적 이해관계로부터 나온다. 훌륭한 가장이
이 문제로 해고를 당함으로써 발생할 물질적 피해, 자신에게
미칠 불명예 등의 이유다. 또 훌륭한 기혼남의 부인들은
아이를 위해 '좋은 부모됨'을 연출해야 하기에 배우자의
성폭행을 무조건 덮는 경향이 강하다. 또 어떤 경우에는
진심으로 남편이 성폭력을 저질렀으리라는 사실 자체를
믿지 않는다. 그에게 남편은 '무성적 존재'이기 때문이다.
'내 남편은 절대 그럴 사람이 아니다'라는 이들의 옹호는
진심이다. 평소 집에서 보인 무성적 태도, 딸의 옷차림 등에
대한 보수적 가치관을 고려해볼 때 남편이 회사나 조직에서
그렇게 집요하고 대범하게 성범죄를 저질렀으리라고
상상하기 어려운 것이다. 이들은 남성들의 성적 모험이

남성동성사회의 경쟁이 활발한 공적 공간에서 전시된 놀이 혹은 게임처럼 발생한다는 사실을 이해하지 못한다.

## 공모와 방관의 문화, 어떻게 바꿀까

남성적 일터에서 남자다움과 권력은 성애화된 방식으로 전시된다. 이 때문에 음담패설, 성적 농담, 여성의 성적 대상화, '젠틀한' 남자 놀리기 등의 레퍼토리가 일터를 장악한다. 일터 여성들의 옷차림, 태도, 말씨를 공격하고 모욕을 주면서 성적 관심을 만들어내는 데서 권력감을 얻기 때문에 동료나 후배 여성을 성적으로 침해하고 적대하는 일에 부끄러움이나 수치를 느끼지 않는 것이다. 성폭력 사실이 고발당해 해고를 걱정하게 되더라도 이 두려움이 성찰이나 반성으로 이어지지 않고 오히려 피해자 여성에게 원한을 갖는 것도 이 때문이다. 가해 사실이 공론화되었을 때 가해자를 처벌하는 대신 일터와 가해자는 피해 여성을 조직에서 없애는 데 기꺼이 공모한다. 피해에서 구제받아야 할 여성이 오히려 조직에 피해를 입힌 존재로 간주되어 일터를 떠나게 되는 것이다. 규모가 작은 회사의 경우 피해자는 매일 가해자를 대면해야 한다. 조직 내에 원칙적으로 성희롱·성폭력 방지 장치가 있고 구제 절차가 존재하더라도 어렵기는 마찬가지다. 조직 내에 번듯한 성폭력 대책 시스템이 있어 피해자가 해당 제도를 통한 중재 및 구제 절차를 선택하면 오히려 조직이 사건을 은폐하기 쉬워지기도 한다. 사내 제도에 따라 가해자가 응징을 받고 마땅히 정의롭게 일이 처결되리라는 믿음이 오히려 조직 내 성폭력 사건을 조용히 덮는 결과를 만드는 것이다.

2022년 기준 한국 여성의 42.9퍼센트가 비정규직이라는 점은 상황을 더욱 악화시킨다. 마치 '피해자 회전문'이라도 있는 듯 피해자는 회사에 들어왔다가, 성적 괴롭힘을 당하고, 자발·비자발적으로 들어온 문으로 나간다. 성폭력이 발생해도 임시직에 종사하는 여성들은 피해를 구제받을 권리나 회복을 위한 시간을 갖지 못한다. 직장 내 성폭력 방지 제도의 대상조차 되지 못하는 '자격 없는 피해자'가 급증하고 있다. 여성들의 노동 불안정성 심화가 또한 가해자에게 유리한 환경을 만들어내고 있는 것이다. 성폭력은 정규직이든 비정규직이든, 여성들이 어렵게 들어간 일터를 그만두는 큰 이유다. 서울여성노동자회가 2016년 실시한 실태조사에 따르면 직장 내 성희롱·성폭력 발생 후 현재 해당 직장에 재직 중인 여성 노동자는 28퍼센트에 불과했다. 퇴사한 72퍼센트의 피해자 중 82퍼센트가 피해 발생 후 6개월 이내에 퇴사한다.[5]

여성들이 사라지는 피해자가 되는 한편 가해자들은 조직의 비호를 받는다. 일터의 성범죄 사건에서 가장 큰 문제는 조직의 대표 또는 기관장이 이 '문제' 해결을 위해 나서지 않는다는 점이다. 많은 집단에서 가해자를 처벌하는 일은 '조직의 사기를 떨어뜨리는 일'이다. 가해자를 비호하는 조직은 피해자를 '유머 감각 없는' '이기적인' '당돌하고 괘씸한' 존재로 치부한다. 또 많은 경우 고용주는 성폭력 가해 당사자이기도 하다. 서울여성노동자회의 2019년 발표에 따르면 접수된 직장 내 성폭력 상담 819건 가운데 78퍼센트가 사장이나 직장 상사에 의한 것이었다.[6]

미국의 경우 1980년대 이후 이 문제와 관련해 고용주의 책무를 강화했다. 직원이 저지른 성적 괴롭힘 행위에 대해 고용주의 대리 책임 혐의를 물은 것이다. 고용주는 직장 내 괴롭힘을 막기 위해 예방 조치를 취하고, 스스로가 '균등한 기회를 주는 고용주'임을 증명해야 한다고 판결하고 있다. 직장 내 성적 괴롭힘 대처를 다룬 1993년의 한 논문은 고용주가 맡아야 하는 역할을 자세히 알려준다. 예를 들어 사내에 "○○(조직명)는 성적 괴롭힘에 반대합니다" 또는 "성적 괴롭힘은 중징계 대상" 같은 포스터를 붙이고 신입 및 경력직 사원에게 지속적 교육을 해야 한다거나 회사가 성폭력을 막기 위해 시간, 돈, 에너지 등을 투입할 준비가 되어 있음을 직원들에게 지속적으로 상기시켜야 한다는 것들이다.[7] 성폭력 피해자는 근무 환경을 문제 삼아 조직을 법정에 세워 배상을 요청할 수 있다. 2014년 미국에서 성폭력 피해자에게 조직이 배상 등으로 지출한 금액이 100만 달러였다.[8]

고용주·기관장이 성폭력에 대한 무관용 원칙을 취하면 상황은 달라진다는 것을 많은 연구 조사가 보여준다. 최근 한국의 판례도 고용주 책무의 중요성을 강조하고 있지만, 다른 나라에 비하면 손해배상의 수준이 매우 낮다. 성폭력 가해 상사를 징계하지 않고 사직 처리한 대한항공에 손해배상을 청구한 피해자는 3년여의 싸움 끝에 항소심에서 승소했다. 법원은 "관리·감독 책임을 다하지 않았다"며 대한항공에 1800만 원의 손해배상 책임을 물었다.[9] 피해자가 당한 고통과 피해에 비하면 터무니없이 적은 배상금이다.

두 번째로, 성폭력을 목격하거나 감지한 사람들이 왜 긴급 상황에 개입하지 못하는가를 질문하는 '방관자 효과'에 주목해야 한다. 『와이어』에 기고한 글에서 헤더 헨스먼 케트리와 로버트 마크스는 성폭력 예방 교육에 있어 방관자 되지 않기를 강조하는 것이 매우 효과가 있다고 말한다.[10] 우리는 종종 다른 사람이 조치를 취하리라고 가정하거나 자신이 개입할 책임이 없다고 여기기 때문에 혹은 개입할 구체적 방법을 모르기 때문에 쉽게 방관자가 된다. 또는 자신의 개입을 주변 사람들이 부정적으로 판단할

것이라는 생각 때문에 방관자가 되기도 한다. 케트리와
마크스는 2013년 미국 캠퍼스 성폭력 제거법SaVE 의 명령에
따라 미국 전역의 대학 캠퍼스에서 방관자 훈련 프로그램을
시행했고, 다양한 성폭행 경고 신호에 어떻게 민감해지고
필요할 때 개입할 수 있는지 교육했다. 예를 들어 술을 너무
많이 마신 친구를 집까지 데려다 주기, 젊은 여성이 데이트
상대와 불편한 상황으로 보일 경우 여성에게 말을 걸기,
경찰에 신고하는 방법 등을 젊은이들에게 가르치는 것이다.
나 또한 학교와 외부 강연에서 방관자 되지 않기 교육의
중요성을 설파해왔다. 방관자 교육은 목격자와 공모자도
책임이 있다는 점을 강조함으로써 성폭력 문제를 피해자와
가해자 간의 사적인 일로 치부하지 않기 위해서도 중요하다.
또한 방관자들은 피해자에게 2차 가해를 행할 가능성이 높다.
외국뿐 아니라 최근 한국의 외국계 기업에서는 성폭력 예방
교육에서 '방관자 되지 않기' 프로그램을 도입하고 있다. 직장
내 성폭력은 불평등한 지위를 이용해 자주 일어나는 만큼,
좀 더 평등한 위치에 있는 여러 구성원이 이를 방지하는 데
협력할 수 있도록 교육해야 한다.

　　　한국의 많은 일터처럼 남성동성사회의 관습과
가치가 곧 조직의 가치인 경우 일터는 여성과 남성
모두에게 적대적인 환경이다. 생산성 역시 떨어질 수밖에
없다. 하나의 잘 짜인 공연처럼 자기 역할을 수행하며

성폭력을 재생산해왔던 모두가 폭력의 공모자다. 조직 문화를 바꾸려면 대항 연극을 구성해갈 역할과 책임을 함께 수행해야 한다. 사건이 경미하든 심각하든, 누구라도 신속히 개입하여 조직의 원칙 및 가치를 명확히 하는 것이 가장 좋은 방법이다. 여성이 일터에서 최소한의 권리인 '안전'을 기대할 수 있으려면 기관장의 실천과 방관자 효과를 없애는 조치가 반드시 필요하다.

# 5장

# 회색 지대의
# 남성 동료

일터는 업무 공간인 동시에 인간관계의 장이기도 하다. 하루
여덟 시간 이상을 보내는 한국의 직장에서 동료들은 서로의
성향을 파악하게 되며 함께 고생하면서 우정을 나누기도,
사랑에 빠지기도 한다. 남성 중심적 집단주의 문화가 여전히
공고하지만 구체적으로 보면 개별 남성은 분명 변화하고
있다. 이들은 단호하게 586세대, 꼰대, 가부장, 갑들과 자신은
'다르다'고 말한다. 변화하는 여성들과 마찬가지로 조직 내
성범죄나 위력에 의한 성폭력을 인지하고 단호히 비판하는
젊은 남성들이 존재한다. 이들에게서 보이는 새로운 경향은
'셈법'에 정통하다는 점이다. 예컨대 이들은 권력, 강제,
책임 같은 무거운 단어와 거리를 두고 임시적, 일시적,
평등한 로맨스에 적극 참여한다. 자신이 개방적이고 준비된

여성들과 성애를 나누고 있다고 믿는데, 이때 모든 관계를 상당 부분 '교환'으로 인식한다.

페미니스트 여성에게 동시대 한국의 일터는 위험한 공간이다. 페미니즘 담론을 편파적으로 접한 남성들은 목소리 내는, 말 잘하는 여성을 페미니스트라 규정하고 이들에게 적대적이다. 무엇보다 여성 동료가 페미니스트인지 '정체'를 탐색하고, 혐의를 두고, 소문을 내는 등 '색출'의 분위기가 존재한다. 함께 일하는 마음 맞고 말 통하는 여성 동료가 "혹시 페미니스트일까 봐" 전전긍긍하기도 한다.

기성세대와 자신은 다르다고 단언하는 많은 남성이 성차별이 완전히 사라졌다고 믿는다. 대중매체에서 비추는 대졸 전문직 여성의 지배적인 이미지, 학창 시절 내내 남자들을 압도했던 여자 학우들, 같은 직장 동료 여성들의 일 중심주의 등을 보아온 결과다. 성 불평등이라는 구조적 차별의 일상적 수행자인 남성과 여성들이 막상 자신은 성차별을 하지도 않고 당하지도 않는다고 믿으며, 구조와 개인 행위자를 분리하는 태도가 존재한다. 눈앞에서 뻔히 성별에 따른 직무 구별, 승진 차별을 당하는 여성 동료를 보면서도 그것을 차별이라 부르지 않는다. 성 불평등은 이미 사라졌는데, 페미니스트 같은 '불편한 존재'만 생겨났다고 인지한다.

일터 여성의 남성 동료 중에는 분명 '신남성'이 [new masculinity] 존재한다. 남성들 사이에서도 '틀에 박힌 남성'에 대한 거부감이 생겨나며 아버지와 같은 사람이 되지 않겠다고 결심한 이들이다. 그렇다면 전 세대 남성들과 거리를 두고자 하는 의지가 동시대 여성들을 대하는 그들의 태도를 얼마나 바꾸었을까? 일터의 여성과 남성은 어떤 방식으로 서로에게 동료, 친구, 경쟁자 또는 적대적 존재가 될까? 여성에게 남성 동료는 승진과 보상을 방해하는 문지기인가 아니면 조력자인가? 신남성은 일터의 여성들에게 '옛날 남자'와는 다른 존재가, 친구가 되고 있을까?

## 적대적 성차별과 온정적 성차별

교수로 일하다 보면 수많은 심사나 외부 기관의 평가에 참여하게 된다. 이때 함께 참여한 남성 교수나 전문가들은 여성 제안자, 후보자, 심사 대상자에게 매우 호의적인 말과 함께 격려를 보내기도 한다. 이런 남성들의 긍정적이고 부드럽고 배려 있는 말은 여성들에게 매우 강력한 인상을 남기며 이후 이 남성은 '관대한 남성'으로 회자된다. 하지만 이런 공개 평가를 한 남성들이 항상 그 여성 후보자에게 좋은 점수를 주는 것은 아니다. 오히려 비판적인 의견을 개진한 나보다 더 낮은 점수를 주며 심지어 여성들에게 불이익을 주는 경우를 종종 목격했다. 제자를 대하는 방식도 마찬가지다. 소위 "느끼하지 않"으며 "합리적"이라 칭송받는 남성 교수 중에는 대단히 양가적인 태도를 보이는 사람도 있다. 여성 제자가 본인보다 월등하거나 적어도 대등한 동료가 될 수 있다고 상상하지 못하며 자신의 보호와 지도 덕분에 무사히 학위를 마치면 다행인 존재로 여기는 것이다. 노골적으로 여성에게 적대적인 발언을 하거나 성적 농담을 하는 남성들이 많다 보니 여성들은 남성 상사가 차별적 발언을 하지 않고 조금만 친절해도 그를 '여성 친화적'이고 인격이 훌륭하다고 평가하는 경향이 강하다. 하지만 이미 오래전부터 학자들이 지적했듯 성차별은 여성에 대한 적대적 태도와 호의적 태도 모두에서 표현된다.

글릭과 피스크(2001)는 성차별이 다차원적이며 양가적인 형태로 표현된다고 말했다. 적대적 성차별에는 hostile sexism 여성에 대한 반감과 부정적인 고정관념이 포함된다. 여성은 무능하다거나, 지나치게 감정적이고 성적으로 교활하다는 믿음 등이다. 적대적 성차별은 남성이 여성보다 더 강력해야 한다는 신념에 의해 생겨나며 동시에 여성이 남성으로부터 권력을 빼앗으려 할 것이라는 두려움을 포함한다. 이런 우월감과 두려움은 여성에 대한 통제로 이어지는데, 성적 괴롭힘, '여성적' 매력에 대한 과도한 찬미, 무시, 위협, 부정적 평가로 수행된다.

이와 대조적으로 보이는 성차별이 소위 자비로운
benevolent sexism
혹은 온정적 성차별이다. 온정적 성차별은 전통적이고
관습적인 성 역할을 수행하는 여성, 이성애 중심적이며
'여자답다'고 간주된 여성에게 보호와 애정을 제공하는 소위
기사도적인 이데올로기에서 기인한다. 즉 여성은 보호, 지지,
숭배가 필요한 대상이며 남성을 온전하게 만드는 데 '필요'한
존재다. 여성은 약하며 때문에 관습적인 성 역할 수행이
그들에게 적합한 자리다. 일견 호의적으로도 표출되는
이러한 태도는 사실상 성 고정관념과 편견의 한 형태이지만,
당사자는 자신이 여성에게 관대하고 자애롭다고 여기기
때문에 그러한 관념이 여성 차별과는 무관하다고 생각하게
된다. 온정적 성차별은 가부장제의 시각에서 여성성을
긍정하는 만큼, 성 불평등에서 그 역할이 결코 사소하지
않다. 사회적으로 지위가 낮은 집단에게 호의를 베풀면서
해당 집단의 종속성을 지속시키기 때문이다. 이런 온정적
성차별주의자들은 권위를 갖는 역할에 여성이 맞지 않는다고
믿으며 때문에 여성을 관리자, 의사결정권자, 리더의
자리에서 배제하는 결정을 내린다.

글릭과 피스크는 적대적인 성차별과 온정적
성차별은 모두 집단 간의 불평등을 정당화하고 유지하는
데 기여하며, 한 남성에게도 이 두 가지의 성향이
공존한다고 말한다.[11] 그가 믿는바 '여성다운' 역할을

하거나 여성성을 '올바르게' 수행하는 모습을 보일 때는 여성에게 우호적이지만, 똑같은 여성이 성공, 경쟁심, 욕망, 강한 주장을 드러내면 그 여성을 대우하는 방식을 바꾸고 '여성답지 않은 여성'에게 걸맞은 가부장적 처방을 한다. 사회 전반에 여성에 대한 적대적 성차별이 증가하는 것은 경쟁에서 여성을 실질적 위협으로 인식하기 때문이다. 이런 적대적 차별은 특정 사회에서 사회경제적으로 성공한 소수 민족이나 성 소수자에게도 확장되며, 이들을 지나치게 '야심만만한' 라이벌로 간주하여 혐오와 두려움이 뒤섞인 감정을 표현한다(Glick and Fiske 2001). 젠더, 계급, 종족 면에서 두 집단 간에 엄격하게 존재한다고 상상해왔던 위계화와 분리가 더 이상 가능하지 않고, 열등하다고 믿었던 존재들이 두각을 나타날 때 느끼는 '지위 역전'의 감정이 소수자 집단을 향한 공격성으로 드러나는 것이다.

　　　　최근에 한국의 일터에서 벌어지는 페미니스트 색출하기 또한 심각한 적대적 성차별의 예다. 노골적인 반페미니즘 정서는 여성들의 커리어 진출을 위협하는 폭력이다. 적대적 성차별은 페미니즘과 여성의 섹슈얼리티를 모두 남성 권력을 빼앗는 것으로 이해한다. 적대적 성차별주의자들은 능력 있는 여성과 페미니스트를 두려워하고, (여성들이 자신의 생각을 당당하게 표현하는 것에 대해) 내심 부러워하며, 분노하고 경쟁심을 느낀다. 무엇보다 이런 여성들을 그대로 놔두면 자신들이 가진 것을 빼앗길 거라고 생각한다. 페미니스트에 대한 이러한 적대는 남성들만의 감정이 아니다. 여성들 또한 '의사 표현'을 하는 동료 여성을 달가워하지 않는다. 자기 의견을 명료하게 표현하고 부당함에 대해 언어화하거나 대안을 모색하고자 하는 여성의 진입은 기존의 조직에서 '안정된' 자리를 찾았다고 생각하는 여성들을 불안하게 하기도 한다. 사무직·전문직 일터에서 여성이 수적으로 아무리 많아져도 이들 대부분이 하위 직종에 몰려 있을 때는 위협으로 다가오지 않는다. 하지만 이들이 남성 독점적이었던 직무로 올라와 경쟁 상대자가 될 수 있는 상황에서는 적대감이 강해진다. 이러한 성차별은 감정적 적대시에서 그치지 않고 실제로 철저한 방어벽을 쌓는 결과로 나타나기도 한다.


## 능력주의 성차별주의자의 등장

신자유주의 일터에서 태동하는 새로운 형태의 성차별은 여성의 능력은 높이 사되 능력에 걸맞은 지위나 보상을 제공하지 않는 차별이다. 주로 일 잘하는 여성 하급자를 둔 남성 혹은 여성 상사나 관리자에게서 보이는 태도다. "나름

상사나 관리자에게 인정을 받는" 상태에서 일하고 있는
여성들을 인터뷰할 때 종종 들을 수 있던 사례이기도 하다.
이들은 남성 상사를 시간이 지날수록 '알 수 없는 존재'로
느낀다.

> 일을 계속 줘요. 너밖에 믿을 사람 없다면서요.
> 제가 다 해내거든요. 나름 실력을 인정받고 있다는
> 생각도 하지만, 그렇다고 인사고과에서 높은
> 점수를 준다거나 인센티브를 받도록 추천해주는
> 일은 없어요.

비혼으로 혼자 사는 은희 씨는 데이터 관련 일을 하며 팬데믹
동안 재택근무를 자주 했다. 출근할 때보다 일이 더 많아서 밥
먹고 화장실 갈 시간도 없었다고 한다. 엄청나게 일을 많이
시키면서 상사가 하는 말은 '믿을 만한 애가 없다' '너처럼
꼼꼼하게 정리하고 분석하는 사람이 없다' '(코로나로) 힘든
시기니까 일에 집중하는 것이 좋다' 등이었다. 은희 씨는
내심 상사가 자신의 능력을 인정해주고 있다고 느꼈고 한
회사에서 3년간 "죽을 만큼 열심히 일했"다. 그런데 동료들과
비교해서 임금이나 승진 등에서 나아지는 기미가 없었다.
실적이나 수행 능력만 봐서는 팀에서 최고였으나 이런 것이
객관화되어 적절한 보상을 받는다는 느낌을 갖기 힘들었다.

시간이 지날수록 그는 상사의 '립서비스'에 속고 있는 것은 아닌지 의심이 들기 시작했다. 그 사이 은희 씨는 몸이 많이 "망가졌고" 일을 좀 줄이고 싶다고 상사에게 말했다. 이때 상사는 '네가 빠지면 일이 안 된다'는 말로, (몸이 아닌) 마음을 빨리 추스르라고 했다. 상사와의 관계 면에서도, 수년간 그 많은 일을 제시간에 다해내느라 완전히 지쳐버린 자신과 "설렁설렁 일하는" 동료들 사이에 큰 질적 차이가 없어 보였다.

은희 씨처럼 느끼는 여성들을 종종 만날 수 있었다. 직장 상사가 계속 칭찬을 하면서 "일하는 기계처럼 부려먹"지만 실질적인 보상이 전무한 경우다. 놀랍게도 상사가 수당, 경제적 보상이 즉각적으로 주어지는 일을 남성 동료에게 몰아준다. 현대 전문직 일터의 남성 관리자들 중 일부는 수행 능력이나 일머리에서 일부 여성들이 월등히 뛰어나다는 것을 알아차렸다. 이들은 일을 따내거나 팀의 성과 지표를 높이기 위해 여성들, 특히 돌봄노동의 요구에 시달리지 않는 비혼 여성을 팀원 혹은 파트너로 삼는다. 각종 채용 성차별이 건재한 한국에서도, 팀이나 부서의 가시적인 성취를 빠른 시간에 높이기 위해 여성 채용을 마다하지 않는 관리자들은 분명 생겨났다. 여성 동료나 하급자의 능력, 성실함, 뛰어난 성취욕을 인정하고 함께 일한다는 점에서 그는 적대적 성차별주의자도, 온정적 성차별주의자도

아니다. 이런 상사는 이 능력 있는 여성이 단기간에 최고의
성과를 내도록 동기를 부여하고, 칭찬하고, 회유하고,
몰아세운다. 문제는 동료 여성들의 커리어를 장기적인
전망으로 바라보지 않는다는 데 있다. 상급자 자신의 성과를
높이기 위해 여성들과 협업하지만 으레 여성들을 오래
활용할 수는 없다고 여긴다. 고성취주의인 많은 관리자가
여성들의 능력은 시간적 한계가 있다고 믿는다. 여성들은
결혼, 육아, 번아웃, 건강 악화로 일을 그만두거나 예전만큼
많이 할 수 없게 된다고 상정하며 때문에 사람이 안정적인
커리어를 쌓아가는 데 필요한 휴식, 승진, 훈련, 교육 등을
제공하는 노력을 상대적으로 투여하지 않는다. 이는
능력주의 성차별이라는 새로운 유형의 성차별을 보여준다.


## 문지기 남성은 왜 분노하는가?

미국 기업들의 인적 자원 관행에 깃든 성차별을
연구한 스타마르스키와 손 힝에 따르면 심한 적대적
성차별주의자들은 여성을 남성의 지위에 대한 위협으로 보기
때문에 여성이 더 권위 있거나 '남성적인 직업'에 접근하는
것을 막아내기 위해 자신이 '문지기' 역할을 해야 한다고

믿는다.[12] 해당 연구에서 저자들의 결론은 조직이 적대적
성차별이나 성적 괴롭힘에 관대하거나 이를 용인하는 경향이
강할수록 이런 적대적 차별은 노골화되지만, 조직의 리더나
의사결정자가 투명한 원칙을 가지고 차별을 막고 다양성
증진을 위해 노력한다면 유능한 여성과 소수자를 유치할
수 있을 뿐 아니라 인종차별, 성차별, 동성애 혐오 등을
포함한 차별을 크게 약화시킬 수 있다는 것이다. 즉 문지기를
없애고 문턱을 낮추기 위해서는 고용주의 일관적인 정책이
필요하다는 주장이다.

　　　실제로 현대 한국 일터의 남성들은 적대적 성차별과
온정적 성차별의 양면성을 갖고 여성 동료를 대우하는
경우가 많다. 여성들이 점차 '일터의 고질적인 성 불평등만
아니면 능력으로 남성을 앞지를 수 있다'고 믿게 될수록 이를
'감지'하는 남성들의 적대감 또한 커질 수 있다.

　　　30대 초반 남성 동연 씨는 대기업에서 3년째 일하고
있었다. 그는 스스로가 "결혼하기에 충분한 경제력이나
지위가 없다"고 생각한다. 그는 월세로 오피스텔에 살면서
매달 50만 원을 저축(주식 투자)하고, 한 달에 3회 동일한 여성이
오피스텔에 방문하는 방식의 성 구매를 한다. 그는 '일반
여성'과의 관계에서 자신감이 없다고 느낀다고 말했다.


　　　한국 여성들은 요구하는 것이 너무 많아요. 재력

없는 남성을 무시하고요. 결혼하려면 더 높은
지위와 더 많은 경제력을 쌓아야 해요. 그런 때가
오면 연애를 할 거예요.

그는 자신의 현 상태에서는 성 구매를 하는 것이 "남자로
사는 나름의 방식"이라 믿는다. 자신뿐만 아니라 주변의
많은 남성이 결혼할 수 있을지에 대해 고민이 많다고 한다.
언제, 얼마나 많은 자격을 갖추면 당당히 연애하고 결혼할
수 있을까 염려하는 것이다. 그의 직장 상사나 선배들은
다 쉽게 결혼했는데 본인 바로 앞에서 모든 당연한 일들이
"끊겼다". 그는 데이트, 연애, 결혼 등이 더 이상 쉽지 않고,
여성들의 기대 수준이 너무 높아졌다고 말한다. "갑자기
끊겼기 때문에" 선례도 없고 매뉴얼도 없다고 말하며 동연
씨는 직급과 월급이 오르고 저축액(주식 투자 수익)이 많아지면
연애를 시작하겠다고 강조했다. "그때가 되면 여자들이 동연
씨를 좋아할까요"라고 묻자 그는 "안 되면 베트남 여자와
결혼하겠다"며 웃었다.

그는 이 장의 시작에서 언급한 '꼰대들과는
다르다고 선을 그은 30대 남성' 중 하나다. 그런데 동연
씨는 여성을 각각 다른 쓰임으로 배열하고, 모든 여성을
이기적인 여성, '걸레', 국제결혼의 대상으로 차등화하고
비하하는 데 주저함이 없다. 전 세대 남성과 다른 것은 이들이

'결혼의 자격'을 질문하기 시작했다는 점이다. 내가 만난
또 다른 남성들 역시 결혼은 하고 싶지만, 자격을 질문하고
있었다.[13] 그들이 던지는 이 질문에서 자격의 의미와 답은
대개 정해져 있었다. 자신이 경제 조건 때문에 결혼을 하기
어려운 것이며 이 문제의 원인은 여성들이 점차 세속적이
되어간다는 점이다. 사실 결혼의 자격을 질문하는 것은
매우 성찰적 과정이다. 자신이 파트너십을 형성할 만큼
인격적으로 성숙한가, 함께 가족을 일구어갈 만큼 협력적
자아가 발달했는가, 가사 노동과 돌봄 노동을 함께 수행할
만큼 훈련이 되어 있는가, 성욕에 대한 자연스러운 표현뿐만
아니라 자기 통제력이 있는가 등의 질문은 모두에게
필요하다.

　　　동연 씨는 일터의 20-30대 여성이 흔히 만나게 되는
동료 남성의 한 유형이다. 이들은 여성을 자신의 생애 기획에
끼워 넣는 일이 자연스러우며, 성 구매 여성과 결혼할 여성을
분리해 파악한다. 이들의 세계에서는 여전히 남성이 원하는
때에 원하는 방법으로 원하는 유형의 여성을 취할 수 있어야
한다. 그런데 정작 가장 자연스러운 통과 의례라고 생각했던
결혼이 힘들어졌다는 현실에 부딪힌 것이다.

　　　동연 씨와의 인터뷰 당시 미투가 한창 사회적
이슈였다. 미투 운동을 어떻게 생각하는가라는 물음에
동연 씨는 다음과 같이 답했다. "여성들은 기득권 남성과의

관계에서 여전히 '이용할 거리'가 있다." 그리고 그는 이어
"하지만 나는 매일 욕만 먹고 까인다"고 푸념했다. 그의
언어에서 위력에 의한 성폭행의 피해자 여성은 '피해자'가
아니다. 여성성이나 섹슈얼리티를 활용해 기득권 남성과
거래하고 협상하는 존재다. 여성은 자신이 여성인 것을
"이용할 수 있"지만 남자들은 오로지 능력으로만 증명해야
한다는 그는 진심으로 남성이 여성에 비해 불리하고 억울한
처지라 믿는 듯했다. "미투는 여성이 거래가 실패한 이후
하는 고발"이라는 것이 그의 생각이다. 이런 생각은 동연
씨를 포함해 여성혐오가 심한 사람들에게 흔히 들을 수 있는
말이다. 동연 씨는 설사 성폭력이 일어났다 해도, 자신도
남성 상사에게 남자라는 이유로 거칠고 폭력적인 대우를
경험한다고 했다.

> 회사에서는 직급이 낮으면 남자나 여자나 모두
> 피해자예요. 성폭력은 아니지만 말이나 물리적
> 폭력도 폭력이라는 점에서는 같잖아요. 하지만
> 남자는 그걸로 거래도 못 하고 그저 맞고 까이고,
> 침묵할 수밖에 없는 피해자로 남아요.

동연 씨와 대화를 이어가는 동안 상당한 자기연민과 피해자
의식을 엿볼 수 있었다. 그가 다니는 대기업이라는 브랜드,

위생적인 사무실, 체계화된 업무 환경에도 불구하고 폭력과
모욕이 난무하는 일터에서는 모두가 피해자고 을이다. 그
안에서 오히려 '문제를 제기할 수조차 없는 남성'이 진짜
피해자라고 그는 말한다. 일터의 경쟁주의, 성과주의, 상명
하달식 조직문화는 다양한 폭력을 자연화함으로써 노동자의
인격과 존엄을 해친다. 그 안에서 남성 또한 괴롭힘, 학대,
억압, 모욕을 경험한다. "위력에 의한 성적 괴롭힘을 단호하게
반대"함에도 불구하고, 동연 씨는 미투를 "실패한 거래의
결과"로 보고 있었다. 이런 모순적 생각에 대해 나는 매우
의아했다. 질문하자 그 생각의 근거를 들을 수 있었다.
"가해자를 공개적으로 폭로하는 미투는 그만큼 위험하기
때문에 '보상'을 기대하지 않고서는 할 수 없는 일이기
때문"이라고 그는 말했다.

　　　　대부분의 남성 직장인처럼 그는 자신에게 '폭력'을
행사한 상사를 고발하면서까지 불의에 대항해 싸우는 일은
결코 하지 않을 것이다. 이것이 그가 여성의 용기 뒤에
거래가 있을 것이라 생각하는 까닭이다. 성폭력이 개인의
삶을 어떻게 파괴하고, 일을 빼앗고, 무력화시키는지에 대한
앎이 결코 없는 남성들이 성폭력 피해를 이해하는 동료가
되기에는 아직 요원하다고 느껴진다. 비슷한 피해자가 더
나오지 않도록 하기 위해 싸움을 결심한 피해 여성들의
이야기는 그들에게 한 번도 와닿은 적이 없는 것 같았다.

이어 짚고 싶은 것은 그가 성 구매를 말하는 방식이다. 그는 한국의 많은 남성이 그러하듯 자신의 성 구매에 떳떳했고 낭만적 사랑과 성적 쾌락은 완전히 분리될 수 있다고 믿는다. 그가 묘사하는 동성 집단이나 주변 이야기를 종합할 때 해당 유형의 남성들은 여전히 여성 동료와의 동등한 소통, 친밀성, 교류의 의미를 제대로 학습하지 못한 듯했다. 이들은 여성과의 관계에서 우위를 확보하는 수단에 민감하다. 반면 이성의 눈에 매력적인 존재로 보이기 위해 애쓰는 일에는 둔감하다. 외모, 윤리 의식, 부지런함, 책임감, 성실함, 감성, 낭만성, 언변, 유머, 인간적 공감 능력 등의 인격이 아닌, 경제력과 직장이 여성을 휘어잡기 위한 유일한 수단이자 자원이라 믿는다. 이 잣대에서 큰 문제라 느낀 것은 그렇게 여성을 평가하다 보니 주변 여성들을 '속물'이나 '염치없는 존재'로 인식한다는 점이다.

여성들이 일터에서 만나는 동년배 남성 가운데는 동연 씨와 같은 성향의 남성이 적지 않다. 이 남성들의 분노는 '여성에 대한 접근이 쉽지 않다는 점' '이들을 결혼으로 끌어들이기에는 자신의 취약함이 너무 드러난다는 점'에서 기인한다. "일반 여성과의 관계에 자신감이 없다 느끼"고 "한국 여성은 재력 없는 남자를 무시"하니 "경제력이 쌓이면 연애를 하겠다"는 말을 거리낌 없이 한다. 그들이 여성 동료와 친밀한 관계를 맺기 어려운 실제 이유를 외면하고, 경제력을 갖추면 연애와 결혼이 가능하다는 생각 근저에는 왜곡된 여성 이미지가 있다. 이들의 사고는 물질주의적 여성상을 만들어 여성을 일원화한다. 그리고 스스로를 그런 여성들 때문에 피해를 입는 존재로 위치시켜, 여성을 원망하는 수순을 밟는 것이다. 자신의 경제력과 지위가 부족하다고 느낄 때는 연애를 유보하다가 상황이 조금 나아지면 직장 내에서 성적 판타지를 실현하려 하는 것도 이런 이유다.

　　　이러한 남성들은 장차 조직 내에서 전장에서 언급한 '훌륭한 가장'의 궤적을 밟아나갈 가능성이 높아 보인다. 이들은 동료와 협력하기보다 권력 있는 남성 상관을 견디고 버팀으로써 마침내 남성 연대의 위쪽 자리에 오르고자 한다. 따라서 조직 내 성폭력 등 권력이 개입된 사건 해결에 나서지 않는다. 힘이 없을 때 모욕을 견딘 만큼, 지위가 높아진 뒤에는 그 권력을 자신이 휘두르고자 하고 그것을 보장된 미래로 여기기 때문이다.

　　　내가 만나 이야기를 들은 남성들에게서 일관된 진술은 '자신은 전 세대 남성과 다르다'는 것이었다. 그런데 그렇다고 해서 이들이 성적 가해를 안 하는 것은 아니다. 조직에서 남성들은 이성을 유혹하는 일과 집적거림, 간 보기, 희롱을 제대로 구별하지 못하는 경우가 상당했다. 적절한 방식으로 데이트를 하는 방법도 모르는 경우가 많다. '삼촌 팬'이 미디어를 장악한 한국 사회의 수많은 남성이 여성에게 말 그대로 찝쩍거리고, 유치한 농담을 함으로써 호감을 표현한다. 여느 예능 프로그램 속의 남성들이 그렇듯 남에게 자신의 여자친구나 배우자를 존중을 담아 언급하는 것조차 배우지 못한 경우가 많다. 자신의 부인과 여자친구에게 무리한 요구를 받는다며 '피해자성'을 호소하기도 한다. 한편으로는 자신을 '통제하고 닦달하고 조정하려 드는 모친'에 대한 반감으로 여성의 말이라면 무조건 저항하려 드는 모습도 보였다. 자신에게 '이래라저래라하는' 여성들에 대한 혐오 또한 깊었다. 한 남성은 여성 상사나 동료의 말이 자신에 대한 규제와 평가로만 들린다고 말한다. 이때 그 여성들을 '제압'하기 위해 그의 말을 "못 들은 척 무시"한다. 또 이 남성들이 여성 동료나 상사를 지위와 상관없이 '일개 여성'으로 강등시키는 방법은 '당신은 어찌 됐든 여자'라고 각인시키는 것이다. 여성의 외모에 대해 끊임없이 언급하거나 성적 농담을 하면서 말이다. 이들은 일터의 문지기로서 적대적 성차별을 수행하는 주체들이다.

## 남성 동료는 왜 필요한가?

일터에서 함께 많은 시간을 나누고, 서로의 일을 이해하고 협력하는 경험을 갖게 되면 동료애가 생긴다. 직장 동료는 서로를 가장 잘 이해해줄 수 있는 상대가 될 수도 있다. 하루의 노동을 함께 견디며 매일 한두 끼를 함께 먹고 퇴근 후 같이 스트레스를 풀기도 하면서 감정을 나누기 때문이다. 많은 여성이 직장에 마음이 맞는 이성 또는 동성 동료가 있다고 말한다. 그렇게 대답한 이들의 경험담에서는 자기 능력에 대한 자신감과, 남성 동료와의 관계에서 갖는 당당함이 느껴졌다. 한 여성은 함께 일하는 남성 동료가 더 '잘나가'더라도 이들에게 위계나 중압감을 별로 느끼지 않는다고 말했다. "나보다 크게 나을 것이 없"기 때문이다. 이들에게 남성 동료는 일터에서 자유롭게 업무를 의논하고, 농담하고, 함께 술을 마실 수 있는 사람들이었다. 노동 강도가 센 일터에서 서로에게 흥분과 재미를 주는 관계인 경우도 많았다.

남성 동료와의 친근감은 특히 스트레스가 높은 글로벌 서비스, 금융, 정보, 마케팅 분야의 여성들에게는 꼭 필요한 정서 관리다. 하루 10-12시간 같은 공간과 시간을 점유하는 동료들과 긴장 상태를 유지하면서 버틸 수는 없다. 이직하더라도 같은 분야에서 언제든 마주칠 사람들이기 때문에 큰 갈등은 대부분 회피한다. 한 전문직 여성은 남편과 나눌 수 없는 일 관련 상담을 동료 남성과 나누고, 자신도 평등한 방식으로 도움을 주고 있다고 말했다. 또 일부 여성은 "뒤끝 없는" 남자 동료나 부하 직원이 편하다고 이야기한다. 여성 직원을 대할 때처럼 자신이 어떻게 비춰질까 하는 걱정이나 '롤 모델'이 되어야 한다는 심리적 압박감을 느끼지 않는다는 것이다. 커리어 여성 연구에서 인터뷰한 전문직 여성 순혜 씨는 동료 남성과의 관계에서 상당한 자신감을 보였다. 그는 남성 동료를 '활용'할 줄 알았고 '3인 법칙'을 성공적으로 수행했다.

> 3인 법칙이 뭐냐면 한 명이 말하면 다른 한 명이 동의해주고, 또 다른 한 명이 동의하면 안 되는 일이 없기 때문에 자기 편이 있어야 한다는 거예요. 직장에서 오랫동안 함께 일하기 때문에 이성 친구 관계를 통해 정보도 얻고 위로도 받아요. 여자끼리의 정보랑 남자로부터 얻는 정보의 종류가 다르거든요. 관계 관리를 잘해야 해요. 스키도 함께 타러 가고 가족보다 더 많은 일과 놀이를 함께 하는데 안 친해질 수 없잖아요.

그런데 이는 2009년의 이야기다. 남성 동료와의 친밀한 관계가 회사 생활의 지혜라고 믿었던 과거의 여성들에 비해 2015년 페미니즘 대중화 이후 만난 여성들은 남성 동료들과의 관계나 감정이 복잡해졌다고 말한다. 회사에서 '오빠질'을 하고 싶어하는 남성 선배에 대해 이전에 가졌던 고마움과 신뢰가 의혹으로 바뀌었고, 남성 동료의 농담에 전보다 웃을 수 없는 경우가 많아졌다. 화장실에 불법촬영 기기가 설치된 것은 아닌지, 사진을 어디다 유포하는 것은 아닌지, 남성 동료들이 디지털 성범죄 촬영물을 보는 것은 아닌지 곤두세우게 되었다. 남성들이 잡담을 나누며 낄낄거릴 때 내용이 무엇일까 하는 염려도 생겨났다. 두려움보다는, 남성 동료에 대한 경계심 혹은 무심의 감정이 강화되었다는 것이다.

동시에 남성 동료는 더 이상 이들의 유일한 참조 집단이 아니다. 40-50대 여성들에게는 일터에서 남성 상관이나 동료와 잘 어울리는 것이 조직에서 인정받았다는 증거였고 때문에 이들은 이 관계에 공을 들였다. 남성 동료와 친하게 지내는 자신의 모습에 자부심을 느끼는 경향도 강했다. 그럼에도 불구하고, 이들은 배타적 남성 연대의 '순간'에 반복적으로 외부인, 이방인으로 취급되는 경험을 갖고 있었다. 한편 20-30대의 여성들은 "남성 동료와 잘 지내야 할 이유가 딱히 없다"고 말하기도 했다. 이들 또래의 여성들은 오히려 일터 밖에서 동료를 만나기를 선호하는 경향을 보였다. 같은 회사 사람보다는 동종 업계 혹은 비슷한 분야의 네트워크 파티나 공부 모임에서 만나는 사람들을 동료로 여기는 것이다. 이들은 꼭 같은 직장에 있지 않더라도 평등한 지위에서 정보를 주고받고 서로의 커리어를 지지하는 관계로부터 동료애를 느낀다고 말한다. 일반적인 경향이라고까지 할 수는 없겠으나, 분명 누가 동료인가에 대한 의미가 다양해지고 있다.

## 동료가 되고자 하는 남성들

한 30대 여성은 평소 상사로부터 놀림과 간섭을 자주 받는 동료 남성을 나서서 챙겨준다. "나도 자존감이 낮은데 그 동료는 나보다 더 자존감이 바닥"이라서 놔둘 수 없다고 그는 말했다. 크게 모나지 않은 성격인데 걸핏하면 "상사의 감정 쓰레기통, 욕받이 역할을 한다"는 것이다. 그는 자신이 그 남성 '덕분에' 상대적으로 괴롭힘 대상에서 면제된 것 같다고 느껴, 자주 그를 위로하고 술도 함께 마시며 "돌봐주었다".

언어폭력이 난무하는 일터에서 안전감은 여남 모두가 추구하고 싶은 감정이다. 남성들 또한 일터에서 언어폭력과 학대를 경험한다. 동질성의 연대를 강조하는 남성동성사회는 남성들 간의 '차이' 혹은 개별 남성의 이질성을 불온시한다. 이 때문에 남성의 외모, 목소리, 말투, 음식 취향 등 모든 것이 조롱, 통제, 훈육 대상이 된다. 회사에서 전통적으로 이상화되는 남성상은 유머 감각과 말재주가 있으며 즉각적으로 타인의 요구에 반응할 줄 아는 사람이다. 조직 내에서 남성 간에 행해지는 "광범위한 경쟁적 괴롭힘"은 놀림, 냉소, 조롱의 방식으로 남성 간 결속을 만들어냈다.[14]

> 일터에서 잘 어우러진다는 평판을 받는 사람의 특징이 있어요. 주로 남성들인데, 쓸데없는 이야기를 많이 하고 자신이 유머 감각이 있다고 생각하는 사람들이에요. 당장 해결해야 할 중요한 문제에 집중하지 못하게 하고, 잡스럽고, 사사롭고, 다른 사람 험담으로 관심을 집중시켜 문제의 핵심으로 가는 것을 막죠.

인터뷰에서 한 여성은 이러한 현상을 "B급 남성의 생존법"이라 표현했다. 회사에는 세련되고 학벌 좋은 능력자 남성과 말 많고, 농담으로 자신이 분위기를 살린다고 자임하는, 일 능력은 크게 뛰어나지 않은 남성 집단 그리고 대체로 일 잘하는 여성들이 존재한다고 그는 말한다. 그리고 사내의 남성 연대는 성희롱이나 음담패설, 건배사에 특화된

이 'B급 남성들'로 인해 공고해진다.

한편 최근 이런 방식의 남성 간 결속에 동참하지 않으려는 남성들이 생겨나고 있다. 30대 후반의 직장인 남성 형수 씨는 남성들 사이에 "물고 물리는", 매일 반복되는 조롱과 농담이 지겹다고 말한다. 그는 자신을 "일베류도 남성 페미니스트도 아닌 평범한 남성"이라고 표현했다. 하지만 그는 남자들이 확실히 "성장이 더디고 유치하다"고 여긴다. 그는 여성 동료와는 일과 관련된 이야기나 뉴스 관련 대화를 나눌 수 있는데 남성 친구나 동료와의 대화는 "주식(돈), 게임, 여자"에서 늘 맴돈다고 설명했다. 그렇다고 그에게 여성 동료들이 편한 존재인 것만은 아니다. 형수 씨는 페미니즘 대중화 이후 여성과 대화를 나누기가 힘들어졌다고 느끼고 있었다. 분명 자신은 성 평등을 지지하며 정치적 입장을 갖고 판단을 할 수 있는 존재지만, 말실수를 하게 될까 봐 입을 다물게 된다고 그는 말한다. 남성들의 말 없음, 표현 없음에 대해서는 "미투 이후 남성들 또한 생각이 있는데, 무슨 말을 어떻게 해야 할지 (몰라서) 꺼내기가 힘든 것"이라고 설명했다. 형수 씨는 직장에서 어느 누구와도 터놓고 대화할 수 없어서 외롭다고 이야기했다. 형수 씨 같은 남성 동료는 새로운 대항 연극에 참여할 가능성이 높은 존재지만, 결코 공개적으로 나서지 않는 외로운 개인주의자라는 데서 변화의 주체가 되는 데는 한계가 있다.

## '을의 연대'는 가능한가?

한편 형수 씨처럼 일터에서 '입을 다물고 있는' '점잖은' 남성 동료를 둔 20-30대 여성들은 이들에 대해 모호한 감정을 갖고 있었다. 이들은 "말로 설치는 동료 남성에 비해 괜찮은 사람"이지만 동시에 "신경 쓰이게" 만드는 존재다. 이런 남성은 동료 여성이 지속적으로 말을 걸어줘야 하는, 나름의 감정노동을 쏟아야 할 대상이기 때문이라는 것이다. 동시에 형수 씨같은 남성 동료의 존재를 귀하게 여기는 여성들도 많았다. 적어도 남성 연대의 '이탈자'이기 때문이다. 내가 형수 씨와 대화하면서 느낀 것은 과연 생각이 많은 형수 씨가 일터에서 여성 동료에게 어떤 부당한 일이 일어났을 때 여성들과 연대하고 지지를 표명하는 조력자가 될 수 있을까 하는 의문이었다. 형수 씨와 같은 남성 동료들과 이른바 '을의 연대'가 가능할 것인가? 적대적 성차별을 드러내는 행동을 하지 않고 성적 농담을 하지 않는 남성들은 평등한 동료가 되고 있는가? 다양한 성적 괴롭힘이 실재하는 일터에서 '나는 하지 않는다'를 넘어, '조직에 이런 일은 사라져야 한다'고 믿고 행동하는 조력자들이 필요하다. 을의 연대가 가능한 남성 동료는 늘어나고 있는가?

서비스나 IT 관련 직종이 증가하면서 일터 전반에서 소통 능력이 중요해지고 있다. 일부 남성은 여성들과 대화하는 걸 좋아하고 여성들의 소통 방식, 감정, 세련됨, 취향을 배우고 싶어하기도 한다. 한 남성은 여성 동료와 친해지면서 "코즈모폴리턴의 감각을 얻는 것 같아 기쁘다"고 말했다. 여성 동료와 함께 맛집을 찾아다니는 남성은 다른 남성의 놀림의 대상이 되지만 "여성 동료와 있으면 메뉴도 원하는 것을 주문할 수 있고, 카페 커피도 마실 수 있다"고 했다. 여성이 제공하는 정보 또한 "실속 있고 동시대적"이다. 그런데 그들의 만족과 별개로 이들의 존재는 또다시 여성들에게 감정적 부담이 되기도 한다. 여성들은 남성동성사회에서 박탈감을 느끼거나 추방된 듯한 염려를 안은 남성들이 여성들에게 불만을 해소하려 하거나 위로를 구하는 경우가 많다고 느끼고 있었다.

"나는 꼰대가 아니다."

"나는 윗세대 남성들과 다르다."

"나는 평등을 지지한다."

분명 현대 남성들은 빠르게 변화하고 있다. 하지만 이들의 감정은 자신의 자아 선언과는 달리 불투명하다. 많은 남성이 '남성이 역차별을 받고 있다'는 집단적 감정 상태에서 벗어나기 힘든 듯하다. 사람은 당연하게 생각했던 자기 몫을 누군가와 나눠야 할 때, 그것을 역차별이라 여긴다. 역차별은 축적된 불평등을 개선하고자 하는 시도를 제압하기 위해 종종 사용되는 담론이다. 입시 경쟁에서 또래 여성에게 뒤처지고, 남성이 주도한다고 믿었던 데이트나 결혼 시장에서 주도권을 행사하지 못하는 데서 박탈감을 느끼는 남성들은 자기 자리가 없어지는 두려움의 원인을 여성에게 겨냥하고 있다. '명령에 복종하면 보상이 따를 것이다'라는 남성동성사회의 메시지를 수용해온 이들은 경쟁적 일터에서 '교활한' 여성들 때문에 마땅히 자신들 몫인 보상을 빼앗겼다고 느낀다. 여성들의 일 경험은 임금 차별, 근거 없는 해고, 성적 괴롭힘, 외모 차별 등으로 점철돼 있음을 인지하고 이런 고질적인 불평등이 해결되어야 한다고 믿는 남성 동료는 그리 많지 않다. 이들은 동료 여성들이 기울어진 운동장에서 왜, 어떤 노력으로 능력주의에 매달렸는지를 이해하지 못한다.

실제로 남성들은 같은 직급 여성들에 비해 스펙이 부족하고 업무 능력을 입증하기 어려워지면서 강한 열패감을 느낀다. 여성들의 에너지를 통제하기 어렵다고 느끼며, 앞으로 여성들과 어떤 관계를 맺어야 하는지 자신감 또한 없다. 이들은 감정 차원에서 여성들에게 분노를 갖는 한편, 여성의 '이기심'을 정당하게 질책하는 멘토처럼 발화한다. 많은 남성이 사내에 여성 우대, 역차별이 존재한다고 믿으며 모든 노동자가 무성의 존재로 간주되는 것을 평등이라고 이해한다. 여성의 생리휴가, 출산휴가가 집중 손가락질을 받는 것은 이런 이유다.

점차 결혼이 의무가 아닌 선택 사항이 되고 전통적
성 역할을 거부하는 비혼 인구가 급증하는 현대에는
사회인들이 결혼 관계에 진입하지 않은 채 친밀성을 나누는
기간이 길어지고 있다. 이에 따라 상호 인정, 정직, 평등, 상호
쾌락, 자부심, 행복이 개개인에게 중요한 가치로 부상했다.
일터에도 이런 새로운 라이프스타일이 반영되어야 하고 동료
간 관계의 질도 변화해야 한다.

여성들 사이에서 점차 생존을 위한 능력주의가
강화되는 한편 남성들은 자기 연민적 피해자 정서에 자아를
투척하고 있다. 그러나 처음부터 누군가에게만 할당되어
마땅한 권리는 없다. 평등과 정의는 소유가 아니라 관계적인
것이며 공유되어야만 그 가치가 확장된다. 동료 관계 역시
성별 등으로 위계를 짓기보다 서로가 잘 살아내도록 돕는
형태가 되어야 한다. 일터의 민주화는 각성한 개인들의
연대를 통해서만 현실화될 수 있다. 이들의 연대는 어떤
식으로 이루어질 수 있을까?

# 3부 우리의 감정노동과 서글픈 오해에 대하여

# 6장

# 액팅:
# 감정 연기 전문

전통적 의미의 직장이나 직업 개념이 사라지고 있다. 노동
유연화가 진행되면서 특히 여성들의 고용 주기가 빠르게
짧아지고 있으며 갈등이나 억압을 피해 자주 일터를
옮기는 20-30대 여성 또한 많다. 사회학자 리처드 세넷은
유연한 자본주의 사회에서 일어나는 일자리의 잦은 이동을
ambiguously lateral moves
'애매모호한 횡적 이동'이라 불렀다.[1] 시간적 연속이나 경험의
축적에 의해 전문성이 심화되고 일 능력도 확장된다는
전통적 커리어 개념은 와해되고 있다. 평생 한 우물만 판다는
의미의 직업 개념은 사라지고, 많은 사람이 평생 여러 종류의
단편적·부분적 노동 형태를 거친다. 이때 사람들은 자신의
과거 일 경험이 가치를 인정받지 못한 채 무용지물이 될
것이라는 데 두려움을 느끼며 장시간에 걸쳐 여러 일자리를

옮겨 다닌다. 문제가 생기면 직장을 옮긴다는 선택이 쉬워진 것도 이런 변화와 무관하지 않다. 어떤 일도 장기간 보장되지 않는다는 생각이 확산되었기 때문이다.

이를 '애매모호한 횡적 이동'이라 표현하는 이유는 전문성 확장, 사회적 지위 상승 등 더 좋은 조건을 따른 상향 이동이 아닌 형태의 이직이 늘고 있기 때문이다. 일터마다 역할이나 지위가 일관적이지 않은 상황에서 이런 방식의 이동이 일상화될 때 여성들은 어떤 곤란을 맞닥뜨릴까? 많은 여성이 지위 불안정을 겪으며 새 일터에 적응하기 위해 과장된 인격을 표현해야 한다는 압박을 느끼고 있다. 이 장에서는 특히 조직의 막내, 신입의 위치에 있는 여성들이 수행하는 감정노동의 성격을 살펴본다.

## '사무실의 꽃'에서 '친밀성의 공연자'로

시장이나 경기 상황에 따라 노동력의 해체와 재편을 용이하게 하는 네트워크형 조직은 팀원의 자율성과 팀원들 간의 평등을 추구하고 모험과 도전을 권장한다. 전형적인 신자유주의적 자기 계발 자아상에 맞는 작업 방식이기도 하다. 덜 관습적이고 덜 권위주의적인 조직 형태는 그 자체로

민주적이라 간주되며, 많은 젊은 층은 이를 선호하고 "자신의
성향과 잘 맞는다"고 말하기도 한다. 하지만 이런 네트워크형
업무 환경은 업무 성격이 명확하지 않고 팀원이 수시로
교체될 수 있으며 승진과 해고에 대한 분명한 규정이 없는
경우가 많다. 이 때문에 함께 일하는 동료들과 유대감을
형성하거나 일터에서 지속 가능한 자아를 갖기 어렵게 된다.
애매모호한 횡적 이동과 네트워크형 조직은 점차 많은
사람이 경험하는 직업 현실이지만, 여성의 경험은 또 다르다.

대학 졸업 후 어렵게 정규직 직장에 들어간 영희
씨는 매일 오전 팀원들에게 메시지를 보내 팀원들이
선호하는 점심 메뉴를 취합하여 식당에 예약하는 일을 했다.
영희 씨와 같이 입사한 남성이 있었지만 "남자는 애교와
순발력이 없어 이런 일을 잘 못할 것"이라는 설명과 함께
"똑똑하고 야무진 여성"인 영희 씨에게 이 일이 맡겨졌다.
"시간 낭비를 막기 위해 점심 예약은 필수"라는 팀장의
논리에 따라 영희 씨는 "하찮지만, 제대로 안 하면 너무 많은
비난을 받을 수 있는" 이 일을 맡았다. 그는 이 일까지도
'제대로' 해내야만 인정받을 수 있다고 느꼈다. 다른 업무를
하다가도 매일 11시만 되면 팀원의 점심 메뉴 선호도를
묻는 메시지를 이모티콘과 함께 날리는 일, 많지도 않은
선택지 중에서 정해진 식당에 예약하고 자리를 잡는 일을
했다. 이 일의 반복은 영희 씨에게 자괴감을 갖게 했다. 연신

이모티콘을 발사하며 "오늘도 든든한 한 끼!"를 연발하는 자신의 처지가 한심했다고 그는 말한다. 영희 씨는 좋은 기획력을 인정받고 프리젠테이션을 잘 해냈지만, "제때 식당 예약을 하는 일이 평판에 더 영향을 끼치는 것 같았다"고 설명했다. 그의 '일'은 식당 예약으로 훨씬 많이 회자되었고 영희 씨는 그것이 점차 자신의 평판을 구성하는 업무가 된다는 느낌을 받았다. 이 같은 심리적 압력은 모멸감을 동반했다. 일견 '여성의 꼼꼼함과 똑똑함'을 칭송하듯 하며 맡겨진 이 일로 인해 영희 씨는 업무와 무관하게 쉽게 가십거리로 오르내렸다.

　　　　여성들이 토로하는 일터에서의 괴로움 중 이 같은 사례는 많다. 과거에는 남성과 아예 직무가 다른, 보조 역할의 젊은 여성을 채용해 '사무실의 꽃'이라 불렀다면 이제 고학력 고스펙의 여성을 채용해 팀원 간 소통의 부재를 메우고 일터의 긴장을 완화하는 역할을 추가로 부여한다. 특히 나이가 어린 여성일수록 어색하고 낯선 팀원들 간의 분위기를 밝게 하라는 기대를 받으며, 이를 수행하게 된다. 이런 역할을 나는 '친밀성의 공연자'로 정의하고자 한다. 일터에 진입한 젊은 여성들은 경쟁이 심화되는 일터에서 사라져가는 소통, 친밀성, 신뢰의 간헐적 회복을 위해 천진난만하고 활달한 자아를 연기한다. 20대 여성이 우울한 표정을 짓거나 말을 안 하거나 뚱한 것은 '금기'다. 현대의

직장에서 젊은 여성은 가만히 그저 대상화되는 직장의 꽃이
아니라 적극적으로, 자발적으로, 기꺼이 분위기를 좋게
띄우는 배우가 되어야 한다.

친밀성 공연은 성격이 다른 일자리로 횡적 이동을
거듭하는 여성들이 생존과 적응을 위해 발전시켜야 할
자질이 되고 있다. 인턴, 임시직, 단기 계약직으로 일하는
20대 여성에게 조직이 기대하는 역할은 화젯거리를
제공하고 때로 놀림의 대상이 되어 '즐거움'의 감정을
불러일으키는 행위자다. 구체적인 조건은 "젊고 활발한
기운을 만들어주고" "분위기를 업시키고" "최신 트렌드의
패션, 액세서리, 옅은 향수 냄새로 '감각'을 일으키"며
"고분고분하지만 말을 잘하는" 것 등이 있었다.

많은 여성이 이를 통과 의례라 여기고 있다. 오랜
기간에 걸쳐 실제로 친밀성을 쌓을 동료, 상관, 후배 등은
존재하지 않고 낯선 동료들과 빠른 시간 내에 팀워크를
만들어야 하는 상황을 반복적으로 맞이하는 이들은 단시간에
형식적 친밀성을 마련하기 위해 "알아서 그렇게 행동하기"에
능해졌다. 동료에게 유효한 직업 훈련이나 세심한 조언을
기대하지 않으며 대신 조직 내에 적절히 자리를 잡고 필요한
인정을 받기 위해 친밀성 공연을 수행하는 것이다.

20대 여성 문희 씨가 소속되었던 팀의 신입에게
자주 요구되는 역할은 '엔터테이너'였다. 그는 "요즘 유행하는

걸 그룹 춤 춰봐라" 같은 주문을 받았다. 젊다는 이유로 이런
일을 시키는 경우 여자, 남자 구분 없이 시키기도 하며 20대
남성들 역시 신선함, 우직함, 순진함을 전시한다. 그러나
차이가 있다면 공연자 역할을 하지 않는 남성을 비난하거나
힐책하는 경우는 드물다는 것이다. 남성이 '이 일'을 잘
못하는 경우 상대적으로 이는 '성격'으로 인정된다. 원래
낯을 가린다거나 또는 점잖다고 해석되는 것이다. 그런데
여성의 경우는 이것이 개별 성격으로 양해되지 않는다.
요구되는 친밀성을 공급하지 못하는 여성은 '보다 근본적
문제가 있는 인간'이 된다. 그는 함께 일하기 어려운 사람처럼
취급되며 그의 다른 업무 수행 능력까지 평가절하된다. 여성
개인은 감정, 신체, 언어, 몸짓, 스타일 모든 것이 노동의
일부로 간주·평가되는 '여성'이라는 집단적 범주에서 결코
자유로울 수 없기 때문이다. 이러한 일터에서 젊은 여성은
지루한 일터에 주기적으로 공급되는 회전문 상품이다. '신입'
'여성' '어린아이'라는 권력 없는 삼중의 위치를 부여받은
여성들은 업무 능력으로 승부하겠다는 완고한 각오가 종종
어처구니없는 성 역할 요구 앞에 무너지는 경험을 하며
좌절을 겪는다. '철부지, 순진녀, 명랑 소녀, 하이톤의 리액션
담당자, 회식 자리의 걸 그룹 커버 걸' 등을 요구받으며
이들은 지금까지 쌓아온 스펙과 자격증, 모든 노력이 "아무
소용없다"고 느낀다.

내가 만나온 20-30대 여성들은 '젊은 여자'에게 요구되는 추가적 감정노동을 수행하며 느낀 깊은 모욕과 좌절을 안고 있었다. 그들은 "일보다 관계가 힘들다"고 토로했다. 이들은 명랑한, 활발한, 의욕적인 그리고 무엇보다 여성적인 친밀성과 배려를 일상에서 요구받는 가운데 팀 구성원들의 취향을 챙기고 감정을 살피고 갈등을 관리한다. 자본가 가부장과 그들의 성인 자녀 노동자가 함께하는 유사 가정과도 같은 일터에서 이들은 가정에서 수행하던 '애교 있는 딸' 역할을 공연한다. 가족 구성원 간의 관계성을 책임지고 집안 분위기를 좋게 만들 의무를 조직의 공적 영역에서도 담당하게 되는 상황이다. 여성들은 일터와 일터 밖에서 허구적 감정을 끊임없이 표출하고 누군가의 감정을 돌보는 가짜 친밀성의 수행을 요구받는 가운데 이 기대를 거부할 경우 닥칠 비난을 감당해내기 어렵다고 느낀다.

## 젊은 여성들의 과잉 행동?

과장된 활력을 시시각각 연출하는 것은 괴로운 일이다. 하지만 많은 여성이 어느새 이런 역할을 내재화해 일상적으로 수행하고 있는 자신을 발견한다. 친밀성 공연자의 역할을 하는 여성들은 "밖에서는 욕도 잘하는데 직장에서는 고분고분한" 자아 간의 격차를 조정하고 통제하기를 그나마 직장을 오래 다닐 수 있는 방법으로 이해하기도 한다. 또한 이들은 자신이 직장 동료들에게 보이는 친밀성이 강요된 것 즉 일종의 퍼포먼스임을 알지만 그것을 '그 세대의/여성들의 자연스러운 특징'이라 생각하는 이들도 있다. 그리고 이런 오인은 '어린 여성'에 대한 편견을 낳는다. 일부 상급자 여성들에게 젊은 세대 여성들의 친밀성 공연은 자신이 과거 거세하려 했던 '여자다움'을 환기한다. 과거 일터에서 기대되는 '여성성'에 부합하게 행동하는 것은 약자의 생존 방식이라 여겨왔던 이들은 그 기대를 수행하는 것으로 보이는 신입 여성을 속으로 경멸하기도 하고 상대적으로 그런 공연을 할 필요가 없는 처지의 자신을 그들과 비교하며 위안을 얻기도 한다. 신입 여성과의 '차이'를 자신이 업무적 인정과 지위를 획득했다는 징표로 인식하는 것이다.

한편 이러한 상황 전반을 불편하게 느끼는 시니어 여성들도 있다. 이들은 젊은 여성들이 공적 영역에 걸맞은 태도에 대해 '훈련'을 너무 못 받고 들어왔다고 안타까워하며 "과도하게 여성성을 표현하는 것"은 일터에서의 태도로 적절치 않다고 여긴다. 내가 만나본 시니어 여성들은 20대 여성들이 취약한 노동 조건 때문에 과장된 친밀성을 연기하고 있다고 생각하지 못했다. 이들은 여성들이 "어리기 때문에"

혹은 "남자들한테 잘 보이려" 하거나 "과잉 행동한다"고 인지했다. 한 시니어 여성은 20대 여성 동료에 대해 "높은 경쟁률을 뚫고 입사한 그들 입장에서는 진취적으로, 활력 있게 회사 생활을 하고 있음을 보여줘야 할 것"이며 이들의 감정 표현 방식 또한 긍정적으로 보인다고 말하기도 했다. 상대적으로 직장 내 자신의 지위가 높음을 인식하는 여성들은 신입 여성들에 대해 긍정적 또는 부정적 인식을 보였으나 20대 여성들이 친밀성 공연을 요구받는 직장 환경에 대한 자신의 책임을 성찰하는 경우는 보지 못했다.

이 같은 환경은 일터의 젊은 여성들에 대한 오인과 편견 이상의 문제를 낳기도 한다. 대표적으로 신입 여성 직원의 가장된 친밀성을 호감 등으로 잘못 해석하여 희롱과 추행을 하는 경우다. 노동시장 안에서 점차 입지가 취약해진 여성들은 특히 인턴이나 계약직 등으로서 사내 보호 규정의 적용을 받지 못하는 경우가 많고 평판 때문에 쉽게 저항할 수 없다는 점에서 더욱 타깃이 된다.

제가 일한 곳은 성희롱 관련 규정이 아주 엄격했어요. 외모에 대해 얘기하는 것도 거의 금지됐어요. 하지만 저한테 얘기할 때는 걱정하는 척, 좋은 말인 척하면서 "살 좀 빼면 더 예쁠 텐데" "좀 밝게 웃어봐라" 같은 말을 여자 남자 가리지

않고 모든 사람이 자유롭게 했어요. 이게 문제라는
생각이 없어요. (20대, 계약직 인턴)

많은 젊은 비정규직 여성이 회사 규칙의 보호 대상조차
되지 못한다. 이들은 같은 공간, 같은 시간에서 함께 일을
해도 인지적으로 분리된 별개의 존재처럼 취급받고 "충분한
자격을 갖추지 못한 대상"처럼 여겨졌다. 내규상 징계 대상인
성적 농담도 이들에게 할 때는 문제가 되지 않는다.

## 정규직 상사가 제일 감정적이다

감정, 돌봄, 친밀성이 교환 가능한 상품이 된 이후 이는
특히 여성의 노동력을 구성하는 자질이 되었다. 감정적
돌봄이 요건이 아닌 분야에서마저 요구되는 이러한 형태의
감정노동은 전통적인 위계형 조직에서 흔히 보이는 아부나
떠받듦과는 다른 형태다. 여성들은 동료와 형식적 친밀성을
나누고 불안을 위로하는 등의 역할을 상황과 맥락에 따라
'유능하게' 수행하는데 정작 이때 이들은 자신의 진짜 감정과
의견을 표현하지 못한다. 이들의 감정 또한 매우 불안하게
요동치기 때문에 성숙한 감정 표현이 요구될 때에 엉뚱한

감정을 드러내는 경우도 있다.

현대의 일터에서는 모든 사람이 높은 수준의 불안을 느낀다. 변화가 빠르고 단기적인 성과가 중요해지는 만큼 직장 내 높은 직급부터 낮은 직급의 사람 모두 그 내용은 다르지만 불안과 긴장 속에 있다. 그리고 그것을 돌보는 역할이 이 중 가장 불안정한 노동 조건에 놓인 여성들에게 부과되고 있다.

이러한 권리 없는 감정노동의 또 다른 주요 장소는 비대면 소통이다. 모든 사람이 하나의 네트워크 안에 존재하며 물리적 거리에 상관없이 일 처리를 위해 동원되는 업무 환경은 노동과 삶의 경계를 구분하지 않는다. 모든 이가 준비된 인력으로 대기해야 하는 가운데 공사 영역은 중첩되며 이는 팀원 간 긴장을 낳기도 한다. 한 여성은 프로젝트 팀원으로 근무하는 동안 동료들과 개인 메신저로 주고받는 말들이 때로 매우 거칠고 아슬아슬한 수위에 있어 괴로웠던 적이 한두 번이 아니라고 했다. 그는 다들 예민한 상황에서 정해진 기간에 일을 완수하기 위해 자신의 다양한 감정과 경험을 동원해 갈등을 조정하는 일에 진을 뺐다. 정작 그는 프로젝트의 책임자도 아니고 정규 직원도 아니었다. 모든 일이 시간 외 업무였으나 그 안에서 늘 프로젝트가 실패할까 봐 노심초사하는 역할이 그의 몫이었다. 프로젝트에서 좋은 평판을 얻고 안정된 일자리를 얻어야 하는 상황에서 팀원 간 갈등이 심화되자 그는 끊임없이 이모티콘을 날리며 요점 정리를 하고 있는 자신을 발견했다. 이 여성은 '일할 의지가 충만하다'는 적극성을 드러내고 자신을 향한 공격이 들어올 때도 감정적 평온함을 보여주는 'SNS 인격'을 구성했다. 시도 때도 없이 오는 메시지에 적절한 명랑함과 즉각성으로 응대하는 한편 필요할 때는 아무 의견 없이 맞춰주는 숨죽인 존재가 되어 대처했다.

현대의 일터에서 사람들은 자신의 불안을 전이할 대상을 찾는다. 그리고 그 대상은 주로 조직 내에서 가장 열악한 위치에 있는 이들이 된다. 일이 성사되지 않았을 때 누가 책임을 지는가부터 갈등을 누구의 잘못으로 귀결시키는가는 권력의 문제이며, 매우 첨예한 긴장을 낳는다. 여성들은 "툭하면 화를 내고" "감정적으로 너무 불안해하는" 정규직 상사의 감정을 위로하는 일이 "너무 힘들다".

> 자신의 분노를 여과 없이 쏟아내는 느낌이었어요.
> 반말도 했다가 삿대질도 하고, 싸가지가 없다고
> 소리를 질렀어요. 뭔가 분노에 사로잡혀서 약간
> 꼭지가 돈, 그런 느낌이었어요.

직위가 불안정한 젊은 여성들이 수행하는 감정노동은

이들의 화를 받아주고 이야기를 들어주며 함께 힘들어하는 역할에까지 이른다. 해고와 실존적 불안에 시달리는 것은 정작 자신인데 "어느새 자신이 정규직 상사의 화를 달래"고 있었다. 회사에 "위로를 받고자 하는 사람이 너무 많다"고 이들은 말한다.

　　　또 다른 여성은 서로 적대하던 두 사람 사이에서 자신이 희생양이 된 경험을 이야기했다. 두 사람 중 누구도 그만둘 생각을 하지 않았고 둘 다 정규직이라 큰 실수를 하지 않고서는 해고될 위험이 없었다. 결국 비정규직으로 합류했던 자신의 실수와 융통성 부족이 문제였던 것처럼 상황이 마무리되면서 그만이 일터를 떠나게 되었다. 모두 자신의 잘못으로 상황이 만들어지는 것을 보며 깊은 모멸감을 느꼈다고 그는 말한다. 그는 정규직 직원 간의 손상된 결속을 회복하는 데 쓰이고 버려졌다.

## 배려심 없다는 말

일터에서 여성들이 자주 듣는 말이 '배려심'이다. 배려심은 현대 신자유주의 일터에서 새롭게 부상하는 자기 통제 장치다.

야근을 매일 할 수 없잖아요. 그런데 '오늘은 먼저 들어가겠습니다' 하면, 곧바로 '배려심이 없다'고 해요. 배려심 없다는 말이 '야근하라'는 말보다 더 기분 나쁘고 화가 납니다.

배려심이 없다는 질책은 눈치를 보라는 말이다. 끝없이 남의 감정이나 상황을 헤아리라는 주문으로, 감정노동이 과잉된 현대의 일터에서 자주 등장하는 말이기도 하다. 회식에 참여하지 않는 직원은 배려심 없고 이기적이다. 휴가를 쓰거나 회사에 야근 수당을 청구하는 것도 배려심이 없기 때문이다. 임신한 여성은 동료에 대한 배려심 없이 임신한 것이다.

배려심이라는 말은 일터에서 여성들을 비난하는 도구로 사용되고 있었다. 과거의 상명 하달식 언어 체계를 대치하는 용어로 등장한 것이 배려심이다. 회식 자리에서 성적 침해를 피하기 위해 남성 상사 옆에 앉기를 거부하는 여성은 팀을 생각하는 배려심이 없다. 배려심이란 말은 강력한 통제로 작용한다. 하급자 혹은 여성을 복종하도록 훈육하기 위해 '배려심 없는 여성'이라는 꼬리표를 붙이는 것이다. 보통 배려는 강자가 약자에게 베푸는 것이다. 그러나 아이러니하게도 이 말은 조직에서 낮은 위치에 있는 이들에게 많이 사용된다. 조직의 약자가 복종을 원하는 상급자들을 배려해야 하는 상황이다. 조직 내 기득권을 배려해 회식에 꼬박꼬박 참석하고 야근을 하고 말을 곱게 해야 한다. 배려를 베풀 사람과 받을 사람이 전치된 이 '배려심의 수사'는 노골적인 상명 하달이 불가능해진 현대의 일터에서 개인의 윤리를 문제 삼아 복종을 요구하는 통제 방식이다. 상사가 베푸는 아량이 아닌 하급자에게 '알아서 기라'는 세련된 표현이자 매우 젠더화된 통제 장치다.

　　　　단기 목표에 집중하는 조급증 경제하에서는 동료 간에 깊은 헌신과 신뢰가 형성될 여유가 없다. 내부 경쟁과 불신의 수위도 높다. 노동 강도와 성과에 대한 압력이 높아지면 높아질수록 일터 우울증도 심해진다. 각자가 자신을 돌볼 시간이 허용되지 않는 상황에서 자기를 객관화하는 것은 힘든 일이다. 모든 사람이 서로를 향해 소리 지르기도 하고 반대로 일터에서 생길 법한 '골칫거리'를 잘 피해 다니면서 거기에 자신만 걸리지 않으면 된다고 믿는 사람도 증가하고 있다. 아주 사소하고 개인적인 의미를 찾아 정신 승리하거나 그저 책잡히지 않기 위해 매뉴얼적 지시에만 민감하게 반응하고 행동하기도 한다. 회사에서 민주적 절차나 젠더 정의를 고민하는 일은 많은 이의 관심사가 아니다. 여성들은 이런 환경에서 "매일 무너지는 경험"을 한다.

　　　　젊은 여성이 무뚝뚝하거나 감정 표현이 적은 경우

이는 해고 사유가 된다. 이들은 자신의 낮은 위치에서 "성평등이나 공정함의 이름으로 할 수 있는 일이 너무 없다"고 느낀다. 이들의 타협점은 '노동력 판매자로서의 자신'과 일터 밖 '조금 더 진실한 나'의 간격을 인정하는 것이다. 일터에서 과장된 친밀성을 발휘하는 인격과 진짜 자신 사이에 단절을 선언하면서 무감한 사회인 자아를 체화하는 것이다. 그리고 모욕과 폭력적 상황이 반복되면 거기서 벗어나기 위해 이직을 선택한다. 여성들이 애매모호한 횡적 이동을 거듭하게 되는 것은 이들의 직업의식이 낮아서가 아니다.

# 7장

# 쇼잉:
# 유능하지만
# 무해하게

인간은 매일 어떤 식으로든 '쇼잉'을 한다. 예의를 차리기 위한 일상의 행위부터 옷차림, 화법 등 여러 방식으로 자신을 전시한다. SNS는 이렇게 '보여주는 일' 즉 쇼잉을 일상화하는 데 크게 기여했다. 특히 일터에서 쇼잉은 남에게 보여주는 것 외에도 자신의 실력을 발휘하여 인정받는다는 의미를 갖는다. 쇼잉은 자신의 탁월함을 선별적으로 드러내 다른 사람에게 자신을 '브랜드'로 각인시키는 행위다.

    많은 20-40대 여성이 직장에서 일 자체보다 쇼잉에 얼마나 신경을 쓰는지를 고통스럽게 고백한다. 이들은 성취 지향적이되 겸손하고 활달한 인격을 전시하는 한편 자신의 공과를 온전히 자기 것으로 만들기 위해 지속적으로 가시화하며 자신의 '상품 가치'를 위해 꾸밈노동을 한다.

이들은 쇼잉을 '그저 남에게 보여주려는 일'로 정의하기도 하는데, 때로 쇼잉을 통해 새로운 일터에 적응하는 과정의 고통을 단축시킬 수도 있다. 이들은 통과 의례로서 자발적 혹은 비자발적으로 쇼잉에 골몰한다. 여성들은 성과주의 체제에 최적화된 자아를 구성하기 위해 자신의 노동을 전시하고 성취를 자랑해야 한다고 느낀다. 이런 경향은 여성들이 남성적 과시 문화를 받아들인 결과로 강화되기도 한다. 많은 여성이 '성공해야 한다'는 열망에서 남성들의 생존 방식을 모방하고 뒤처지지 않기 위해 쇼잉을 수행한다. 하지만 여성이 직장에서 정당한 성과 인정을 받지 못하는 경향과 함께 볼 때 여성들의 쇼잉은 불공정한 초과 노동이 되고 있다.

## 겸손하되 나대야 한다

여성이 커리어를 쌓고자 하면 일단 시스템 안에서 인정을 받아야 하고 그 문법을 따라야 하죠. 심지어 여성들은 좀 성공하면 거기에 (보통의 남성들이 하는 수준보다) 플러스 알파를 더 하잖아요? 그런데 시스템이 누가 봐도 너무 불합리해서 이걸 따르지 않고 성공해보겠다고 하면, 조직에서 바로 "너는 인정할 수 없다" 이렇게 이야기를 한다는 거예요. 능력은 좋은데 회사를 못 견디고 나와서 뭔가를 해보겠다는 여성들도 "내가 시스템 안에서 성공했어야 했는데"라는 일종의 강박이 있어요.

여자는 조직에서 성공해야 한다는 강박을 더 느끼죠.

두 인용은 모두 30대 전문직 여성의 인터뷰 내용이다. 그들의 말대로 많은 여성이 '시스템 안'에서 인정을 받기 위해 분투한다. 역시 많은 여성이 인정받기 위해 이미 표준보다 "플러스 알파를 더 하"고 있으며 시스템 안에서 '인정받음'의 상태를 유지하기 위해 이 초과 노동을 지속적으로 더 할 마음을 먹는다. 일하는 여성들은 자신이 인정받고 있다고 느끼는 순간에도 쉽게 안주하지 못하는 지위 불안정성을 강하게 느낀다. 인터뷰에 참여한 30대 여성들은 남성 동료가 자신보다 더 능력이 뛰어나거나 더 조직에 헌신적이라 생각하지 않았다. 여성의 일 능력이 남자보다 떨어진다는 세간의 얘기는 현실에는 적용되지 않는다고 말한다. 오히려 이들의 답변에는 일과 관련된 동기나 책임감 면에서 자신이 남성 동료에 비해 뛰어나다고 주장하는 경향이 있었다. 한 여성은 "평범한 남성 동료들과 최소한의 동격을 확보하기 위해서 여성은 일을 더 해야 한다"고 말했다. 여성들은 일을 더 해야만 하고, 그렇게 한다. 또 다른 전문직 여성은 "단지 승진을 위해서가 아니라 '지속적인 레벨 깨기'를 해야 하기 때문에 일중독에 빠진다"고 증언했다.

일하는 젊은 여성들의 증언은 직무 평가에서 여전히 성차별이 건재함을 실증한다. 여성들의 성과는 늘 저평가된다. 때문에 조직에서 보통 정도로라도 능력을 인정받으려면 눈에 띄는 고성과자가 되어야 한다. 전문직 일터에 비혼 비출산 여성이 늘어나면서 일에 몰입하는 여성들의 일중독이 심화되는 경향도 나타났다. 이들은 남성 동료보다 자신이 더 많은 일을 하고 있다고 느낀다. 동시에 자신이 한 일을 기록하고 성과를 주장하고 능력을 과시함으로써 그 성과를 '부인하기 어렵도록' '사실'로 만들어 인정을 받고자 노력한다. 다양한 항목의 수치화된 평가 시스템이 도입된 이후 여성들은 공적을 객관화해 일터에서 자신의 존재감을 드러내고자 하고 있다. 자신이 수행한 '플러스 알파'에 걸맞은 평가와 공정한 보상을 추구하는 것이다. 즉 이들 여성이 행하는 쇼잉은 자신이 조직 안에서 표준 그 이상을 해냈음을 인정받기 위한 행위다.

한편 그저 평범한 수준의 인정을 받기 위해서조차 쇼잉이 필요하다는 데 불합리를 느끼는 이들도 있다. 여성들은 겸손의 미덕을 강요받는 분위기 속에서 '쇼잉을 해야 한다'는 강박에 시달리며 스스로 쇼잉을 잘 못해낸다는 자책까지 떠안기도 한다. 여기서 쇼잉은 없는 사실을 있는 것처럼 꾸미는 것이 아니라 시간과 공을 들여 자신의 경험을 다른 차원의 이미지로 전시하거나 인정받을 만한 형식으로 보여주는 행위다. 일터에 점차 다양한 평가 체계가 도입되고 여기에 노출되면서 여성들 또한 이런 평가에 적합하고 유리하게끔 자신의 노동을 배열하고, 투자하고, 수치화하고자 노력한다.

이런 일터에서 여성들은 '약지 않으면 회사에서 살아남기 어렵다' '영향력 있는 상사에게 쇼잉하지 못하면 도태되거나 왕따를 당할 수 있다'는 인식을 갖고 있다. 여성이 선호되지 않고 한정된 역할이 부여되는 일터에서 인정을 다투다 보니 소위 '여성의 적은 여성' 같은 상황이 되기도 한다. 어떤 여성은 "나보다 쇼잉 언어가 강한 동료"가 그의 일과 기회를 빼앗았다는 생각이 들어 격분한 경험을 이야기했다. 여성의 쇼잉에는 많은 노력과 더불어 위험이 따르며 그 결과가 의도와 다르게 나타나기도 한다. 쇼잉을 너무 잘하는 여성은 '회사 물을 흐린다'는 악평을 얻기도 했다. 때문에 여성들은 너무 튀지 않으면서 쇼잉할 수 있는 기회를 만들어내야만 한다. 욕심이 많아 보여서는 안 되며 경쟁적인 사람으로 보여서도 안 된다. 어디까지나 호의를 살 수 있는 범위에서 자신을 재현하면서도 탁월한 능력을 가졌음을 적극적으로 드러내야 하는 것이다.

쇼잉은 말이나 행동을 통해 자신의 평판과 이미지를 구축하는 적극적 노력이다. 여전히 남성들은 그들끼리의 술자리와 '담배 타임'을 함께하면서 힘든 이야기를 나눈다. 이렇게 만들어지는 남성들 간 네트워크는 이들에게 일종의 지지와 안전을 제공한다. 이런 종류의 견고한 남성 네트워크가 있을 때 남성들에게는 특별한 형태의 추가적 노력이 필요하지 않다. 하지만 여성들은 이 바깥에서 쇼잉의 기술을 스스로 만들어나가고 있다. 금융계에 종사하는 30대 중반 여성 하은 씨는 쇼잉의 목적을 "일 잘하는 사람이라는 평판을 쌓는 것"으로 이해하고 있다.

> 윗사람들과 네트워크를 쌓고 그걸 바탕으로 내가 좀 더 잘했을 때 훨씬 더 잘한 것처럼 받아들여지고, 내가 좀 못했을 때는 '아 그래도 쟤는 잘하는 애잖아' 하는 평판을 얻으려고 하죠. 순익을 많이 내고 (돈을) 벌었을 때는 아무 상관이 없어요. 깨졌을 때(손실을 냈을 때) 잘리지 않게 하는 것이 정치력이지요.

그런데 이렇게 말하는 하은 씨는 같은 직종 남성들이 회사에 큰 손해를 입혔을 때 해고된 사례를 보지 못했다고 한다. 하지만 여성이 이런 직종에 있으면 그를 보호하고 방어해줄 존재가 없기 때문에 같은 대우를 받기 어렵다는 것을 "안다"고 했다. 여성의 성취가 저평가되는 환경에서 저성취, 실수, 손실은 해고나 계약 해지를 의미한다. 그에게 쇼잉은 언제든 올 수 있는 해고나 계약 해지를 막기 위해 필요한 수행성이다.


## 회사에서 배우는 것

30대 사무직 여성 수화 씨는 최근에 이직했다. 그는 지난 1년간 새로운 직장에서 느낀 감정을 "텃세와의 싸움"으로 표현했다.

> 누가 새로 들어왔을 때의 절차 같은 거 있잖아요. '한번 내 식대로 굴려봐야 애가 내 사람 된다' 이런 거요. 약간 헷갈릴 정도로 상사가 너무 사람을 진 빠지게 하는 거예요. 반대를 위한 반대, 뭔가 '꼬장'을 한 번 부려줘야 된다는 생각이 있나 봐요. "일 처리를 그런 식으로 하면 어떡해" 하면서 다른 사람들 앞에서 몇 번 소리 지르셨거든요. 근데 당하면서도 의아하긴 해요. 저는 회사에서 울거나

이랬던 적은 없는데, 제 주변에는 그런 친구들이
굉장히 많거든요. 화장실 가서 울고, 밥 먹은 거
토하고. 이런 괴롭힘 때문에요.

조직에는 신입 혹은 이직자에게 수행되는 의례화된
'길들이기'가 존재한다. 이런 길들이기의 목표는 고분고분한
직장 자아를 만들어내는 것이다. 빨리 '자기 밑'으로
들어오라는 압박이기도 하다. 일 잘한다는 평판을 듣는
여성들은 일터에서 적극적인 영입의 대상이다. 하지만
이들을 부리기 좋은, 따지고 들지 않는 존재로 만들기 위해
초장에 이들을 '잡는' 의도적 괴롭힘이 존재한다.

　　　기업과 사회는 가족주의 이데올로기를 충실히
따르는 여성을 무척 선호한다. 이때 여성에게 화목하고
유복한 모부가 있는지 여부와 남자친구, 결혼 상대 같은
'미래의 후견인'이 있는지를 중요하게 여긴다. 아니면
일터-집만을 오가는 여성을 선호한다. 너무 많은 이동성,
호기심, 사회적 관계를 가진 듯한 여성에게 의혹을 품는
것이다. 한 여성은 "역량 강화하라고 말은 하지만, 어떤
프로그램을 배우거나 대학원에 다니는 것에 대해서는
부정적"이더라고 관련 경험을 털어놓았다. 이들 여성은
그러한 기업의 선호에 따라 적재적소에서 쇼잉해야 한다.
무엇이든 해낼 수 있다는 야망과 탁월함을 갖되 이것을

과시하기보다는 '눈치껏' 적당한 순간에 보여주어야 한다. 구직 시기 이력서에 페미니즘 관련 활동 경험이나 자격증은 당연히 지우고, 존경하는 인물에는 저기 먼 곳의 백인을 등장시킨다. 자기소개서에는 '늘 화목한 부모님'의 '정직과 성실'이라는 가르침이 삶의 원동력이라고 쓴다.

　　　　일터의 변화는 특정 방식으로 쇼잉하는 사람만이 살아남는 환경을 만들고 있다. 정규직이 다수였던 과거의 일터에서는 상급자와 하급자가 오랜 시간 함께 일했다. 기업에서 제공하는 연공서열과 남성 동성집단의 응집력은 일사불란한 상명하복을 통해 과업을 완수했다. 이건 없는 집행을 효율성이라 불렀고, 기업은 남성 중심 가치라는 동질성을 주축으로 다양성을 배제했다. 일터에 진입한 여성은 명예 남성처럼 행동했고 자신의 생각을 드러내지 않아야 했다. 상급자와 하급자는 일터에서 그리고 퇴근 이후의 술자리에서 많은 시간을 함께 보냈다. 상급자는 하급자의 헌신과 충성을 이끌어내기 위해 '형처럼' 훈계하거나 호의를 베풀면서 포섭을 도모했다. 하급자가 접근하기 어려운 정보를 제공하고 미래에 올 보상을 암시함으로써 운명공동체적 감정을 구성해갔다. 사람들은 복종을 통해서 보상을 받았다.

　　　　한편 신자유주의적 일터는 '시간 압박'의 원리로 노동자를 통제하고 훈육한다. 소수의 정규직 노동자에게 과제를 부여하고, 빠른 시간 내에 눈에 보이는 성과를 재촉하는 시스템이다. 정규직 팀장이나 부장은 일견 막강한 지휘권을 보장받는 듯 보이지만 이들 또한 시간 압박과 성과 증명 요구에서 자유롭지 않다. 쇼잉 압력에 시달리고 있는 비정규직, 계약직, 신입 정규직 여성들은 이러한 일터를 목격한다. "부장이 팀장을 압박하면 팀장, 과장이 대리를, 대리가 우리를 쪼아요." 그리고 촉박하게 성과를 내야 한다는 압박 속에서 이루어지는 길들이기 의례가 너무 괴롭기 때문에 여성들은 이 시간을 단축시키려 다양한 방식으로 쇼잉한다. 한 여성은 회사에서 배운 것이 직급 높은 상사에게 "점심 드셔야지요"라고 말 건네는 타이밍 잡는 법이라 말했다. 외부 회의 등으로 늘 팀원들과 식사를 같이하지는 않는 상사가 점심 약속이 없는 것을 재빨리 알아차려 그가 말 꺼내기 전에 함께 식사하자 권하는 것은 밥 친구 역할을 함으로써 관계를 만드는 가장 효과적인 쇼잉이라는 것이다. 이렇듯 쇼잉의 범위는 업무 능력의 증명을 넘어 한없이 넓어질 수 있다. 내가 인터뷰한 여성들 상당수는 입을 모아 말했다. "일은 재밌는데 인간관계가 힘듭니다."

"여기는 여성들이 일하기 좋은 직장이에요."

"여자라고 특별 대우 기대하지 마라."

"네가 군대를 안 갔다 와서 잘 모를 수 있는데……."

"페디큐어를 안 했다며 예의 없다고……."

현대 한국의 기업에서 여전히 '여성성'은 변별적 기호다. 이 같은 말이 듣기 싫어서 '무성적 노동자'가 되려 애써도 소용이 없다. 여성들은 끊임없이 그가 여자임을 상기당한다. 일터는 여성 노동자가 여성임을 지속적으로 환기하며 이곳에서 성별 차이가 어떤 질서와 위계를 구성한다는 사실을 일깨운다. 좋은 직장인과 노동자의 표상은 남성이다. 비공식적·일상적 직장 문화는 물론 인사, 근태, 성과 평가 등 공식적 척도에서도 젠더는 중요한 지표다.

동시대의 20-40대 여성들은 성공에 대한 열망이 크며 능력주의에 대한 믿음도 강하다. 이들은 가시화된 성과가 자신을 구제하리라고 굳게 믿으며 직장에 나간다. 어떤 여성들은 성차별을 낡은 패러다임으로 여기고 능력주의를 실존 혹은 도래할 미래라고 인식한다. 하지만 그렇게 인식하는 여성들도 일터의 어디서고 느닷없이 등장하는 '여성성 지표'에서 자유롭지 못하다. 수많은 일터 여성의 경험이 직장에서 애써 억누르거나 적절히 다스려온 '여성성' 혹은 그저 여자라는 사실 자체가 승진이나 업무 평가, 배제와 따돌림, 해고의 기준이었음을 증언한다.

『남자에겐 보이지 않아』의 저자 박선화는 직장 생활에서 힘든 일로 "사회적으로 규정하는 여성성을 어느 정도로 조절해야 하는지 고민하는 일"을 꼽았다.[2] 분명 자신의 의식, 감정, 몸, 능력의 실체인 여성성을 그는 직장에서 마치 분리된 대상물인 듯 '버겁게' 느낀다. 여성성은 분명 인격의 일부이지만 그것 하나로 본질화되어서는 안 될 어떤 자질이다. 오직 생물학적 여성이라는 사실 때문에 특정 행동과 감정을 요구받을 때 여성성은 벗어나야 할 낙인이 된다. 여성성은 상황에 맞게 통제되거나 발휘되어야 할 어떤 것, '매력'을 위해 적절하게 증감되어야 할 것, '능력'과 반대되는 위치에서 평가되는 어떤 것이다. 남성들이 자신의 남성성을 고민하는 수준에 비해 여성은 여성성이라는 상징과 평생 과도하게 씨름해야 한다.

많은 일하는 여성이 여전히 남성 중심적인 일터에서 어떻게 입고, 무엇을 먹고, 어떤 표정을 짓고, 어떤 대화를 하는 것이 여성스러운지 혹은 여성스럽지 못한지를 고민한다. 어느 정도의 여성성 요구를 수용 혹은 거스르면서 자신을 재현할 것인가가 중요한 화두일 뿐 아니라 일터에서의 생존을 결정하기도 한다.

여성의 '쇼잉'은 화법의 문제와도 직결된다. 특히 점점 자신의 말이 자신의 능력을 증명하는 수단이라는 인식이 확장되면서 현대 여성들은 말을 통해 영향력을 끼치는 일에 몰두해 있다. SNS에서 여성들이 '자신에 대해 말하기'를 멈추지 않는 것도 같은 맥락이다. 하지만 일터는 이런 자유로운 말하기가 금지된 장소다. 더구나 여성에게는 말투와 태도와 화술에 대한 요구 기준이 훨씬 엄격하다. 여성이 확신 있는 어조로 말하면 '건방지다고 딱딱하다'고 여겨지고 온화하게 말하면 '자신감 없다'는 말을 들을 수 있다. 수많은 언어, 비언어 뉘앙스를 유념하며 여성들은 집요한 성적 농담과 모욕이 난무하는 거친 언어 세계에서 생존과 대항, 성공의 화법을 구성해간다.

실제로 무언가 신념이나 자신감이 없어 보이는 말하기를 두고 '여자처럼 말한다'고 규정하고 문장을 제대로 마무리하지 못하는 것을 종종 '여성 화법'이라 칭한다. 실상은 개개인이 특성에 따라 다양한 말투를 지니며 누구와 어떤 관계에서 어떤 대화를 하느냐에 어조가 변한다는 것을 알고 있음에도 강력한 편견이 존재하는 것이다. '군대 말투'라 불리며 대표적 남성 화법으로 여겨지는 '다나까체'가 발화 내용에 대한 확신에서 비롯될까? 물론 아니다. 우선 이는 관계에서의 복종을 약속하는 약자의 화법이다. 자신감, 확신, 의지를 보여주는 방법으로 다나까체를 사용하라고 조언하는 여성 리더십 프로그램이 있다. 실제 살아 있는 여성들이 행사하는 다양한 화법을 보지 않고 여성과 여성성에 부착된 오랜 편견을 전제로 제시하는 이런 매뉴얼은 일터의 여성을 유약하고 생각 없는 존재로서 유아화한다. 실제 내가 일터와 외부 회의 환경에서 목격해온 사실은 그나마 여성만이 직설적으로, 요점에 빨리 도달하는 방식의 말하기를 한다는 점이다. 남성들은 화제를, 의도를, 결론을 빙빙 돌리며 자기 책임을 모면하고자 하는 화법을 구사한다. 그 때문에 결국 '명쾌한' 여성이 실무를 도맡는 형국이 실제로 만들어진다. 이것이 현실이다. 이는 어떻게든 능력을 증명해야 하는 개인과 주어진 명예는 지키되 일을 회피하는 개인의 차이다.

그럼에도 여자의 화법과 태도에 대한 불합리한 색안경이 건재한 일터에서 여성들은 동료나 상관의 비위를 거스르지 않으면서 자신을 능력 있는 존재로 보이기 위해 늘 전전긍긍한다. 『출근길의 주문』의 저자 이다혜는 일터의 여성들이 '여자어로서의 쿠션어'를 쓰지 않는 노력을 해야 한다고 말한다. '쿠션어'란 복잡하게 에두른 의사 표현을 의미한다. 여성이 직설적으로 얘기하면 건방지다는 말을 듣는다. 여성은 너무 도전적이어도 안 되고, 너무 솔직해도 안 된다. 원하는 것을 원하지 않는 척하면서도 원한다는 사실을 넌지시 말해야 한다.[3] 저자는 쿠션어를 쓰면 아무것도 관철되지 않는다는 점을 강조한다. 일터에서

에두른 의사 표현을 하면서 자신의 의사가 관철되기를 기대해서는 안 된다는 것이다. 그는 여성들에게 쿠션어를 쓰지 말고 동시에 다른 여성이 쿠션어를 쓰지 않을 때 거북해하기를 그만두어야 한다고 조언하기도 한다. 한때 조직에서 힘과 권위를 얻는 방법에 대한 수많은 연구가 '여성적 화법을 쓰지 말라'고 충고하기도 했다. 이때 여성적 화법이란 말하는 대상의 감정을 파악하기 위해 경청하는, 관계적이고 협동적인 대화 방식이다. 연구는 이것을 약자의 발화 방식이라 정의했다. 그런데 이런 화법은 최근 '성공적 고객 관리 화법'으로 각광받고 있다. 서비스 경제가 급격히 확장되면서 사람의 감정이나 의구심을 이해하고 공감하며 안정감을 주는 소위 '여성 화법'이 단순히 약자 화법이 아닌 노련한 전문가의 화법으로 탈바꿈하고 있는 것이다. 이에 따라 지금은 남성들도 과거에 여성 화법이라 멸시받던 방식으로 말하고 돈을 번다. 남성들은 그러한 화술로써 소득을 높이고 직업 환경에서 생산과 효율을 증진시킨다. 전통적으로 여성 화법이라 여겨지던 것을 일터의 남성들이 채택했을 때 그들은 약자가 되었을까? 남성들은 뛰어난 의사소통 능력을 지닌 전문가로 여겨진다.

    뉴질랜드의 화이트칼라 전문직 여성을 대상으로 한 과거의 한 연구는 일터의 여성에 대한 관습화된 전형이 더 이상 작동하지 않는다는 점을 보여준다.[4] 이 연구는 여성성이 직장 내 상호 작용에 있어 부정적이기보다는 긍정적인 요소이고, 여성적 화법은 갈등보다는 협상을 이끌어낸다는 점을 드러냈다. 일터에서 여성들이 항상 낮은 위치나 권력 없는 상황에 있지는 않다. 이들 또한 직장에서 전문가로 자신의 정체성을 세우기 위해 누군가를 지원하고 지시를 내리고 비판을 하며, 동의를 표하지 않거나 괴롭힘을 목적으로 승인을 유보하기도 했다. 이들은 자아를 돋보이게 하기 위한 신중한 언어와 행동을 선택함으로써 젠더를 수행한다. 해당 연구에서는 흔히 생각하는 것과 달리 여성들이 광범위한 담론 전략에 능숙하다는 점을 강조한다. 또한 여성들이 자신의 전문가적 정체성에 안전함을 느끼게 되면 스스로가 여성이라는 사실에 개의치 않거나, 그렇다고 마치 성별 차이가 없는 것처럼 행동할 필요를 굳이 느끼지 않는다는 점을 발견했다. 여자처럼 말하지 않는 것이 아니라 남자들처럼 말할 필요가 없어진다는 얘기다. 이 여성들은 어떤 '여성성'을 억제하거나 과잉으로 재현할 필요가 없어진다. 신자유주의 일터에서 모든 개인은 협동적이고 복종적인 주체가 되어야 함과 동시에 자신의 탁월성과 성취를 강조하는 말하기를 할 수 있어야 한다. 이곳에서 여성들은 과시와 겸손 사이에 줄타기를 하며 생존하고 있다.

# 8장

# 일하는 여성의 네트워킹

> 직장에 비슷한 경력의 30대 초반 여성들이
> 자기들끼리 낄낄거리고 칭찬하고 어울려 다녀요.
> 그렇게 일을 잘하는 편도 아닌데 '너처럼 ○○
> 잘하는 사람이 어디 있냐' 이렇게 치켜세워주거나,
> 옷 잘 입는다, 감각 있다 이런 칭찬을 하는데 조용히
> 그러는 게 아니라 다 들으라는 듯 크게 말하고
> 깔깔거려요.

40대 중반 전문직 여성 흐름 씨는 같은 직장 30대 여성
후배들의 위와 같은 행동을 '부둥부둥' '쓰담쓰담' 문화라
표현한다. 후배들이 업무 공간 안에서 서로 칭찬하며 그들 간
친목을 과시한다는 것이다. 흐름 씨는 이런 끼리끼리 문화가

낯설다고 말했다. 그의 눈에 이들은 "너무 낙천적"이고 "프로 의식이 없"어 보인다. 무엇보다 흐름 씨는 후배들이 직장에서 서로를 과하게 띄워주는 문화를 이해하기 어렵다고 말했다.

　　흥미로운 것은 이런 비슷한 애기를 하는 여성들이 꽤 있다는 점이다. 나는 종종 인터뷰 혹은 비공식적 대화 중 50대 여성이 30대 여성 후배들을, 30대 여성이 20대 여성 후배들을 묘사하는 방식에서 비슷한 관점을 보았다. 한 30대 여성은 같은 직장의 20대 신입 여성 세 명이 회의 도중 서로 얼굴을 쳐다보며 웃거나, 일하다가 노골적으로 그들끼리 박장대소하는 등의 행동이 매우 당황스럽다고 말했다. 그는 직장에서 공적 자아를 수행하며, 특별하게 좋은 감정이나 사적 관계를 나눌 동료를 기대하지 않는다. 일터에서 감정을 조절하는 일이 익숙하며 또한 그런 태도가 스스로의 책임감과 능력을 인정받는 데 기여했다고 믿는 그에게 자신과 불과 대여섯 살 차이인 후배들 모습이 매우 신기하다는 것이다. 친한 동료와 "가끔 윗사람 욕할 때 뭉치지만 직장 밖에서는 따로 만나지 않는" 그와 달리 후배들은 직장 밖에서도 함께 놀러 다니고 친하게 지내며 그러한 친교를 일터에서도 전시한다.

　　특정 세대에 국한되지 않고 나타나는 이런 회사 안 작은 네트워크는 'OO년대생'의 특징이라기보다는 조직에서 낮은 위치에 있는 여성들이 만들어내는 문화로 보인다.

그리고 직장 내에서 이런 작은 그룹을 만드는 여성들의 이야기는 항상 부정적으로 평가되어왔다. 이 장에서는 왜 하위 직급 여성들이 이런 '인싸•하기'를 수행하는지 살펴보겠다.

## 인정 욕구와 위험 관리

비정규직으로 일하는 여성들은 비정규직과 정규직의 격차를 다음과 같은 몇 가지 용어로 표현했다.

> 몰인격적 대우, 복지 부재, 인트라넷 접근 불가,
> 급작스러운 해고 통지, 거짓 미끼('정규직 시켜준다')를
> 내건 착취, 과도한 경쟁, 유령 인간

비정규직이나 계약직으로 2-3년 일하다 보면 어느 날 "구정물에 담궈졌다 올라와서 물이 뚝뚝 떨어지는 느낌"을 갖는 자신을 발견한다고 한다. 늘 작은 시시비비에 기분이 상하고, 뼈가 담긴 비아냥이나 조롱에 상처를 받게 된다는 것이다. 무엇보다 자신의 불안정한 지위 때문에 늘 마음이 불안하다. 중소 IT 기업의 신입 사원으로 들어갔던 한 20대

---

• 인사이더(insider)의 줄임말. 그룹
  내에서 사람들과 적극적으로
  어울리는 사람

비정규직 여성은 일을 가르쳐주는 사람이 한 명도 없었던
경험을 이야기했다. 요즘은 사수가 아예 없는 상태에서
일터에 진입하자마자 즉시 일 처리를 할 줄 알아야 한다. 작은
기업이나 스타트업에서는 상황이 더 안 좋은 경우가 많다.
들어가자마자 혼자 마케팅이며 디자인까지 다 맡기도 한다.
채용 즉시 모든 일을 '알아서 처리'하도록 배치된다. 혼자
커야 하는 것이다. 사수나 조력자 없이 바로 일터에 던져지는
여성들은 무엇보다 극심한 불안을 호소한다. 처음 해보는
일임에도 잘 해내야 한다는 압박이 크다. 만일의 상황에 대해
배움을 청하고 평가나 질책 없이 도움을 주고받을 수 있는
비슷한 직급의 동료가 절실하다.

> 뭔가 일을 하다가 어려움이 생기면 동료들한테
> 도움 요청을 할 거 아니에요. 그래서 유대를
> 만들어놔야 해요. 대학 때 아르바이트를 했는데
> 혼자 일했거든요. 그때도 뒤 타임에 오는 사람,
> 주말에 오는 사람들과 관계를 맺어놓는 게 굉장히
> 중요해요. 제가 사정이 있어서 못 나오게 되면
> 누군가에게 부탁할 수 있어야 하잖아요.

업무 긴장과 불안이 크고 보장된 권리가 적을수록 맡은
일을 해내려면 싫은 소리 안 하고 도와줄 동료가 반드시

필요하다. 이런 면에서 특히 비슷한 처지의 여성들끼리
친밀감을 구성하는 일은 안전한 느낌과 소속감을 준다.
현대의 일터에는 오래 함께 일하는 동료가 부재하고 갈등이
잦다. 서로 업무 신뢰를 쌓을 시간이 허락되지 않는 상황이다.
불안정한 지위의 여성들이 빠르게 안전한 네트워크에
참여하는 것은 생존과 커리어 개발에도 중요한 요소가 된다.

　　"늘 평가당하는 것 같은" 불안을 겪는 이들에게
친밀감을 주는 '인싸 공동체'는 인정의 부재를 서로의 격려나
칭찬으로 상쇄하는 기능을 한다. 또한 위계 없는 동료의
존재는 상사나 업무 상대자로부터 부당한 대우를 당할 때
자신이 당한 부당함을 객관화시켜줄 수 있다.


　　　　몇 명을 설정해놓고, 그 사람에 대한 좋은 감정들을
　　　　이야기하는 거죠. '저 사람이랑 같이 일해봤는데
　　　　되게 착하고 인사도 잘한다' 이렇게요. 저희끼리
　　　　'어떤 사람이 좋은 사람이다' '친해지고 싶다' 이런
　　　　이야기를 많이 해요. 같이 일해보니까 좋더라,
　　　　아니더라 하면서요. 뭔가 관계를 만들려면 그냥
　　　　그런 얘기들을 해야 한다고 생각하는 것 같아요.
　　　　누구랑 친하고, 누구랑 어떤 이야기도 해봤고……
　　　　이런 것들을 서로 소비해야 되는 거죠.

이렇게 맺어진 관계는 일터의 수직적 위계에서 오는 피로감을 해소해준다. 권위에 저항하는 일이 불가능하고 나아가 매우 위험할 수 있는 구조에서 비슷한 직급, 나이의 여성들과 적극적으로 친밀성을 높임으로써 관계에 대한 욕구를 충족하는 것이다.

이 같은 모임은 '저격 문화'가 익숙한 사회 환경에서 태동한다. 삶이 불안정할수록 모든 개인은 자신의 몸, 정서, 돈, 시간을 꼼꼼히 관리해야 한다는 거대한 압박에 시달린다. 젊은 여성들은 특히 위험 관리에 민감하다. 따돌림 위험, 교제폭력이나 범죄 위험 등을 피하는 것도 중요한 자기관리가 되었다. 성적 관리, 자격증, 외국어 능력, 교환학생 및 인턴 경험 등 흔히 스펙 마련에 필요한 이런 '능력'에 '위험 관리 능력'이 더해졌다. 이들이 꼽는 '3대 위험'은 ①불법촬영 ②지인합성(SNS에 올린 본인 사진을 도용당하는 것) ③카톡방(뒷말과 험담, 다른 이가 자신의 외모, 성관계 등에 관해 이야기하는)이다. 많은 여성이 어린 나이부터 가장 가까운 친구, 동아리 멤버, 헤어진 남자친구의 표적이 된 경험이 있다고 말한다. 디지털 네이티브로 자란 20-30대 여성들은 지인들로부터 배제되고 낙인찍힌 경험이 있거나 그러한 일을 목격한 적이 있다. 자신이 한 사소한 말, 행동이나 감정 표현이 부정적으로 해석되어 공개 저격을 당하고 '사회악'처럼 회자된 적이 있거나, 친구가 그런 일을 당하는 것을 가까이서 보았거나, 선동에 참여해본 이들이다. 이 모든 경험은 심리적 트라우마를 남기며 안전한 환경에 대한 열망을 강화한다. 여성들은 이러한 저격의 잠재적 위험을 피하기 위해 인싸 공동체를 만드는 것이다.

누구나 저격당할 수 있다는 두려움은 심리적 방어 기제를 형성한다. 특히 무분별한 혐오발화가 여성을 향하는 경우 공격은 성적인 형태가 되기 쉽다. 그가 얼마나 성실했든 어떤 사람이든 어떤 능력을 갖고 있든, 하루아침에 그냥 '○○녀'가 되어 조롱받을 수 있다. 20-30대 여성들은 이런 위험에 민감하고, 때문에 조직 내에서 서로를 지지해줄 작은 그룹을 필요로 한다. 동시에 이 소그룹에서 배제되어서는 안 된다는 두려움도 강하다. 이들이 일터라는 낯선 공간에서 형성하는 소집단은 여성들이 평생에 걸쳐 수행하는 능력 관리의 일부가 되고 있는 것이다.

## 회사 밖의 안전망

이러한 유형의 공동체는 일터 내부에서뿐 아니라 각종 네크워크 파티, 신입 모임, 중간관리자 모임 등을 통해 일터 밖에서도 활성화된다. 긱 경제[5]의 대표적 관행은 노동 유연화다. 현대의 일터는 점차 임시직 노동자로 채워지고 이들은 프로젝트가 끝나면 다시 뿔뿔이 헤어진다. 과거 IT나 벤처 기업 남성들의 네트워킹처럼 시작한 이른바 '인싸 모임'이 현재는 동종 및 유사 직업군 종사자 간 느슨한 네트워크로 발전하고 있다. 온라인에서 모인 낯선 사람들이 오프라인 만남을 하며 일터 밖에서 기능적 연대체를 형성하는 이런 모임은 출판, 영화, 디자인, 마케팅, 교육산업, IT 분야 등의 구직자나 종사자들 사이에서 급속히 확산 중이다.

내가 인터뷰한 여성들 가운데는 조직 내에서 모임을 꾸리는 사람도 있지만, 일터 밖에서 이루어지는 혼성 모임에 참석하는 이도 많았다. "디자이너나 개발자들이 온라인에 써놓은 글을 읽다 보면 '어, 나와 비슷하게 일하네'라는 생각이 들고, 만나고 싶어져서 모임을 갖는" 식이다. 이런 일터 밖 작은 모임을 통해 여성들은 분야의 최신 정보를 듣고, "이 바닥에서 롤 모델이 되는" 사람을 만나 교류하게 된다. 일터 밖 업계 인맥 만들기와 정보 교환은 임시직 비율이 높고 노동 유연화의 영향을 더 많이 받는 여성들에게 생존 전략이 되고 있다. 새로운 프로젝트가 생기면 모임 안의 사람들과 연락해서 일정을 확인하고 보수를 흥정해서 짧게는 몇 주, 길게는 몇 달 동안의 작업을 함께 수행하기도 한다.

이런 일터 밖 모임은 '3년 차 이하 신입' '업계 막내

모임'‘주니어 모임’ 같은 형태로 존재한다. 이들 모임은
정보 교환 외에도 일자리를 소개해주는 등 여러 불안정성에
대비하는 기능을 갖는다. 이런 그룹에 속하는 일은
여흥이라기보다는 생존과 직결된 문제이며, 각 일터에서
개개인이 감당하기 어려운 불안정성을 공동으로 해결하려는
움직임이다. 때문에 이들은 섣부르게 학연, 지연, 위계 등을
내세우지 않으며 평등을 지향하고자 한다. 또한 동종 분야
전문가를 불러 강연이나 토크쇼 등을 기획하면서도 전문가의
평판이나 전문성에 전적으로 의존하지 않는 경향을 보인다.

한편 이런 모임은 상황과 처지가 비슷한
사람들끼리만 공유되는 독특한 경험과 인식이 존재한다고
믿기 때문에 배타적이 될 위험이 항상 있다. 평등을 지향하는
구성원들은 위계화 등을 막고자 이질적 요소의 개입에
매우 민감하게 반응하기도 한다. 그럼에도 이 같은 모임은
직장에서 얻을 수 없는 조언과 관계를 제공하며 여성들은
이를 통해 불안정한 노동 상황을 이겨내고자 한다. ‘스타트업
여성들의 일과 삶’ SWIK의 김지영(실명) 대표는 스타트업
업계 여성 모임이 ‘일터 밖 멘토링’ 역할을 한다고 강조한다.
직장 내에서 여성 동료나 롤 모델을 발견하기 어려운
주니어 여성들에게 연결과 연대의 자원을 제공하는 것이
주목적이다. 평가나 위계 없이 업무를 배울 수 있는 일터 밖
네트워크에서는 일에 대한 고민을 솔직하게 털어놓고 나눌

수 있다. 많은 여성이 자신의 어려움을 듣고 공감해주는
존재가 있다는 것만으로도 위로를 얻는다.

　　　　일본의 전문직 매니저 여성들의 와인 클럽을
연구한 호는 여성들이 동료 남성들과의 술자리보다 회사
밖의 여성들과의 술자리 모임에 참여하는 이유를 분석했다.[6]
이들은 경쟁하는 회사 내부 사람들이 아니라 비슷한 직종의
다른 조직 여성들과 친밀성을 쌓는다. 와인 클럽 여성들은
나이 차이가 있더라도 절대 언니, 동생 같은 지칭을 사용하지
않으며 연봉 차이가 있어도, 술을 마신 양이 달라도, 똑같이
1/n의 몫을 지불한다. 이들은 날짜를 정해놓고 만나지는
않지만 정기적으로 모이고, 주중에 즉흥적으로, 일이 끝난 후
늦은 시간에 만나기도 한다. 상대적으로 높은 커리어를 가진
여성들의 이런 작은 네트워크는 지위가 올라갈수록 회사
내에서 불안정해지는 이들의 상황과도 관련이 있다. 이들
여성은 고액의 연봉을 받지만 그만큼 이직을 통한 상승 이동
가능성이 제한적이다. 일터에 계속 남아 있기 위해 글로벌
컨설팅 회사 등 주로 외국계 회사 정보를 교환하고, 이직
전략을 나눈다.

## 고립될까, 연결될까

한편 조직 내 '인싸 모임'이 있다면 여기에서 배제되는 여성도 존재한다. 직장 안 여성 후배들을 관찰해온 한 30대 여성은 "이런 데 끼지 못하는 후배가 꼭 한두 명은 있다"고 말한다. 이들은 대개 여성 동료들과의 친목 모임뿐 아니라 회식 등도 내켜 하지 않으며 말수가 적고 일만 열심히 하는 경우가 많다고 한다. 동료들과 관계 맺기 전반에 흥미가 없으며 자연히 비슷한 직급 여성들의 모임에도 참여하지 않는다. 한 20대 여성은 스스로에 대해 원래 "남과 잘 어울리지 못하는 성격"이고 "무엇보다 회사 사람들과는 친하게 지내고 싶은 마음이 없다"고 이야기했다. 주어진 일에 에너지를 투입할 뿐 동료들과 물건이나 드라마나 음식 취향 같은 것을 공유할 시간과 의지가 없으며, 굳이 '친해지기' 위해 여성 동료와 얘기하고 차 마시는 것이 "피곤하다"고 그는 말한다. 수직적 위계 관계든 수평적 동료 관계든, 사람에게 감정노동을 해야 하는 사실 자체가 피곤하다는 것이다. 한편 이렇게 자발적 비참여를 선호하는 여성도 있지만 인싸 그룹에 의해 배제되는 여성도 존재한다. 한 여성은 자신이 "서울 출신이 아니고 꾸미는 타입이 아니라서" 여성 또래들과 잘 어울리지 못한다고 말했다.

　　사무직 여성 현희 씨는 후배 여성들이 서로 '우쭈쭈'

해주며 기를 세워주는 모습을 보면 "억울한" 생각이 든다고
한다. 다들 바쁜 때에 '남자친구 만난다'며 칼퇴근을 하는
것도 그에게는 상상할 수 없던 일이었다는 것이다. '회사가
내 사적인 행복을 깰 수 없다'는 태도로 일하는 20대 신입
여성들에게 "남성 동료들은 매우 관대한 태도를 보인다"고
현희 씨는 말했다. 자신은 뭘 위해 몸이 부서져라 일했는가
회의감이 들 때도 있다고 한다. 무엇보다 후배 여성들이
조직 내에서 만드는 특정 형태의 친목을 지켜보는 여성
상급자들은 이들의 옷차림, 과도한 감정 표현, 몰려다니기
등이 씁쓸하기도 하다. 그들이 이제까지 조직 안에서 애써
'우리를 여자로 보지 말라'라며 구축해온 '여성 직장인'의
모습에 "찬물을 끼얹은 격"이기 때문이다. 상대적으로 나이
어린 여성들이 '여성성을 전시'하며 일터를 친목 장소로
만든다는 비판을 하기도 한다. 이들은 서로 옷차림을
칭찬해주고 남자친구 이야기를 끊임없이 대화에 끌어들이는
후배들의 행동이 직장에서 전문성을 평가받고 성장하는
데 유리한 요소가 아니라고 믿는다. 명랑한 웃음과 맹랑한
말투는 직장에서 유능함으로 인식되는 화법이 아니므로
그들을 저평가하게 만들 뿐 아니라, 애초에 가볍고 진지하지
못한 '소녀 같은 모습'이라고 걱정하기도 한다.

　　　문제는 이러한 평가 대상이 된 젊은 여성들의
의식 세계가 보이는 것만큼 단순하지 않다는 것이다. 앞서

언급했듯 상급자 여성의 눈에 '걱정스럽게' 비치기도 하는 이들의 여러 행동과 친목은 '수행성'의 차원에서 이뤄지는 경우가 많다. 이들은 노동 불안정성과 관계의 위험성을 인식하며 사회화되었다. 이 때문에 맥락과 상황에 따라 이중삼중의 자아를 연출할 만큼 유연한 정체성을 갖춰야 했다. 오히려 감각적으로나 논리적으로는 시니어 여성보다 더 성차별에 저항감이 크고 급진 페미니즘에 동의하는 이도 많다. 자신이 입고 싶은 옷을 입고 남이 듣고 싶은 말을 들려주면서 남성 중심 조직에서 괴롭힘당하지 않고 '통과되는 것' 또한 전략적 실천이라고 보는 이들도 있다. 또 어떤 이들은 비슷한 감정을 공유하는 다른 여성들과 인정과 칭찬을 교환하면서 나름의 '여성 연대'를 실천한다고 믿는다. 이런 수행성은 자신의 의식, 감정, 시간 전체를 일터에 저당 잡힌 것처럼 일하면서 조직 안에서 인정을 구해온 시니어 여성들과는 완전히 구별되는 전략이다.

　　　　이런 구분은 남성 중심적 조직에서 기존의 여성에게 주어진 역할이 너무 제한적이었음을 방증한다. 여성들은 여성에게 주어진 희소한 자리를 두고 경쟁해야 했고 '여성의 적은 여성' 혹은 '명예 남성' 같은 부정적 낙인에 시달려야 했다. 페미니즘 담론에 익숙한 20-30대 여성은 오히려 일터 안과 밖에서 여성 연대를 수행하려고 노력하는 새로운 주체일 수 있다. 비록 이들의 행위가 소규모 친목처럼 매우

자족적이고 배타적인 형태로 나타나고 있지만 이로써
무엇보다 서로에게 힘주기를 실천하는 것이다.

과거에는 여성 혼자 당하고 조용히 퇴사했을 종류의
일도 이런 인싸 그룹이 존재할 때는 집단적 대응이 가능하다.
일터에서의 직급이 낮음에도 불구하고 이제 여성들은 힘을
합쳐 싸운다. 인트라넷이나 메신저에 "성희롱하지 맙시다.
욕설하지 맙시다" 같은 캠페인을 벌이기도 한다. 이들이 이런
용기를 낼 수 있는 것은 특정 정서를 공유하는 동료 그룹의
적극적인 지지가 있기 때문이다. 회사 안에서 공론화되는
문제들에 적극 동의하고 해석을 달아주면서 이것을 '우리'의
문제로 확산시키는 것도 이들이다. 사내 소규모 친목
그룹이라는 배타성을 어떻게 극복해가면서 조직의 차별과
싸울 수 있느냐가 관건일 것이다.

사무실에서 소위 '남자들이 원하는 역할'을 잘하는
40대 여성이 있어요. 직장 생활을 20년을 했는데
처음부터 비서 일로 시작해서 지금 대리예요.
아침에 오면 팀장님 책상 닦고, 차 세팅해놓고,
싱크대, 탕비실 깨끗이 하고, 사람 오면 인사하고,
모든 전화는 다 당겨 받고, 그런 일을 하세요.
처음에 저도 신입이니까 그런 일을 해야 하나 하고
있는데, 그분이 "나는 이런 식으로 일을 배웠고,
회사에서 내가 하는 역할이고, 이런 걸로 인정을
받아왔다"고 웃으시면서, 저한테는 못 하게 했어요.

일터에는 다양한 여성이 있다. 위의 사례처럼 사무 보조나 비서로 입사해, 무기계약직으로 일하는 시니어 여성도 여전히 많다. 여성들이 일터에 진입하던 초기에 주로 주어졌던 종류의 보조 업무를 하며 자신의 자리를 지킨 여성은 대졸 정규직으로 입사한 20-30대 여성의 불안과 불만을 이해하지 못할 수도 있다. 보조적 업무로 인정을 받아 나이가 들어도 해고되지 않고 자신의 자리를 굳힌 사람은 일터의 특정 분위기들을 견뎌내지 못하고 결국 회사를 떠나는 젊은 여성들을 잘 이해하지 못한다. 젊은 여성들이 일터에 불만이 많고 너무 많은 것을 기대한다고 생각하기도 한다.

한 시니어 여성은 명예 남성이라는 소리를 들으면서 여성에게 허용된 최고의 자리에 올라갔다. 그는 승진 경로를 착실히 밟아 마침내 의사결정권자가 되었다. 이 여성은 스스로를 후배 여성의 귀감이라 생각한다. 그러나 실제로 여성 후배들은 그를 잘 따르지 않는다고 느낀다. "남자 후배들은 말도 잘 듣고 저를 좋아하는 것 같은데, 여자 후배들은 뭔가 소통이 안 된다"고 그는 말한다.

20-30대 여성들은 주변에 멘토가 될 만한 여성이 없다는 말을 자주 한다. 과거에는 여성이 유리천장을 뚫고 대기업의 높은 자리에 오르면 올랐다는 이유만으로 여성들의 멘토로 회자 또는 추앙되었다. 하지만 여성 멘토의 의미 또한 변화하고 있다. 회사에서 살아남는 데 성공한 시니어 여성이 곧 후배 여성들의 롤 모델이 되는 것은 아니라는 얘기다.

페미니즘은 여성 멘토의 조건을 어떻게 바꾸었을까?


## 존경받는 선배가 되고 싶은 사람

페이스북 운영책임자 셰릴 샌드버그의 『린 인』이 한동안
전 세계적으로 인기를 끌었다. 그는 기업 최고위 임원직에
올랐고 모든 여성이 성공을 위한 내부 장벽을 제거하기
위해 스스로 노력해야 한다고 역설했다. 하지만 책에서 그는
여성이 시간, 지혜, 열정을 회사에 쏟으면 지위가 따라온다는
오래된 언명을 반복하고 있다. 자본의 이해관계를 확장하는
데 충실히 복무하여 조직에서 인정받으면 그것을 성공이라
불렀다. 성공은 여성을 '피해자'의 위치에서 벗어날 수 있게
한다. 또한 성공한 여성은 그만큼 차별과 싸웠다는 의미에서
'페미니스트'라고 명명되기도 한다.

　　　하지만 현실은 조금 다르다. '성공'한 여성은 분명
늘어나고 있지만 실제로 많은 여성이 일터에서 본받고 싶은
동료나 선배 여성이 없다고 한다. 한편 남성들은 일터에서
멘토를 찾기보다는 사수나 상관 가운데 '줄을 대야 할' 사람을
알아차린다. 여성들은 단순히 고용 관계나 선후배 이상의
존재, 배울 것이 있고 윤리적으로 영감을 주는 관계를 맺을 수

있는 여성을 찾고 있다. 그러나 여전히 '높은 지위와 보상'을 얻고 있는 여성의 수 자체가 절대적으로 부족하다. 또한 시간 압박과 성과 경쟁에 시달리는 일터에서는 누구라도 주변을 돌볼 겨를이 없다.

일터의 여성들은 점차 서로에게 '섭섭한' 마음을 쌓은 채 헤어지고 있다. 잦은 이직과 해고는 시간이 지나야 깨닫게 되는 관계의 의미를 해석할 시간을 허락하지 않는다. 그런데 인격적 조우가 부재한 일터에서 여성들이 상상하는 멘토의 기준은 상당히 높다. 페미니즘 담론에 익숙한 20-30대의 기대치에 도달한 시니어 여성은 별로 없다. 흥미롭게도 내가 아는 40-60대 전문직 여성들은 "내가 아주 대단한 사람은 아니더라도" 다른 후배 여성에게 멘토로 여겨지기를 절실히 원하거나 적어도 후배 여성을 '돌본다' 혹은 '챙긴다'는 인상을 주고 싶어한다. 여성이 다수인 기업의 한 50대 관리자 여성은 아무리 바빠도 차 마시는 시간을 마련해 직원들과 대화한다. 이 시간을 통해 여성 후배들의 이야기를 경청한다. "신입 때 아무도 일을 가르쳐주지 않아 곤혹스러웠다"는 30대 팀장의 말을 듣고 신입 교육 지원 프로그램을 만들기도 했다. 다른 한 시니어 여성은 여성 후배가 술자리에서 모욕당하지 않도록 '요주의 남성'을 직접 감시한다. 30대이든 50대이든 60대이든, 이들은 자신이 전 세대 여성들과 비교하면 훨씬 덜 권위주의적이며 더 진솔하다고 스스로를 평가한다. 그들은 스스로가 '성 평등 의식이 있는 여성'이라 믿고 있다. 이들은 왜 본받고 싶은 선배로 '승인'되지 못할까?

자주 직장을 옮기는 20-30대 여성들은 분명 낯선 일터에서 자신에게 관심을 가져주는 누군가를 절실히 원한다. 무엇이 적절한 일 처리 방식인가를 알려주거나, 인사를 건네주면서 심리적 안정감을 주는 존재 말이다. 그런데 이들은 직장 내 시니어 여성들이 건네는 말이 '품행 관리' 측면에서만 활발한 것을 불편해한다. 그들의 "시선 자체를 피하고 싶다"고 말하기도 한다. 예를 들어 "너 오늘 예쁜데 그 치마 너무 짧다. 프리젠테이션할 때 그런 거 입는 거 아냐" 같은 말을 듣는다. 물론 조언으로서 충분히 귀담아들을 이야기일 수도 있다. 하지만 매번 시시콜콜한 예의나 외모에 대한 이야기만 하는 여성 선배나 대표 앞에 가면 상당히 주눅이 든다고 한다. 주니어 여성들은 '이런 일을 할 때 내 경험상 이런 난관이 있다, 이런 문제가 생긴다'와 같은 일 얘기를 해주고 어떻게 상황과 맥락에 따라 적절하게 받아치고 행동할지를 알려주는 동료 선배가 필요한 것이지 취향, 의상, 머리 모양, 눈썹 모양, 네일아트 같은 '주의 목록'을 나열하는 사람이 필요한 게 아니라고 말한다. 어머니와 남성들에게 평생 듣는 얘기를 직장에서까지 듣는 것이 지겹다고도 한다. 선희 씨는 "가부장의 대행자" 역할을 하는 시니어 여성을 목격하는 일이 괴롭다고 토로했다.

> 정작 남자 임원은 안 시키는데 이분은 커피 타와라,
> 술 따라드려라 시키세요. 남자들이 입으로는 저렇게
> 점잖은 척하지만 그래도 막상 해주면 좋아한대요.
> '너희 승진 잘되라고 하는 말이다' 하면서요. 자신이
> 올라간 방식을 그대로 강요하는 것 같아요.

선희 씨는 그런 방식으로 눈에 들어 승진이 이뤄져서는 안
된다고 생각한다. 그는 직장 안에서 여성의 취약점과 불리
등을 고려해 이뤄지는 여성 상사의 조언이 다시 편견을
강화한다고 인지하고 그에 반대하는 입장이다.

　　40대 비혼 여성 상사를 둔 30대 사무직 여성 소은
씨는 여성 상사가 말하는 방식과 내용이 남성들과 닮아 있어
불편하다고 말한다.

> 저희 실장님은 가끔 되게 뭘 증명하려고 하는 게
> 느껴질 때가 있어요. 자신에 대해 설명을 너무
> 많이 한다고 할까요? 일 얘기뿐만 아니라, 거래처
> 미팅에서 처음 본 사람들에게 결혼했냐 물으면서
> 본인은 그런 (비혼의) 삶을 선택한 것이고 그래서
> 너무 행복하다, 앞으로 이렇게 살 거다, 일일이

설명해요. 자신이 결혼 안 한 걸 다른 사람들이 혹시 나쁘게 볼까 봐 전전긍긍하는 것 같아요.

소은 씨는 이런 여성 상사를 '남성 화법을 쓰는 사람'이라고 생각한다. 다른 사람이 오해하거나 모를 것 같아서 끊임없이 자기 얘기를 하는 남성 같다는 말이다. 이런 화법은 자신에 대해 말하는 것이 곧 인정받는 행위라고 믿는 사람에게서 자주 나타난다. 틈만 나면 자기의 업적, 일상, 가족, 일, 취향 등을 시시콜콜하게 설명하는 여성 선배나 상사들은 오히려 스트레스를 준다. 결혼 여부, 자녀 및 애인 유무 등 지극히 사적인 상황을 어떻게 언어화하는가도 거리감을 재는 중요한 요소다.

　　　일터는 사회적 공간이고 관계적 자아를 발휘해야 할 장소이므로 신입 구성원들은 계속 그 안에서 자신의 노동자성을 구성해가야 한다. 하지만 20-30대 여성은 시니어 여성의 경험에서 우러난 조언일지라도 여성성과 관련된 충고는 의심스럽게 들린다고 말한다. "남성의 관점"으로 하는 얘기가 그들은 불편하다. 그들은 무엇이 조언이고 무엇이 통제인지를 "구별할 수 있다"고 말한다. 이런 감각은 무엇이 썸이고 무엇이 불쾌한 치근덕거림인지를 분별하는 것만큼 명료하다는 것이다. 이들이 여성 상사에게서 느낀 통제의 욕구는 여성들을 하나의 집단으로 사유하기에 가능할 수 있다. 여성 각자의 다양성, 개별성을 용납하지 않는 조직문화는 동질적인 '여사원' 만들기에 집착해왔다. 종종 신입 여성을 향한 상사의 충고가 '너는 너무 뛴다. 조심해'라는 경고를 조언으로 포장한 것이라 느껴지는 이유다.

세대와 상관없이 쇼잉이나 가짜 친밀성을 지속적으로 연출해야 하는 일터 환경은 사람들의 'TMI'•에 거부감을 갖게 만들기도 한다. 보통 조직에서 높은 지위에 있는 많은 여성은 자신의 업무 성취뿐만 아니라 지극히 사적인 일상, 가십, 취향, 식구들의 직업 등에 이르기까지 너무 많은 말을 하고, 이것이 '털털하고 성격 좋은' 모습인 양 착각한다. 동료 여성을 일방적으로 '자기 얘길 들어주는 존재'로 여기거나 무엇에든 대답할 의무를 가진 사람으로 취급하는 이런 방식의 대화는 "꼰대 남성을 흉내 내는 여성"으로 비추어진다. 그리고 주니어 여성들은 너무 많은 자기 자랑이나 간섭을 일삼는 시니어 여성을, 아무리 그의 업무적 성취가 대단하다 해도, "은밀히 경멸한다"고 말한다. 또한 이들은 자신이 내재화한 성차별적 성향이나 여성에 대한 부정적 동일시를 전혀 문제 삼지 못한 채 후배 여성들의 '멘토'나 '성공한 선배'로 칭송되길 원하는 관리자급 여성 상사에 대해 매우 부정적인 반응을 보였다.

한편 30-40대 여성들은 중간관리자로 혹은 분야의 전문가로 자신을 인식하는 경우가 많은데, 이들은 '끼인

---

• too much information.
  듣기 싫은 과도한 정보

세대'로서의 고충을 토로한다. 하급자, 상급자 모두에게 '가볍고 개방적인 말 걸기가 쉽지 않다'는 것이다. 내 권위도 확보하지 못했는데 양쪽에서 받는 도전과 비난 때문에 분노가 일기도 한다. 자신의 전임자나 상급자들에 비해 나는 얼마나 감수성이 뛰어나고, 말을 조심하고, 예의 바른가를 마음속에 외치지만 "알아봐주는" 후배가 없다. 그는 여성 후배의 옷차림과 말투에 대해 지적이나 충고를 해본 적이 없다. 커피나 복사를 요구해본 적이 없다. 성 역할 고정관념을 없애기 위해 상사의 언어를 몇 번 교정해준 적도 있다. 하지만 자신의 일상적 실천을 알아차리는 존재가 없다. 자신과 같은 '페미니스트 상사'의 출현을 깨닫지 못하는 여성 후배들이 안타깝고 야속하다! 더 큰 문제는 그의 이런 감수성이 윗사람에게는 약점으로 인식된다는 것이다. 그들을 평가하고 승진을 결정하는 데 절대적인 영향력을 행사하는 상사는 이런 '끼인 세대' 여성을 '후배를 잘 다루지 못하는' 중간관리자로 본다. 관리자 직무를 맡기에는 아직 유약하고 리더십이 없다고 평가한다. 그런데 내가 만나 '중간 관리자의 고충'에 관해 들은 여성들 가운데 구체적인 직무와 연관된 예를 드는 이는 많지 않았다. 주로 그들의 어려움은 감정의 차원으로, 꼰대도 되어보지 못한 처지에서 느끼는 애매한 소외다. 그들은 '일 자체가 싫지는 않지만 물러나야 할 때가 다가오는 건가?' '후배들이 나를 싫어하나?' '상사가 이제 내 능력이 다했다고 느끼는가?' 등 여러 의혹에 싸여 있었다.


## 선을 넘어오지 마시오

"여자치고는 일 엄청 잘한다"가 여성에게 최고의 칭찬이던 시절이 있었다. 지금도 크게 변하지 않았다. 지금의 40-60대 여성 중에는 이런 얘기를 들으면서 성취감을 느끼던 이가 많다. 이들에게는 '남자들의 세계'에서 일 잘하는 동료로 오랜 기간 함께했다는 것만으로도 상당한 인정이다. 다만 성차별에 기반한 이런 인정은 여성이 조금만 실수하거나 자신의 의견을 굽히지 않는 순간 곧장 비난으로 탈바꿈한다. "남자와 견줄 만큼" 털털하고 대범하다는 평가가 한순간에 뒤바뀌며 그의 사생활, 비혼인 상태, 이혼 경험 등이 불려 나오고 손가락질을 받는다.

1990년대 이후부터 2000년대 중반까지 대졸 여성으로서 조직에 들어와 현재까지 '생존'한 이들은 현대 '일하는 여성'의 대중적 모습을 만든 세대다. 대규모로 조직에 들어간 이들의 실재와 생존 덕분에 소위 '프로페셔널리즘'이나 '커리어'의 여성화가 이루어졌다. 그러나 이 여성들은 희소한 여왕벌도 아니고 그렇다고 일터와 가정에서 성 평등을 강하게 추인하지도 못했다는 점에서 난감한 중간 세대이기도 하다. 성차별이 훨씬 강력했던 기존의 조직에서 살아남은 이 여성들이 가진 자부심의 원천은 성실, 책임감, 인내, 완수 등이다. 하지만 그렇게 버티며 성취를 이룬 한편으로 그들은 일터에서 머무는 시간이 길수록 고독해졌다. 괜찮은 선후배들이 다 떠난 후 남아 있는 자로서의 상실감도 크다. 많은 여성이 떠난 자리에 혼자만 남겨져 이것도 저것도 못 한 '고인 물'이라는 자각도 괴롭다. 일터에서 지위는 높아졌지만 무언가 박탈감까지 느껴진다는 것이다.

　　　"나는 사다리를 기어서 올라왔다"라고 스스로 표현한 40대 후반 여성은 일터에서 느끼는 외로움이 크다고 했다. 나이 차이가 까마득한 20대 후배 여성들이 그들끼리 지내는 것을 보면 '회사에서 저렇게 떠들어도 되나' 하고 마음이 편치 않다고 한다. 그렇다고 그런 후배들한테 나서서 뭐라 하는 것도 우습고 자신은 이들에게 꺼려지는 존재인 것 같아 필요한 말을 걸기조차 불안하다고 말한다. 어느새, 혼자 일만 하고 동료들과 대화도 거의 하지 않는 중견 직원이 된 자신을 자각하는 것이다. 이 와중에 그에게 유일하게 말을 건네는 사람은 한 직급 위의 남성 부장이다. '오늘 표정이 왜 그러냐. 좀 웃어라' '무슨 일 있냐? 남편과 싸웠냐'며 참견을 해댄다. 그와의 대화는 "다 뭔가 참기 힘든 성희롱 같지만 그나마 유일하게 매일 내게 말을 건네는 사람"이라고 말한다.

한 50대 전문직 여성은 나와의 대화 중에 "나는 일이 능숙해져서 빨리 끝낼 수 있는데" 이게 후배들 보기에는 "내가 놀고 있다는 느낌을 주는 것 같다"고 염려했다. 또 "뭐라도 도와주려 하면 '가르치려 든다' '꼰대다' 소리 들을까 봐 두렵다"고도 한다. 또 다른 40대 여성은 밥도 좀 같이 먹고 여성 후배들이 "자기가 누구인지 어필하는 것도 좀 들으면서" 일을 하고 싶은데 매번 '선 긋기'를 당하는 느낌이 있다고 말한다. 여성운동 조직이나 여성이 다수인 직종에서는 후배 여성들이 "50대 언니들한테 잘못 걸리면 뼈도 못 추릴 것 같다"는 이야기를 하고 다닌다고 한다.

이들은 후배 여성에게 사실 관심이 많다. 내가 만난 40-50대 여성들은 직장 후배가 자신에게 보내는 '거부의 메시지'가 너무 강해서 "당혹감을 느낀다"고 말한다. 40대는 30대에게, 30대는 20대에게 이렇게 느끼는 것을 보면 이는 특정 세대 문제라기보다 상대적 감각인 듯하다. 한 40대 전문직 여성은 후배 여성에 대해 "벽에 대고 말하는 것 같을 때가 많아요. 반응이 없어요. 리액션이 하나도 없으니까 마음속을 알 수가 없는 거죠"라고 호소했다. 내 사생활에 대해 어떤 질문도 하지 말고 관심도 보이지 말고 경계를 넘어오지 말라는 신호를 온몸으로 보여주는 후배가 많다는 것이다. 이런 경계심은 시니어 여성의 특정 태도나 화법을 향한 거부감일 수도 있고 자신의 취약한 부분이 드러날까를 걱정하는 방어 본능에서 나오기도 한다. 한국의 20-30대 여성들은 어린 시절부터 항상 지나친 평가를 받고 살아왔기에 승진과 같은 정확한 목적이 있을 때에만 평가받겠다는 신념이 상대적으로 강하다. 또한 외모 평가는 물론이고 '여성성'에 대한 수많은 간섭과 개입이 불공정할 뿐만 아니라 여성혐오적이라는 것을 민감하게 알고 있다. 젊은 여성에 대해 지나치게 평가하고 신체를 유린하고 감정을 착취하는 세상에 대한 분노와 방어 기제도 강하다. 이들은 '누가 나에 대해 말할 자격을 갖고 있는지'를 질문하며 일터라는 조직에서는 때로 급진적으로 보일 수 있는 (맥락 없는) 평등주의를 추구하기도 한다.

'주변 사람들에게 영향받지 않겠다' '이들에게 감정노동하지 않겠다'는 결심을 바탕으로 직장에서 '최소 자아'를 내보이는 이들도 있다. 이런 여성들은 방어벽을 아주 높게 쌓는다. 늘 '여성 멘토를 원한다'고 말하지만 사실 멘토를 찾겠다는 의지는 없는 경우도 많다. 멘티가 되었을 때의 감정노동과 헌신을 감당할 수 없기 때문이다.

내가 캠프에서 만난 한 30대 여성은 감성 면에서 선배들과 분명 세대 차이가 난다고 말한다. 자신은 왜 사는 걸까 고민하며 우울한데 50대 선배들이 너무 세상을 낙관적으로 이야기해서 그들이 하는 말이 너무 듣기

싫었다고 한다. 지속적으로 아이디어를 내라고 다그치는
선배들은 '하면 된다'는 신념을 갖고 있고, 조급하다. 정서의
괴리는 같은 직장에서 다른 세계에 살고 있다는 느낌을 갖게
한다. 이런 상황에서 주니어 여성들은 맞는 이들끼리 편안한
친목 집단을 만든다. 그리고 시니어 여성들은 소외감을
느끼는 한편 '일도 못하면서 몰려다니는' 이들이 못마땅하다.
어떤 여성은 한 명의 여성 후배를 '후계자'로 찍어놓고 훈련과
좋은 대우를 해줌으로써 애써 친분 관계를 만든다고 한다.
변화하는 직장 환경에서 각 세대의 여성들은 다른 형태로
감정적 연결과 귀속감에 강한 열망을 갖고 있었다.


## 여성 관리자는 성 평등에 기여할까?

많은 주니어 여성이 여성 상사에 대해 언급한 또 다른 점은
"남자를 너무 좋아한다"는 것이었다. "남자 후배를 편애"하고,
그에게만 "뭐 먹고 싶냐고 물어보고, 옆에 항상 두려고"
한다는 것이다. 여성 상사가 "남자가 편하다"는 얘기를
아무렇지 않게, 들으라는 듯이 하는 경우도 있고 승진이나
업무 배치에서도 불공정한 판단을 내린다. 많은 상급자가
후배들에게 복종적인 태도를 원하고 묵묵히 자신의 일을

돕기를 바라는 것처럼 여성 상사도 크게 다르지 않다고 말하기도 한다. 어떤 상급자 여성은 조금이라도 말대답을 하는 젊은 여성들의 민감함을 '단점'으로 꼽으며 무덤덤한 남성이 훨씬 관리하기 편하다 여긴다. 많은 여성이 임금, 호감, 승진 기회, 일상적 친밀성, 능력 신뢰 모든 면에서 상사가 여전히 남자에게 후한 점수를 주는 것을 목격하고 있다. 자신들은 남성 동료나 상사의 일상적 성희롱, 성적 괴롭힘과 싸우고 동시에 여성 상사의 무관심과 냉대, 저평가에 익숙해져야 한다고 말한다.

여성 관리자의 남성 선호는 그 개인의 문제라기보다는 조직에서 축적되어온 성차별과 관리직 여성이 소수인 구조에서 기인하는 심리이기도 하다. 여성 관리자는 조직의 성 평등에 기여하는가를 질문했을 때, 기존의 연구들은 여성 관리자가 젠더 불평등을 바로잡는 변화의 주체일 수 있다는 주장과 여성 관리자 또한 지속적인 차별을 경험하고 어렵게 높은 자리에 오른 존재로서, 성차별을 시정할 만큼 충분한 권력을 지니지 못해 긍정적인 영향을 주지 못한다는 주장으로 양분된다. 이 두 주장에서 공통적인 결론은 여성 관리자가 가지는 실질적인 권력과 지위 그리고 조직 환경이 성 평등한가에 따라 이들이 긍정 혹은 부정적인 영향력을 미칠 수 있다는 것이다. 엄승미와 김영미는 국내 제조업 대기업의 인사 데이터를 분석하여 여성 관리자가 직속 상사인 경우 여성의 임금에 부정적인 영향이 생긴다는 점을 발견했다.[7] 그들은 두구드와 동료들이 개념화한 가치위협 (value threat) 이론을 사용하여 이런 부정적인 영향의 맥락을 설명했다.[8] 관리직 여성들이 느끼는 가치위협은 "조직 내 지위와 사회적 지위가 불일치하는 여성이 관리자로서 중요한 업무를 수행할 때 자신의 지위에 위협을 느끼는 상황"을 의미한다.[9] 이때 위협에는 집합위협, 편애위협, 경쟁위협이 있다. (collective threat, favoritism threat, competitive threat) 집합위협은 업무 능력에 대한 저평가, 성별·인종 고정관념 등과 같은 여성과 소수자에 대한 부정적 인식이 여성 관리자인 자신에게 반영될까 봐 두려움을 느끼는 것이다. 편애위협은 인구학적으로 자신과 유사한 사람에 대한 지지가 다른 사람들에게 편애로 보일까 봐 느끼는 두려움이다. 경쟁위협은 다른 후보가 자신을 능가할 가능성이 높다고 생각하는 것, 예컨대 경쟁자 여성에 비해 자신이 자격이 덜 갖춰진 것처럼 비춰질까 봐 두려워하는 것이다. 성차별적인 조직에서 소수의 여성 관리자로 승진한 여성들이 느끼는 이런 두려움과 위협은 자신의 지위를 유지하고 능력을 입증하기 위해 오히려 여성 동료나 하급자에 대한 차별을 재생산하거나, 공정한 판단조차 편애로 비춰질까 염려하게 만든다. 또한 여성 관리자로서 자신의 능력이나 역할을 판단할 때 여성임이 부각되거나 후배 여성에 대한 저평가가 자신에게도 반영될까 봐 거리 두기 감정을 갖게 된다. 그 결과 그는 다른 여성 하급자에게 부정적인 영향을 미칠 수도 있다. 의사 결정을 하는 자리에 오른 여성들 또한 성차별적인 조직에서 사회화되면서 여성의 능력이나 역할에 대한 편견을 내재했으며 이런 편견이 관리자인 자신에게 반영될까 봐 공정이라는 이름으로 여성을 더 낮게 평가하는 경향이 있다는 것이다. 엄승미와 김영미의 연구에서는 여성이 다수인 팀의 관리자가 여성인 경우 팀원들의 임금이 제일 낮았다.


## 서로의 거울이 되어

2000년대 이후 여성 커리어 개발 담론이 유행을 탈 무렵 남성 중심적인 기업에 진입한 여성들에게는 '사다리를 기어서라도 올라가야 한다'는 생각이 지배적이었다. 사회는 여성 개인을 향한 모욕이나 차별, 사회가 강요하는 전통적 성 역할, 기업이 주도하는 탈젠더화라는 중층의 억압을 견디고 버텨내는 '인내'를 칭송했다. 직장 안에서 여성들은 '차별을 딛고 남성의 언어로 생존하라'고 명령하는 자기 계발서의 메시지처럼 살아남기 위해 결의를 다졌다. 이런 주문은 때로는 숭고하리만치 근엄했다. 그렇게 살아남은 여성들은 '늙은 캔디'가 되어 있었다. "외로워도 슬퍼도 나는 안 울어"를

20여 년 반복하다 보니 몇몇은 남성 동료들보다 몇 년 늦게나마 부장 자리에 오를 수도 있었다. 다만 그렇게 부장이 된 그들은 지금 후배 여성들에게 자신이 어떻게 비칠지를 염려하고, 고독감을 느낀다.

유명 대기업에 입사한 제자가 "더 다닐 자신이 없다"며 3년 만에 회사를 그만두었는데 그는 "회사의 여자 선배를 보니 희망이 없었다"고 말했다. 회사의 조직문화를 보면서 그가 여성으로서 어떻게 그 자리까지 올라갔을까를 생각해보면 아득했고 무엇보다 자신도 그 선배처럼 될까 봐 겁난다고 했다. 그가 어떤 아부를 떨고, 어떻게 후배들의 아이디어를 가로채고, 어떻게 군림하면서 얻어낸 자리일지 뻔히 보였다는 것이다. 3년간 그가 겪은 해당 기업은 일 능력보다는 남성들과의 친화력과 처세술을 익혀야 하는 곳이었다. 그 과정이 너무 비굴해 보였다며 그는 유학을 떠났다.

사다리를 기어서 올라간 나와 같은 40-60대 여성과 사다리를 걷어찬 내 제자와 같은 20-30대 여성은 서로를 보면서 상호 불안을 갖는다. 우리의 공통점은 매우 삐걱거리는 사다리 앞에 섰다는 것이다. 누군가는 언제 사다리가 엎어질지 노심초사하며 조심스럽게 기어서 올라갔고, 다른 누군가는 사다리 아래에서 위를 쳐다보다 그리로 올라가는 것을 포기했다.

그 사다리를 기어코 타고 오른 '씩씩한 여자 선배'의 이야기는 조직에서 자주 영웅담처럼 회자한다. 하지만 그렇게 영웅이 된 이들은 후배 여성들과 어울리기에 어려움을 느끼는 한편, 자신의 성취와 경험이 어디까지 유효한가를 고민한다. 한 시니어 여성은 다음과 같은 일화를 이야기했다.

모든 조직에는 호탕하고 남성들과 잘 어울리는 여성이 있기 마련이지요. 어느 날 팀 회식이라 다 같이 노래방을 갔고, 팀장이 신입으로 들어온 여성 세 명과 블루스를 추겠다고 추태를 부렸답니다. 그때 선배 여성 한 분이 왜 이러시냐며 자기랑 추자고 해서 여성 후배 세 명을 구해냈습니다. 후배 여성들에게 감사를 들을 거라 생각했는데, 후배들이 빤히 자기를 바라보고 있고 표정이 별로 좋지 않다는 걸 느꼈답니다. 후배들이 자신을 성희롱에 민감하지 못하고 남자들과 시시덕거리는 사람으로 여긴 것 같아서 선배가 그들을 불러 화를 냈다고 해요. 너희를 위해서 한 일이었다고요. 그랬더니 후배들은 그러는 건 전혀 고맙지 않다고, 춤을 추게 하는 행위 자체를 못 하게 하기를 원한다고 했답니다.

신입 여성들에게 선배의 '소영웅주의'는 시대에 뒤처져 보였을 따름이다. 후배 여성들이 원하는 건 남성 연대와 싸워 그런 관행 자체를 없애는 일이다. 후배 여성들에게는 '그래도 높은 자리에 있고 같은 여자인' 선배가 조직의 성적 괴롭힘에 침묵하고 회피한다고 느껴졌으며 그들은 이에 실망을 드러낸다. 특히 조직 입장, 남성 관점에서 상황을 설명하고 자신들을 설득하려 애쓰는 듯한 모습에 배신감을 느낀다. 페미니즘의 문제의식을 일상화한 여성들의 눈에 이들은 개인의 안위를 위해 성 평등 가치를 포기한 사람같이 보이기도 한다. 승진을 위해 비굴해진, 타협하는 존재로 비치는 것이다.

한편 선배 여성들의 입장은 어떨까. 시니어 여성이 차지한 듯 보이는 '높은 자리'는 신입 직원들이 상상하는 것만큼 높은 자리가 아닐 수 있다. 조직에서 의사 결정을 하는 여성들도 자기 위치에 대한 불안감이 상당히 높으며 끝없이 자신을 증명해야 한다는 부담에 쫓긴다. 자신이 지위를 걸고 무언가를 표명할 수 있는 입장이 아니며 여전히 조직에서 '적응 중'인 존재라고 여기기도 한다. 50대 직장인 여성 상주 씨는 20년 동안 남성 다수 조직에서 일하면서 남성 후배들의 존경을 받았다. 그는 최근 페미니즘 논의에 고무되어, 의지를 갖고 조직 내 성 불평등 문제 해결을 위해 인력 관리 부서로 옮기기로 했다. 그리고 그 즉시 그는 친근하던 남성 후배들의 대우가 변했음을 느꼈다. 사실 상주 씨는 남성 후배들이 자신을 좋아하기 때문에 그가 추진을 하면 다들 협조할 것이라 믿고 선뜻 그 자리를 맡았다. 그러나 자리를 옮긴 후 남성들과의 모든 관계가 끊어졌다. 비슷한 지위를 가진 여성 동료에게 함께 해보자고 제안했더니, 그는 한숨을 쉬었다고 한다. "나 여기까지 간신히 올라왔다. 숨 좀 쉬자. 덮자."

거대한 남성 중심적 조직에서 여성들은 여전히 할당받은 역할을 넘어서는 안 된다. 이를 어기면 언제든지 제거당할 수 있다. 그런 조직에 오래 몸담은 여성들은 이러한 메시지를 지속적으로 내면화한다. 그리고 나서야만 하는 결정적 순간에 그러한 심리적 장벽을 뛰어넘지 못하고 공모자가 된다. 상주 씨는 조직 안에서 인정받고 동료들과 좋은 관계를 맺고 있다고 자신했지만 페미니스트로서 무언가를 해보려 할 때 함께할 수 있는 사람이 주위에 없었다. 상주 씨는 결국 후배나 동료 여성의 지지도 받지 못하는 "외로운 투사"가 되었다고 씁쓸해했다.

15년간 독립 사업을 해온 하루 씨는 스타트업과 벤처 기업을 두루 거쳤다. 해당 분야에는 유명한 남성 펀드 대표나 투자자가 많고 하루 씨는 이들로부터 배웠지만, 이들을 멘토라고 부르지는 않는다. 그들은 너무 유명하고 부유하다. 하루 씨에게 그들은 마음만 먹으면 언제라도 사회적으로도 의미 있는 일을 할 수 있는 '특권층'이다.

그들은 하루 씨가 겪는 일들을 경험해보지 않은 사람들이며 따라서 멘토가 될 수 없다고 그는 말했다. 그런 하루 씨의 멘토는 이 분야의 여성으로, "내가 현재 뛰고 있는 경기장보다 더 큰 경기장에 나간 그의 경험을 들려주는 사람"이다. 즉 여성이 '근접 가능한' 미래에 존재하되 여성들이 처한 어려움과 그들의 가능성을 동시에 인지하여 해법을 확장해주는 선배, 그 경험을 솔직하게 공유해주는 선배가 멘토가 된다.

여성들은 성차별적 조직 안에서 자신의 자리에 귀속감을 갖지 못한 채 두려움, 불안, 외로움 그리고 때로 '(명예)남성이 된' 우쭐함 속에서 많은 시간을 보낸다. 어려움들이 존재하지만, 여성들은 세대와 지위 차이에도 불구하고 상호 참조할 수 있는 존재다. 덜 위계적이며 더 평등하고, 소통적 관계를 만들고자 하는 열망이 있다는 점에서 말이다. 연결되고자 하는 여성들의 열망은 공동의 문제를 함께 해결하는 협력자로서 서로를 바라볼 때 정치적 힘으로 발현될 수 있다. 일터는 여성들이 가장 많은 시간을 보내고, 먹고, 대화하며 서로의 자아를 투영하고 도전하는 공적 장소다. 이곳에서 여성들은 자신의 과거, 현재, 미래로서 존재하는 여성 동료들의 조건에 대해 맥락적인 이해를 하려고 노력하며, 그 차이들을 언어화하고, 공동의 해법을 모색해야 한다.

# 4부

우리는 계속
일할 수 있을까?

# 10장

# 젠더 장벽[1]

> 여성의 능력이 동료 남성보다 뛰어납니다.
> 고질적인 여성 차별만 없다면 승진 등에서 남성을
> 앞지를 수 있어요. 남성 중 몇몇은 정말 일을 잘해요.
> 그런데 직장은 몇 명의 알파 남성이 수많은 베타
> 남성을 먹여 살리는 곳이에요. 그만큼 무능하고
> 게으른 남성 동료가 너무 많다는 거지요.

30대 전문직 여성 수화 씨의 말이다. 그는 확신에 찬 어조로
"이미 능력에서는 여성이 남성보다 낫다"라고 선언했다.
유사한 표현을 요즘 여성들에게 흔히 듣는다. 과거 자신의
업무 능력에 대한 불안감이 컸던 여성들은 점차 일터에서
승진을 못 하는 것이 부족한 능력 때문이 아님을 깨닫고

있다고 한다. 그들은 일터가 수많은 무능한 남성을 먹여 살리기 위해 능력 있는 소수의 남성에 의존하고 수많은 준비된 여성을 차별하는 시대착오적인 곳이라 인식한다. 이들의 경험을 들어보면 성취가 부진해도 '그래도 아들인데'라며 아들에게 자원을 쏟아붓고 유산을 몰아주던 가부장적 가족주의가 공적 영역인 일터에서 여전히 힘을 발휘하고 있는 듯하다.

일에 대한 능력만을 주요 고려 대상으로 하면 일터의 성 평등이 쉽게 달성될 수 있을 것이라고 많은 여성이 말한다. 여성들이 남성보다 능력과 성과에 더 민감한 것은 성차별을 뛰어넘을 수 있는 확실한 변별력을 갖추길 원하기 때문이다. '여자라서'라는 수식어를 수없이 들어온 여성들은 점차 강하게 능력에 의존한다. 그리고 '일 잘하고 책임감이 강하다'는 평가는 실제로 직장에서 이들의 태도와 위치를 변화시키고 있다. 일부 여성들은 예나 지금이나 마치 사적인 삶이 없는 것처럼 일하고 있다. 이들은 초과근무나 연장근무에 적극 참여한다. 물론 이는 최근의 경향이 결코 아니다. 2009년에 인터뷰했던 한 정규직 여성은 "보통 새벽 2, 3시에 귀가하는 야근을 한 달에 보름 정도 했고, 3박 4일 회사에서 투숙하기도 했다"고 말했다. 그로부터 십 년 뒤인 2019년에 만난 30대 전문직 여성은 "52시간제라서 어쩔 수 없이 칼퇴근하지만, 퇴근 후나 주말에도 계속 일한다"고

했다. 과거 일터의 '희소한 여성'으로서 자신을 입증해야
했던 이들과는 달리 현재 30대, 40대 여성들은 대규모로
일터에 진입한 만큼 자신의 개별성과 개인화에 대한 의식이
더 강하다. 이들은 능력에 자신감이 있고 동료 남성들과의
관계에서도 자부심을 드러냈다.

그렇다면 이들은 어떻게 자신의 능력을 발휘할까?
일터에는 고질적인 젠더 장벽이 존재한다. 학력, 각종 스펙,
다양한 경험, 심리적 자신감으로 무장한 여성들이 대규모로
일터에 참여하고 있지만 이러한 고양된 능력주의를 제압하는
더 정교하고 미묘한 여성 배제의 암묵적 규칙들이 있다.
여성이 일 생애사에서 경험하는 젠더 장벽은 유리 천장,
glass walls
성별 직종 분리, 유리 낭떠러지, 유리 에스컬레이터라 불리는
구조적 차별이다. 여성들은 근대적 일터에 진입하면서부터
'유리 천장'이라 불린 성차별을 맞닥뜨렸다. 사다리를 열심히
오를 때는 보이지 않다가 어느 순간 머리를 부딪고 난 후
깨닫게 되는 장벽으로 여성들은 유리 천장을 경험한다.
하지만 일하는 여성들의 이야기가 단순히 유리 천장에
부딪혀 중상을 입고 조직을 떠나는 데서 끝나지는 않는다.
조직의 더 높은 자리로 나아간 여성들의 수도 서서히
증가하고 있다. 유리 천장은 사라지지 않았지만 몇몇
여성은 분명 이를 깨고 올라갔다. 성취, 능력, 리더십을 보인
여성들이 증가하면서 유리 천장은 '뚫을 만한 것'이라는

인식도 생겨나고 있다.

　　　　그러나 여성들의 괄목할 만한 약진에도 불구하고 성공한 관리직 여성들 역시 젠더 불안정성을 경험하며, 그 원인을 분석한 많은 연구 역시 이루어졌다. 여성의 자발적 퇴사나 이동을 부추기는 나이주의<sup>agism</sup> 또한 젠더화되어 있음이 드러났는데, 나이로 인한 차별이 동일 직종의 남성보다 여성에게 더 심각하게 받아들여진다는 것이다. 성공한 여성들은 일터의 사다리에서 자발적으로 내려오라는 압력을 받는다. 젠더 장벽은 직급을 뛰어넘어 작용한다. 일하는 여성의 전문성과 자존의 기반을 흔들고, 이를 극복하고자 하는 여성들의 몸과 마음을 소진시키며, 더 높은 곳에 오를수록 불안정한 이동으로 심리적 빈곤을 초래한다. 무엇보다 이들은 여전히 강고한 일터의 성 불평등을 경험하면서 자신이 믿었던 능력주의가 작동하지 않는 현실을 직면하게 된다. 능력주의와 성차별 그리고 페미니즘의 경합이 일터에 만들어내는 지속적 불안정성 속에서 한국의 여성들은 어떻게 생존하고 어떻게 좌절하고 있을까? 이 장에서는 여성들이 시간이 지남에 따라 경험하게 되는 성 불평등과 불안을 살펴본다.

나는 어느 날 갑자기 해고되거나, 스스로 끝내 이해하지 못한 어떤 '시스템'에 의해 회사를 그만둔 여성을 많이 만났다. 직접적 해고가 아니더라도 제대로 이유나 원인을 알지 못한 채 비자발적으로 퇴사한 경우가 많았다. 이들은 직장을 떠난 뒤에도 '왜 나를 뽑았고, 왜 해고했을까'를 자주 질문하고 있었다. "누구보다 열심히 일했고, '칭찬'도 받았고, 업무 성취도 높은데 왜 나를 내보냈을까요?"

　　"10대 때는 게임 덕질만 했다"고 스스로를 소개한 20대 여성 효진 씨는 여러 게임 업체에서 일했다. 어릴 때부터 게임을 잘했고, 게임 회사 기획팀에 취직했을 때 그는 "매일매일 행복했다". 야근을 해도 피곤하지 않았다. 하지만 게임이 개발 단계로 넘어가면서부터 일이 줄어들었고 급기야 해고됐다. 그는 "내 콘텐츠 다 뽑아 먹고, 잘리는 시기에 잘렸다"며 웃었다. 신선한 아이디어를 가진 사람을 기획으로 뽑아 스토리를 개발하고, 막상 게임을 출시할 시기가 되자 계약 종료를 했다는 얘기다. 회사는 중소기업이었는데 임금 절감을 이유로 퇴사를 강요받았다고 그는 말했다. 해당 업체는 기획팀장 1명만을 정규직으로 두고 고용과 해고를 반복하는 방식으로 계속 사람을 바꾸었다. 효진 씨는 이것이 전형적인 게임 개발 사이클이고, 여기서 성별 직종 분리 또한 전형적인 특징임을 알게 되었다고 말했다. 게임 개발 주기가 1년이라고 하면, 여성은 대부분 기획과 아이디어 직무로 고용되고 개발직은 대부분 정규직 남성으로 채워진다. 여성들은 전통적인 남초 업계였던 게임이나 IT 분야에 진입하지만, 지속적으로 교체되는 순환 노동자로 고용되는 경우가 많다. 이후 효진 씨는 개발직으로 재취업하기 위해 공과대학 컴퓨터 관련 학과에 입학했다. 많은 게임 업체의 관행화된 여성 기획자-남성 개발자의 성 구분이 존재하는 한 자신이 정규직이 되기는 불가능하다는 것을 깨달았기 때문이다. 그는 회사에서 느낀 벽을 이해하지 못하고 있었다.

> 대체 제가 어떤 역할을 하기를 바란 건지
> 모르겠어요. 여성에게 어필하는 게임을 만든다고
> 나를 뽑았는데 내 의견은 듣지 않았고 (…) 여성
> 팀원이 있다고 생색만 내는 거지요. 제가 개발한
> 게임이 출시되는 걸 보지도 못한 채 퇴사를
> 종용당한 게 화가 납니다.

효진 씨는 '잘하면 정규직이 될 수 있다'는 얘기를 듣고 야근을 밥 먹듯이 하며 일에 열중했으나 1년도 안 돼 회사를 나가는 상황을 맞이하게 됐다. 마지막에 그만두겠다고 말한 것은 본인이지만 지속적으로 '네가 할 일이 더 이상 없다'는 암시를 받아 그만둔 것이다. 그의 경험은 정규직을 약속받고 고용된 여성들의 흔한 퇴사 이유이기도 하다. 특정 생산 단계에서 일시적으로 계약직 노동자를 고용한 후 해고하는 현대의 일터는 노동자가 가진 특정 자질을 빼내기 위해 상품 생산의 전 단계에 이들을 배열한다. 그리고 이 배열 방식을 결정하는 중요한 요인은 여전히 '젠더'다. 효진 씨는 오랜 시간 쌓아온 아이디어와 감성, 마케팅 역량을 쏟아부으며 일했다. 자신의 헌신이 "여성 친화적인 게임"으로 상품화될 것이라 그는 믿었다. 그러나 막상 그의 아이디어가 상품으로 구현될 동안 효진 씨는 임금만 축내는 부담스러운 존재처럼 취급받았다. 다음 게임의 개발을 위해 또 다른 참신한 아이디어와 감각을 가졌다고 간주되는 여성이 고용될 것이다.

　　　　많은 여성이 회사의 판단 기준을 전혀 알 수 없는 채로 갑작스러운 해고를 겪는다. '여성에게 자리를 주지 않는다'는 사실을 경험으로 알게 하는 구조를 끊임없이 겪으면서도 정확한 고용 해지 사유는 듣지 못한 채 조직에서 지속적으로 배제되다 보면, 믿지 않았던 부당한 성차별이 현실임을 느끼게 된다. 이는 여성들에게 커다란 무력감을 안기며 점차 모든 것이 '운'에 달려 있다고 생각하게 만들기도 한다. 그럼에도 불구하고 새로운 일자리에 갈 때마다 새로운 희망을 품는다. 이번에는 '더 확실하게, 더 일을 잘해서' 인정을 받겠다는 결심을 한다. 누군가는 일을 제대로 가르쳐주는 사수나 동료가 없는 상황에서도 빠른 기간 안에 일머리를 가동해 '알아서 일 잘한다'는 평판을 얻기도 했고, 누군가는 매뉴얼에 적힌 대로 꼼꼼히 일하는 전략으로 안전한 자리를 찾고자 분투하고 있었다.

하지만 많은 여성이 결국 신입 여성들을 쓰고 버리는 지배적인 고용 풍토를 거듭 마주했다. 마치 계절노동처럼 정규직 전환이나 승진 앞에서 고배를 마셨다. 평판이 좋든 실수가 적었든, 얼마나 일 몰입형 인간으로 거듭났든 많은 이가 일터에서 겪은 성차별은 현실이고 이는 개인 여성의 노력만으로 변화시킬 수 있는 것이 아니었다. 시간이 지나면서 여성들은 자신이 아무리 능력을 발휘하고 헌신해도 적절한 보상이 주어지지 않는다는 것을 알게 된다. 그리고 일터와 조직에 대해 총체적인 실망 심리를 갖게 된다. 이곳저곳의 일터에서 분투한 많은 여성이 시간이 경과함에 따라 탈-노동, 자영업 전향, 국제 이주를 욕망하는 경향을 보였다.

# 유리 에스컬레이터

그렇다면 여성이 다수인 조직은 어떨까? 여성이 다수인 전문직 직종에서 많이 목격되는 현상은 '높은 사람들이 소수인 남성에게 베푸는 관심과 배려가 지나치다'는 점이다. 유리 에스컬레이터라는 용어는 사회학자 크리스틴 L. 윌리엄스가 처음 고안했다.[2] 유리 에스컬레이터는 남성(이성애자 백인 남성)들이 여성이 많은 직군에 들어갈 때 좋은 위치로 빠르게 이동하는 현상을 일컫는다. 실제 의료 업무나 교육직과 같은 여초 직장 즉 "핑크 컬러" 직업에서 가장 많이 나타난다. 여성이 주로 수행하는 돌봄 직종은 전형적인 남성 다수 직종에 비해 임금이 낮지만, 이 돌봄 직종에 남성이 들어가면 그는 예외적으로 높은 임금을 받고 지위 이동이 빨라지는 경험을 한다. 여성이 주로 행해온 간호직에서 남성은 종종 환영받는다. "여자가 많은 직종에 남성의 수가 더 많아지면 직업 위신도 높아지고 급여 수준도 향상될 수 있다"고 믿는 이도 많다.

　　　　여성 다수 조직에서 '직장 생활 팁'이라는 이름으로 전수되는 생존 매뉴얼은 매너와 옷차림을 과도하게 강조하면서 '여성화'의 압력을 준다. 그런데 이곳에서 상대적 소수인 남성은 배려의 대상이 된다. 여성이 다수인 일터에서조차 남성은 "유리 에스컬레이터를 탄다"(Williams

1992). 다수인 여성이 아래에서 고군분투하는 사이 남성은
마련된 에스컬레이터를 타고 높은 곳에 가 있게 된다는
의미다. 여성, 남성 상관없이 여성 다수 조직의 리더들은
'남성은 여초 직장을 견디기 어려우므로' 이들을 빨리
승진시켜 자리를 잡게 해야 한다고 생각하기 때문이다. 여성
다수 직군에 있는 30대 여성 수은 씨는 부장이 같은 부서의
남성 한두 명만 데리고 나가 밥을 먹는다든가 남성만 중요한
회의에 참석시키는 것을 보고 차별을 느꼈다고 말한다.
초등학교 교사들은 그들과 같은 시기에 부임한 남자 교사가
교장의 기대를 받아 승진 트랙을 타는 것은 흔한 일이라고
이야기했다.

  남성이 다수이든 소수이든 남성 중심성이 조직의
운영 원리로 작동하는 곳에서 남성은 승진 '돌봄'을 받는다.
남성들이 애써서 회사 내에 네트워크나 인맥을 만들지
않더라도, "남성은 조직의 미래에 중요한 구성원"이라는
희망을 담아 남성 직원을 훈련하고, 승진시킨다는 의미다.
여성 다수 조직에서 소수의 남성이 "희망 관리"를 받는
것이다. 일터에 뿌리 깊은 남성 중심성은 누구를 우선하고
누구의 감정을 돌봐야 하는지를 결정한다. 때문에 남성은
어떤 성비의 직종에서든 여성보다 유리한 대우를 받는다.

## 유리 낭떠러지

대기업의 최고 경영자급 여성을 인터뷰하지는 못했지만,
최고위 관리직까지 올랐다가 그만둔 여성을 만나 이야기를
들었다. 순혜 씨는 중소기업에서 전무까지 승진한 여성이다.
순혜 씨는 회사가 어려움을 겪었던 시기에 "몸을 불살라
직원들을 독려하고" 회사를 정상 궤도로 올려놨다. 다른
누구보다 사장과 깊은 신뢰 관계였고 모든 의논을 함께
했다. 그는 자신이 나이 차이가 많은 사장의 유일한 친구이자
상담자, 의지처였다고 여겼다. 그런데 회사에 예측하기
어려운 경영상의 문제가 생기자 모든 책임을 뒤집어쓰고
물러나라는 압력에 시달렸다. 누구도 그를 변호해주거나
사임 압력을 거둬들이려 하지 않았다. 순혜 씨는 사장의
전폭적 신뢰를 받는 존재였기 때문에 자신이 동료 혹은
경쟁자 남성과도 '급이 다르다'고 믿었다. 하지만 결국 그는
50세를 며칠 앞둔 시기에 회사를 떠났다. 자신이 일군
회사에서 쫓겨난 기분이 들었고, 큰 분노를 느꼈다. 이 분노는
오랜 기간 인정받았던 자신의 능력, 성취, 업적이 왜 순식간에
무능과 실패로 정의되었는지에 관한 것이었다. 또 무엇보다
자신이 부당한 징벌을 당하고 있지만 아무도 이 부당함에
이의를 제기하지 않는 상황에 대한 분노였다.
    순혜 씨의 사례는 유리 낭떠러지(유리절벽)를
glass cliff

보여준다. 이는 조직에서 최고 자리에 오른 여성들이 경험하는 성 불평등의 한 사례다. 그는 보이지 않던 낭떠러지에서 떨어져 심한 고통을 느끼고 있었다. 여성은 남성에 비해 조직 내에서 더 높은 리더십에 오를 수 없기 때문에 과소 대표된다. 유리 낭떠러지는 이렇게 과소 대표된 여성이 직면하게 되는 위험이다. 고위 경영진이나 중간관리자 등 의사 결정을 하는 위치에 임명된 여성은 자신의 유리천장을 넘었을지는 모르지만 곧이어 유리 낭떠러지에 직면한다. 유리 낭떠러지는 기업이나 조직의 상황이 좋지 않을 때나 경기침체 시에 여성을 고위직에 임명하는 현상을 의미한다. 조직은 경제적 위기, 시장 상황의 불안정함, 기술 혁신의 필요성, 부패한 남성 리더십의 재편, 조직의 갱신과 변화의 필요가 있을 때 여성을 고위직에 임명하는 경향이 높아진다. 그리고 이런 악조건하에서 큰 책임을 맡은 여성들은 그만큼 위험부담을 안고, 쉽게 해고되어 조직 밖으로 밀려 나간다. 이를 사다리를 올라갔다 벼랑으로 추락한다는 의미에서 유리 낭떠러지라 부른다.[3]

　　스타트업 분야에서 창업자의 친구로 가장 어려운 시기를 함께 보냈던 여성들 또한 갑작스러운 퇴사를 겪은 경우가 많았다. 퇴사 압력은 공식적인 통보보다는 분위기로 감지된다고 한다. 이들은 거의 아무것도 없던 단계부터 회사에 함께해 상장이 가능한 기업으로 키웠다. 그 과정에서 능력과 도전 의식을 크게 인정받기도 했고 늘 남성 창업자와 후배들에게 "칭송의 대상"이었다. 그런데 이들은 재정 위기, 규모 확장, 새로운 전문가 집단의 고용 등 변화가 있을 때 회사에 남지 못했다. 이 여성들은 대부분 물러나야 한다는 압력을 받았으며, 모두가 인정하던 그의 능력은 하루아침에 '불필요한 것'이 되었다. 이밖에도 커리어가 최상으로 올라간 후 머지않아 벼랑에서 떨어지는 여성들의 사례는 적지 않다. 여성 정치인을 활용하는 방식에서도 비슷한 사례를 볼 수 있다. 흔한 예로 한국의 정당은 특정 필요에 의해서나 이미지 개선과 쇄신이 요구될 때 여성 의원에게 자리를 주지만 이들의 리더십은 곧 교체될 수 있는, 임시적인 것으로 간주된다.

유리 낭떠러지는 남성동성사회가 갈등 상황에서 어떻게 여성을 희생시키는지를 잘 보여준다. 조직은 소모품으로 사용할 수 있는 '유능한 개인'으로 여성을 선택한다. 여성은 고위직에 올라갈 기회가 적기 때문에, 위험을 무릅쓰더라도 이미 남성들이 할 수 없다고 판단한 직무를 떠안고 수임하는 경향이 있다는 것이다. 그 결과 물질적·정서적 지원이 불충분한 상황에서 여성은 실패하도록 설정된 지위를 받아들인다. 일터의 불안정성이 증가하면서 여성이 예전보다 쉽게 고위직에 임명되었다가 가파르게 추락할 위험 역시 커졌다. 최고직에 오른 여성은 마치

"피해자 역할에 캐스팅되는 것"처럼 임명되는 것이다(Ryan and Haslam 2007). 흥미로운 점은 라이언과 해슬램의 연구에서 남성 응답자는 50퍼센트 이상이 유리 낭떠러지가 존재하지 않는다고 답했고, 여성의 경우 5퍼센트만이 유리 낭떠러지가 존재하지 않는다고 답했다. 즉 여성의 95퍼센트가 유리 낭떠러지를 인정했다는 것이다. 여전히 많은 남성이 승진은 능력에 의한 결과라 믿으며 그 믿음은 높은 직위에 오를수록 강해진다. 결국 이들은 성차별을 부정하고, 여성 동료의 추락을 못 본 척한다.

여성이 위험하거나 불안정한 리더십 위치에 배치될 가능성이 크다는 사실은 유리 천장을 뚫은 여성이 당면한 또 하나의 성차별 장벽이다. 이러한 인사는 야망 있는 여성에게 기회를 줬다는 의미에서 획기적 임용이나 평등으로 칭송되지만, 중요한 것은 그 자리의 유효 기간이다. 여성이 고위직으로 진입했다는 것 자체가 여성 성공의 징표가 될 수는 없다. 소수 고위직 여성의 빠른 추락은 그것을 막아낼 안전장치가 없고, 그 추락이 의도되었다는 점에서 구조적 성차별의 한 형태다.

회사는 성차별을 하지 않을 것이라 믿는 여성도 많다. 입사 후부터 대리가 될 때까지 승진이나 보상 면에서 성차별을 겪어보지 못했다는 이도 있었다. 차별을 경험했지만 이제 업무 과정을 보여주는 프로그램이 도입되었으니 차별은 사라질 거라고 확신하는 이들도 있었다. 온라인 채널에 업무 관련 대화 내용이 팀원 모두에게 공개되는 상황에서는 일의 과정과 성과가 자명해지기 때문이다. 이 개방성을 믿는 이들은 일을 못하는 사람이 남자라 해서, 누구 집 자식이라 해서 우대받는 일은 없으리라고 확신한다. "회사가 다 보고 있다"는 것이다. 이런 환경에서 여성들은 성과를 드러내는 일이 과거보다 쉬워졌다고 느끼며, 투명성, 효율성, 협조 능력이 강조되는 평가 체제가 자신들에게 유리하다고 믿는다. 그런데 이 믿음은 현실과 얼마나 가까울까?

조직에 진입하면서부터 지속적으로 '남성 동기와의 승진 경쟁에서 패배할 것'이라는 암시를 받았던 수민 씨의 이야기를 들어보자. 그는 외국어 실력, 학점, 인턴 경력 등 모든 면에서 월등한 성적으로 입사했으나 곧 "스펙이 의미 없다"는 것을 깨달았다고 한다.

(남자가) "대학 다닐 때 많이 놀고 이런저런 활동을

했습니다. 이제 군대 갔다 와서 정신 차리고……"
이게 훨씬 회사에서 먹히거든요. 제가 쌓아온
스펙보다 (남자의) 한마디가 윗사람 마음을
움직이더라고요.

실제로 고위직들은 이런 종류의 청년 남성 서사에 열광한다.
대학 때 많이 놀았다고 말하는 솔직함, 군대 갔다 와서 정신
차렸다는 성장과 자성, 향후 조직을 위해 헌신하겠다는
미래의 약속이 무엇보다 신뢰와 호감을 주는 것이다. 수민
씨는 해외에서 각종 아르바이트를 하며 꽤 많은 고생을 하고
경험을 쌓았는데, 그의 이야기가 남자 동료의 '군대 갔다 와서
정신 차렸다' 앞에서 어떤 호응도 얻지 못하는 쓸쓸한 경험을
잊지 못했다.

　　"차별 없이" 능력을 인정받았고 대리를 달았다는
여성도 조직에서 더 상층 자리로 이동할 때는 평가 방식이
투명하지 않다는 것을 깨닫게 되었다. 공식적인 평가
체제에서 준용하는 항목과 기준들이 남성의 경험이나
관점을 반영하기 때문이다. 평가 내용도 모호하고 남성이
많이 담당하는 직무 중심으로 시스템이 짜이는 등 남성에게
유리하게 구성되어 있으며, 무엇보다 "상사들이 남자부터
승진시키고 싶어한다"는 것이다. 시간이 지날수록 여성은
고과에서 나쁜 점수를 받지 않아도 승진이 좌절된다. 그리고

그만큼 남성이 자리를 차지한다.

> 처자식이 있는 남자를 빨리 승진시켜야 한다는
> 인식이 너무 팽배해요. 그냥 이런 남자부터
> 순서대로 승진이 되게끔 되어 있어요.

이와 비슷한 말을 인터뷰에서 쉽게 들을 수 있었다. 평가
기준 항목부터가 편향된 데다 '남성=생계 부양자' 논리가
건재하다. 비슷하게 경력이 쌓이고 나면 우선 남성 직원을
빨리 조직에 자리잡을 수 있게 하려는 회사의 노력이
노골적으로 가시화된다. 이에 비해 여성들은 상대적으로
자신들을 회사에 붙잡아두려는 공적 노력이나 제도적
뒷받침이 없다고 느낀다. 이는 좋은 관계를 맺고 있는 상사가
개인적으로 칭찬하고 격려하는 일과는 별개다. 여성들은
어느 순간부터 회사라는 조직에서 존중받지 못하고 있음을
느낀다. 이런 상황에서 하물며 출산휴가나 육아휴직을
당당히 쓰기는 더욱 어려운 일이다. 여성들은 점차 업무
능력과 별개로 회사 조직 안에서 자신이 행사할 수 있는
권리와 재량의 범주가 모호해지는 것을 경험한다. 때문에
설령 직급이 올라간다 해도 일터에서의 입지에 확신을 갖기
어렵다는 것이다.

　　　수경 씨는 7년 차 공기업 직원이다. 업무 능력에서

높은 평가를 받고 있지만 시간이 지날수록 관리자로서
자신의 '약점'을 인식하게 되었다.

> 요새는 관리자만 평가를 하는 게 아니고 같은
> 직급끼리도, 관리자 밑에 직급 차이가 있는
> 팀원들끼리도 평가를 하거든요. 저는 그 평가를
> 잘 받을 만큼은 인정받아야 해요. 제가 관리자로
> 가려면 사실 개인 능력만으로 안 되는, 관계적
> 능력이 중요하다고 말을 듣는데, 아직 감이
> 안 와요. 아랫사람에게 부족한 부분이 있으면
> '이렇게 하라'고 지시하지만, 그 아랫사람이
> 별로라고 생각되면 그냥 무시해요. 근데 만약에
> 관리자가 되면 그런 직원도 잡아야 하잖아요. 업무
> 추진비라며 사람들 밥 사주면서 법인카드 긁고
> 다니는 남성 과장이 있는데, 그러면 다들 좋아해요.
> 전 그게 안 돼요.

관리자가 되기 위해서는 사람들과 두루두루 관계 맺으면서
평판을 만들어내야 한다. 공기업처럼 나름 인사고과가
투명하다고 간주되는 곳에서도 혼자 잘한다고 승진할 수는
없다. "여성들이 40대 넘고 그러면 확실히, 네트워킹의
대상자로도 포착이 안 되는 거예요." 그렇게 말하는 수경 씨는

여성이 승진할수록 왜 배제되는가를 "이해하기 시작했다"고 말한다. 그가 관찰한 바로 여성들은 네트워크나 관계를 위해 시간과 돈을 사용하기보다는 맡은 일을 완벽하게 처리하기 위해 많은 시간을 쓴다. 이들은 고위직으로 올라갈수록 승진에서 누락되거나 직함만 과장이고 실질적인 의사 결정을 할 수 없는 경우가 많다. 여기서 요구된다는 '관계적 능력'은 협력과 업무상 의사소통 같은 것만이 아니다. 회식, 술자리, 함께 담배 피우기, 뒷담화 등으로 구성되는 동료 의식이 여전히 큰 비중을 차지한다. 이런 환경에서 벌어지는 승진 경쟁에서 한두 번만 뒤처지고 나면 여성들은 강력한 유리 천장의 실재를 몸소 깨닫게 된다. 여남 간 연봉 격차만큼이나 네트워킹의 범위 또한 격차가 벌어진다. 남성이 회사로부터 '골프를 배워둬라' '시사 근무를 위해 외국어를 배워라' 같은 격려를 받으며 관리자로 키워지는 것과 대조적으로 여성은 경력이 늘어나도 네트워킹 범위가 회사 내부나 거래처에 한정되는 경우가 많다. "그나마도 40세가 다가오면 현재 직급에서 커리어를 마칠 생각을 해야 해요." 그 이후에도 더 높은 직급으로 가려는 욕심과 열정을 드러내는 여성은 성가신 존재로 취급받기 십상이기 때문이다.

그런데 실상, 여성들은 일터에서 동료들과 '협력'을 잘하는 편이다. 상사에게 필요한 자료를 제일 먼저 찾아 정리해주고 하급자의 업무 고충을 덜어주려 애를 쓴다. 그렇게 이리저리 부탁받는 일을 하다 보면 누구보다 '잡일'을 많이 하게 되기도 한다. 남성 직원은 직위나 지위가 올라가면 작은 일을 주변에 분산시키면서 규모가 큰 한 건을 통해 성과를 가시화하는 데 집중하면 '충분'하지만 수많은 준관리자급 여성은 여전히 세세한 관리와 경영을 담당하면서 '일 잘하는 동료'임을 지속적으로 증명해내야 한다. 그러다 보면 여기저기서 업무 협조 요청을 받아 많은 일을 떠맡고 늘 일에 치인 상태가 되는데 그렇게 신뢰를 쌓은들 조직의 인정이나 승진과는 멀어진다. 30대 중반 전문직인 하은 씨는 말한다.

절대 징징거리지 않아요. 그런데 잡일을 하다 보면 제 메인 능력에 소홀해질 수 있으니까 시간 분배에 스트레스가 쌓여요.

많은 일하는 여성에게 있어 능력이란 '흠 잡힐 데 없는 똑 부러진 일 처리'를 의미한다. 그러다 보니 실수를 잡아내거나 꼼꼼하게 마무리하는 일을 많이 맡게 된다. 실질적으로 꼭 필요하고 그 결과에 책임이 따르는 업무이지만 그 자신이 큰 그림을 그리고 결정권자로서 추진하는 일은 아니다.

같은 조직에서 5-10년가량 경력을 이어가고 있는 여성들은 매우 회의적인 입장을 토로하기도 했다. 그들은 결국 일터는 "보통의 남자가 최고의 자리에 오르는

역설이 가능한 환경"이라고 진단한다. 정말로 능력이 있고
야심만만한 남성들은 중간에 퇴사해 자기 사업을 하거나
스카우트되어 나간다. 여성들은 일은 많이 하지만 평가
체계에 따라 불이익을 받는다. 그렇게 해서 소위 '딜버트의
법칙'이라는 역설이 일어난다.[4] 이는 회사에 큰 이익을
가져오지 않지만 또한 가장 적은 타격을 입히는 무능력한
남성들이 가장 먼저 승진하고 성공하는 역설이다. 조직은
변화를 두려워하고 안주하는 성향이 강하기 때문이다. 반면
여성들은 마치 가사 노동처럼 아무리 열심히 해도 눈에
띄지 않다가 '하지 않을 때' 가장 빨리 가시화되어 부정적
평가를 받기 쉬운 직무에 배치된다. 이런 직무는 조직을
돌아가게 하는 필수 요건임에도 가치 절하되고, 이 같은
직무에서 분투하는 여성들은 종종 "일을 잘하는데 리더십이
떨어진다"와 같은 관습화된 평가에 부딪힌다. 이런 현실에
여성들은 강한 의문을 제기한다. "여전히 전통적인 상명
하달이나 권위주의를 리더십이라고 이해해요." 수경 씨는
신입이나 일머리가 부족한 직원에게 일을 가르쳐주고,
디테일을 놓치지 않으면서 전체를 볼 수 있는 일 능력을
쌓도록 격려했다. 그런데 꼼꼼하게 가르쳤던 남성
하급자로부터 후에 "왜 나한테 못되게 굴었냐"는 항의를
받았다고 한다. 여성의 리더십을 인정하지 않으려는 남성
직원이 존재하고 여성 상급자의 지시와 역량을 리더십이라

정의하지 않는 조직이 존재하는 한 여성은 리더나 관리자가 될 수 없다. 이러한 조직 안에서 능력 있는 여성들은 시간이 지나면서 좌절하게 된다. 그리고 많은 여성이 완벽히 번아웃된 채 조직을 떠난다.

## 여자 커리어는 마흔까지

디자인 업계에 종사하는 30대 후반 여성 수현 씨는 언제까지 이 직종에서 일하고 싶냐는 질문에 "40세가 되면 동종 업계 내에서는 옮기기 힘들다"고 대답했다. 이후에는 프리랜서로 일해야 한다는 것이다. 놀랍게도 능력주의는 한시성을 갖는다. 나이로 인한 경력 단절이 존재하고, 이 나이 변수는 여성들에게 더 강력한 영향을 준다. IT, 금융, 마케팅, 벤처 기업 풍토에서 여성의 나이는 치명적이다. 금융계에 종사하는 30대 중반 여성 하은 씨는 "이 업계에서 여성은 40살 이전에 뭔가 승부를 봐야 한다"고 단언했다. 아무리 유능한 여성이라도 이직이나 스카우트를 할 수 있는 최대치는 40세 이전이다. "몸집(연봉)이 커지면" 아무도 여성을 고용하고 싶어하지 않는다고 한다. 40세, 혹은 기껏해야 40대 중반까지라는 커리어 시한이 존재한다.

비슷한 인터뷰를 진행한 여성들은 한결같이 아무리 업계에서 탁월하고 일 잘한다는 평판을 얻어도 여성의 나이는 능력과 평판에 우선한다고 인식하고 있었다. 인터뷰에 참여한 또 다른 전문직 여성은 '나이 천장'을 감지한 뒤 자신의 '몸집'이 그리 크지 않다는 것을 암암리에 주변에 알리기 시작했다고 한다. 그는 "대단한 직급을 요구하는 것이 아니"라는 말과 함께 자신의 이직 희망을 퍼뜨리고 다녔다. 경력 단절을 피하기 위해서 자신의 야망이 그리 크지 않다고 이야기했다.

우리가 흔히 알고 또 듣게 되는 전문직 여성의 경력 단절은 임신, 육아와 돌봄 등에 의한 것이었다. 하지만 기술 및 시장의 변화와 유행에 민감한 IT, 디자인, 문화산업, 금융계에서 일하는 여성들은 자기 분야의 최고 경력에 도달하지 못한 채 이직이나 이탈을 강요받고 있었다. 보통 잦은 이직을 통해 더 높은 보수와 지위로 자신을 입증하고 평판을 높이는 전문직에서도 여성들은 나이를 중요한 장벽으로 감지하고 있다. 정년이 보장된 직종의 여성들에게도 나이는 민감하게 받아들여진다. 앞서 공기업 7년 차로 네트워킹의 고충을 이야기했던 수경 씨 또한 40세가 여성에게는 매우 '중요한' 나이라고 말한다. 40대에 들어선 여성 동료들의 소외를 목격한 그는 자신이 앞으로 해나가야 할 일은 "가능한 술자리에 빠지지 않는 것"이라 말했다.

여러 일터의 여성들이 증언했듯 40대가 되면

여성은 조직에서 능력을 다한 존재처럼 취급된다.

정규직으로 정년이 보장된 여성이 40세 이후 직장에 남을 수 없는 이유를 묻자 30대 후반 여성들의 대답이 한결같았다. "계속 직장에 붙어 있는 것이 눈치 없는 행동으로 여겨지기 때문"이다. 회사에서 여성에게 더 높은 직급의 일을 맡길 '준비'를 하지 않는데 계속 붙어 있으려 하는 건 "쿨하지 못하다". 능력주의를 과신하는 것처럼까지 보이던 진취적인 여성들이 40세가 되면 현재의 직급에서 커리어를 마칠 생각을 해야 한다고 이야기하는 것을 듣고 나는 큰 충격을 받았다. 한국 전문직 여성들은 40세로 정해진 유통기한을 받아들이고, 많은 이가 '이기적이고 눈치 없는' '성가신' 존재로 여겨질까 봐 서둘러 조직에서 나온다고 말한다. 아무리 경쟁이 중요한 일을 해왔어도 40세가 되면 "업계에서 겸손해지는 법을 배워야 살아남는다"고 말하기도 했다. 그들은 "대놓고 뭐라 하진 않지만" 회사가 여성의 '지위' 자체에 대해 의혹을 품고 있다고 느낀다. 그들은 노동 강도가 센 일을 척척 해내더라도 '너는 회사에 크게 기여하지 못한다'는 사회의 암묵적 메시지를 받고 있다고 느낀다. 그들은 "누가 뭐라 해서가 아니라 자발적으로" 퇴사를 한다. 그리고 프리랜서나 자영업자, 공익 분야로의 이동을 심각하게 고민한다.

　　마케팅 직종에서 공익재단으로 급작스러운 직종

변경을 한 40대 여성은 다른 여성의 승진을 위해 "물갈이되는 느낌"이었다고 말했다. 왜 여성의 자리는 하나뿐이었을까?

## 능력의 역설

효율과 최적화를 강조하는 현대의 일터는 조직 구성원의 상호 경쟁과 파편화를 유도한다. 그리고 능력주의와 차별적 보상 체제의 도입을 통해 내부를 관리하고 규율하는 경향이 강하다. 때문에 일터의 노동자들은 자기 경영과 자기 감시를 내재화한다. 무엇보다 노동 시간이 늘어나고, 평가 시스템이 촘촘해졌기 때문이다. 평가는 특정 단계에서 예측 가능한 방식으로 이루어지기보다는 전 직급에서 지속적·일상적으로 이루어진다. '자기 계발' '자기 평가'와 같은 허울을 씌우지만 실제로는 항상 누군가에 의해 엄격한 잣대로 평가를 당하는데, 이런 평가에는 이미지, 입는 옷, 몸무게, 말하는 태도, 음식에 대한 취향 등 그 사람의 라이프스타일도 포함된다. 이제까지 개인적인 것으로 여겨졌던 위생 관리, 꾸밈, 언어 및 감정 돌봄 등의 행위들이 평가 대상이 된다.

그리고 이런 기준들은 여성을 평가할 때에 과도하게 작동한다. 지금까지 살펴봤듯 여성의 능력은 특히 젠더 역할 기대를 충족하는 정도에 따라 다르게 평가되며 이 기대에 못 미치는 것은 인간적인 결격 사유가 된다. 때문에 일터에서 여성들은 '완벽함'을 추구하는 경향을 보이게 된다. 종종 여성들에게 능력이라는 개념은 '어떤 상황에서도 준비된' '비난의 여지가 전혀 없는' 같은 개념으로 번역된다. 결국 능력은 '자기 완성'이라는 의미로 이해되고 실행된다. 남성들이 자신의 능력을 인맥, 영향력, 보상 개념과 연결하는 경향과 대조적이다. 여성들이 집착하는 능력 개념 자체가 문제적인 것은 아니다. 하지만 그 능력 개념 안에는 사회나 조직에서 기대되는 '여성성'이 내재되어 있기 때문에 능력을 발휘할수록 어떤 점에서는 여성성에 대한 기대를 재생산하고 높이는 딜레마에 빠지게 된다. 여성들은 젠더를 초월하여 개인으로 평가받기를 원한다고 말하지만 위험 관리를 통한 능력 개념은 이들을 '재여성화'시키고 있다. 여성들이 능력주의가 전통적 성차별을 상쇄할 것이라 믿을수록 전통적인 통제 규칙을 내면화하게 되는 것이다. 또한 여성들이 능력주의를 유일한 평가 체제로 받아들이게 되면, 주변인과 동료를 그 잣대 즉 학벌이나 직업으로 위계화하는 경향을 갖게 된다. 이는 비교, 질투, 나르시시즘과 자기 경멸로 이어지고 불안감을 증폭한다.

신자유주의가 옹호하는 능력 개념은 현재 여성들의 지위를 향상시키기보다는 끊임없이 이들을 소진시키고 불안을 키우는 데 기여한다. 능력주의를 믿는 여성들은 능력이 객관적으로 측정되고 지표화될 수 있는 어떤 것이기를 기대한다. 이런 '확실한' 능력이야말로, 만연한 성차별에 저항할 유일한 근거일 수 있기 때문이다. 그러한 여성들이 '완벽'을 능력으로 인식하고 스펙에 민감한 것은 성차별을 뛰어넘을 정도로 객관적인 변별력을 갖추기를 원하기 때문이다. 이것이 '여자는' '여자라서' '여자치고는' 같은 서두를 수없이 들어온 이들이 들 수 있는 무기이기 때문이다. 이들은 스펙이 차별을 압도하는 공평한 지표가 되어주리라 생각한다. 젠더, 나이, 외모, 지역에 기반을 둔 차별은 매우 전통적인 것이지만 스펙으로 획득되는 자격은 현대적인 성취다. 때문에 취업 준비나 이직 기간에도 학점은행제로 수업을 듣고 자격증을 따고 외국어를 배우는 것이다. 이러한 추구는 한계가 없는데, 일례로 한 여성은 스킨스쿠버 자격증을 땄는데 "혹시 회사에서 직원들이 단체로 휴가나 여행을 갈 때 멋있게 등장할" 단 한 번의 기회를 위해서라고 말했다. 또한 혹시 위기 상황이 오면 구조 '능력'을 발휘하고 싶다고 덧붙였다. 실제로 대부분의 직장에서 여성들은 동일 직급의 남성에 비해 스펙이 훨씬 높다.

　　　　이렇게 준비된 능력자가 되려는 노력에도 불구하고 여성들은 남성보다 더 나쁜 조건의 직업으로 지속적으로 하향 취업하는 경향을 보인다. 왜 이런 현상이 벌어질까?

직업 이동이 빈번한 노동 유연화 시대에 대부분의 직업 획득과 이동이 평판과 네트워크를 통해 이뤄지기 때문이다. 이때 여성들은 다른 좋은 직장에 추천해줄 만한 자원으로서 호의와 보살핌 받지 못하는 경우가 많다. 무엇보다 능력이 있는 여성은 조직에 '순응'하지 않기 때문에 좋은 동료가 될 수 없다는 편견이 작동한다. 업무 능력 면에서 나쁘지 않은 평가를 받았던 여성들이 해고를 당한 몇 가지 사유를 들면 "분위기를 깨고" "그냥 싫고" "손발이 안 맞는다" 등이 있었다. 반면 남성은 '사람 괜찮다' '성실하다'와 같은 긍정적 평가를 상대적으로 수월하게 획득하고 추천을 받는다. 결국 젠더가 얽히면 스펙이 큰 힘을 발휘하지 못한다는 것이 자기 계발 시대를 사는 여성들이 직면하는 역설이다.

# 11장              경력단절

"너무 평생 일할 계획을 머릿속에 갖고 있었나
봐요."

수한 씨는 갑작스러운 해고 통지를 받았다. 그는 집안의
유일한 소득원이었다. 두려웠고 막막했다. 남성 직장인들은
결혼 여부와는 상관없이 면접 때나 연봉협상에서 '본인이
생계를 책임지는가'에 관한 질문을 자주 받는다. 수한 씨는
이런 질문을 한 번도 받아본 적이 없었다. 수한 씨의 말처럼
그의 인생 계획 중심에는 일이 있었다. 여러 번의 이직
경험이 있지만, 해고는 충격적이었다. 저축이나 여유가
없는 상태에서 갑자기 받은 해고 통보는 세상에서 추방되는
느낌을 주었다. 이직과 실직이 아무리 흔해졌다 해도

일방적인 통지로 일터를 떠나는 일은 고통스럽고 모욕적인
경험이다.

원하든 원하지 않든 간에 일하는 여성은 일터에서
여러 번의 단절을 경험한다. 질병, 임신, 출산, 양육, 가족
돌봄 등을 이유로 일터에서 밀려나는 여성이 여전히 많다.
대다수 여성의 생애 경험은 일터의 가치와 대립하고 갈등을
만들어낸다. 아이가 생겼다고 일을 그만두는 아버지는
거의 없지만 어머니는 양육의 의무와 경제적·사회적 생존
사이에서 휘둘리는 것이 현실이다.

모든 세대의 여성이 다양한 이유로 경력단절을
경험한다. 그리고 아직 겪지 않은 많은 여성도 이것을 제
삶에 밀어닥칠 수 있는 재앙으로 느끼고 있다. 여성들은
경력단절을 어떻게 경험하고 서사화하는가?

## 정말로 그만두고 싶습니까?

공기업에 다니는 30대 후반 기혼 여성 선주 씨는 일과 맺는
관계를 "방전, 이후 조금 충전, 이후 다시 방전"의 사이클로
묘사했다. 일이 너무 많고 에너지가 바닥을 치는 느낌이
자주 든다. 그래도 버티자는 생각으로 충전하고, 다시

방전되는 경험을 되풀이한다. 그는 유치원에 다니는 아이가 초등학교에 입학하면 일을 그만둬야 하나 고민한다고 했다.

아이의 초등학교 입학 시기에 맞춰 일을 그만두는 직장 여성들의 이야기를 많이 들었다. 아이의 초등학교 입학은 일터에서 번아웃된 여성이 집으로 회귀하는 중요한 계기다. 아이가 더 어릴 때는 저녁 6, 7시까지 돌봐주는 유아 시설이 많지만 학교는 다르다. 학교 끝나고 집에 온 아이를 맞아줄 성인이 존재하지 않는다면, 3, 4시 전에 수업을 마치는 아이를 어느 학원으로 두세 군데 돌릴 것일지를 결정해야 한다. 주양육자의 퇴근 시간에 맞춰 아이가 집에 와야 하기 때문이다. 방과 후 아이의 학습과 돌봄 모두를 봐줄 동네의 평판 좋은 학원을 수소문하고, 간식도 챙겨주어야 한다. 이런 데 쓰이는 비용이 자신의 월급보다 많기 때문에 많은 여성이 '가성비 원칙'에 따라 직장을 그만두는 것이다. 어떤 여성들은 곧 시작될 아이의 입시 대장정을 지휘하기 위해 일을 그만둔다. 하지만 이 흔하고 익숙한 시나리오가 여성들이 원하는 것인지는 확인된 바 없다.

나는 선주 씨에게 "일을 진짜 그만두고 싶으냐"고 물었다. 그는 "아니"라고 대답했다. 선주 씨는 아이 초등학교 입학과 함께 일을 그만둔 동료 여성들의 소식을 간간이 듣고 있는데, 모두 정도의 차이는 있지만 허탈감에 시달린다고 한다. 처음에는 좀 쉬면서, 이제까지 잘 돌봐주지 못한 아이에게 미안한 마음도 있어 밥도 차려주고 아이를 집에서 맞아주는 데서 만족감을 느낀다. 또한 아이가 저학년일 때는 세세하게 챙겨줄 것이 많아 잘한 결정이라고 여기는 이들도 있었다. 하지만 2, 3년 사이 아이는 자라, 혼자 많은 것을 할 수 있는 고학년이 된다. 선주 씨는 주변의 경력단절 여성들이 "나만 무언가를 잃었다는 생각에 허무해한다"고 했다. 그럼에도 그는 아이가 초등학교 들어가면 엄마 손이 필요하다는 얘기를 너무 많이 들으며 퇴사를 고민한다. 남편과 진지하게 의논할 때마다 남편은 '네 마음대로 하라'는 무책임한 말을 한다. 그 말은 모든 것을 선주 씨의 선택으로 돌리고 책임을 온전히 선주 씨 본인에게 지우려는 것임을 안다. 선주 씨는 지금 일이 아무리 힘들어도 집에서 시간을 보내는 게 더 힘들 것 같다고 말했다. 계속 일하겠다는 의지가 있는 여성들은 양자택일이라는 선택 없는 선택지를 두고 치열하게 고민한다. 그들의 일에 대한 의지는 '좋은 엄마' 각본, 무책임한 공동양육자인 배우자, 사회적 돌봄의 부재 등으로 자주 흔들린다. 여성을 뒤흔들고 탈진시키고 분노케 하는 이러한 구조는 개선의 실마리조차 없다.

양육자 여성이 일터와 집, 일과 모성 사이에서 균형을 잡기 어렵다는 것은 수많은 경험담을 통해 알려진 사실이다. 여성이 가족을 강력한 소속과 억압의 장소로 느끼는 것처럼 일터에 대한 이들의 감정 또한 양면적이다. 어머니가 된 여성에게 육아 의무가 요청하는 절대적 시간과 직장에서 상승 이동을 위해 필요한 시간은 늘 경합한다. 편집증적 핵가족 안에서 여성에게 떠넘겨지는 돌봄의 기획자 역할은 일터에서의 위치와 상관없이 일하는 여성을 자주, 때때로, 불현듯 일을 그만둬야 한다는 생각에 사로잡히게 한다.

기혼 여성 스스로가 '일하는 여성'의 정체성을 어떻게 갖고 있는가도 살펴봐야 한다. 대니얼 해리스는 기혼의 직장 여성이 드는 가방 속 내용물과 여성 해방의 상황을 흥미롭게 해석했다.[5] 그들의 손가방은 별의별 용품으로 가득 차 있었고 매우 무거웠다. 그는 여기서 많은 여성이 내재화한 '삼중의 인격'이 여성들의 가방을 채운다는 점을 보았다. 여성들은 어떤 상황에서도 대비하여 살아남아야 한다는 '생존주의자', 모든 것을 다 완벽하게 배치하고 전시해야 한다고 믿는 '큐레이터', 내가 집을 지키고 유지한다는 '가정관리사'라는 삼중 역할을 내재화하고 세 역할 모두에 완벽을 기하고자 한다. 일하는 여성의 수가 급증했지만 여성의 성 역할에 대한 기대는 크게 변화하지 않았다. 오히려 세밀해지고 전문화되었다. 사회가 요구하는 삼중의 인격은 여성들을 강고하게 짓누르고 있고 여성은 공개적으로 또는 비밀스럽게 이런 역할들과 이미지를 수행하기 위한 물건들을 마련한다. 그리고 그것들로 가방을 채워 출근한다. 연구에서 살펴본 일하는 여성의 가방은 공사 영역의 너저분한 혼합으로 너무도 무거워져 있었다.

앨리 러셀 혹실드는 현대 여성에게 일과 가족의 균형이 불가능해지는 상황을 일터의 가족화와 가족의 일터화라는 개념으로 정의한다.[6] 생활이 일처럼 되고 직장이 집처럼 된다는 말은 수사적 표현 이상의 의미를 담는다. 직업을 가진 주양육자 여성에게 가정은 더 이상 휴식처가 아니며 또 하나의 일터다. 직장에서도 장시간 노동과 감정노동을 요구받는 여성들은 퇴근해서도 끝나지 않는 '일'에 쫓기면서 둘을 구분하기 어려워진다. 일터에서 경제권, 자율성, 결정력을 행사하며 권리 개념을 확보한 여성들은 이런 현실에 불만을 갖고 오히려 일터에 머무르기를 선호하게 된다. 전에는 '일만 하는 남편이 불만인 부인'의 이미지가 현대 핵가족을 상징했다면 이제는 '일만 하는 모부가 불만인 아이들'이 현실에 가까워졌다.

그럼에도 삼중의 자아상에 시달리던 여성 다수가 퇴직을 하고 인생의 다른 트랙에 진입한다. 이때 여성들의 전업주부화는 여성 자신의 욕망과 무관한 선택이다. 더구나 그렇게 일터를 떠난 후에도 이들은 여전히 '생존주의자' '큐레이터' '가정관리사'라는 세 자아에서 자유롭지 못하다. 일터를 떠난 여성들은 이제 가사와 육아, 교육을 기획하고 전시하고 관리하는 전문가가 된다. 높은 기준으로 스스로를 규율하면 규율할수록 이들은 끝내 완벽하지 못하다는

불안감에 시달린다. 균형 잡기 불가능한 과제들 사이에서
소모되다가 경력단절 여성의 행로에 동참하지만 다시 또
다른 불안을 경험하게 되는 것이다.


## 왜 그만두었냐고 여성에게 묻는다면

보통 경력단절은 출산이나 육아 혹은 매니저 맘-되기
과정에서 생겨난 자발적이고 비자발적인 퇴직, 그 이후 다시
동종의 일터로 돌아가기 어려운 상황을 의미했다. 그런데
이제 여성들에게 경력단절의 공포는 결혼을 하는 순간부터
온다. 여성들은 기업의 고질적인 성차별 즉 여성에 대한
고용 거부와 쉬운 해고, 업무 능력 저평가, 나이주의 등을
경험하면서 자신의 생애 경로와 일 경로 사이의 갈등을
깨닫는다. 때문에 자신의 경험, 연륜과 네트워크를 활용해
자영업이나 스타트업 창업을 대안으로 채택하기도 한다.
스타트업 여성들의 네트워크 SWIK의 김지영 대표(실명)는
연세대학교 초청 강연에서 "막연한 두려움 때문"에
스타트업을 하게 되었다고 밝혔다. 그는 스타트업에서 일한
지 2년이 되던 해에 결혼을 했다. 배우자를 사랑하여 선택한
동반자적 결혼이었는데 갑자기 두려움이 밀어닥쳤다. '혹시

내게도 경력단절이 오지 않을까' 하는 공포감이다. 일은 여전히 재미있고 하고 싶은데, 생각해보니 회사에는 결혼한 여성이 없었다. 비혼 여성이 다수인 일터에서 결혼은 새로운 압력으로 다가왔다. 아무도 직접 뭐라 하지 않았음에도 '내가 기혼으로 이 업계에서 계속 일할 수 있을까?'라는 생각에 스트레스가 극심했고 탈모까지 왔다고 한다. 결혼한 여성 동료가 단 한 명도 없는 일터에서 워킹맘을 위한 사내 복지 이야기를 도저히 꺼낼 수 없을 것 같았다. 나는 김지영 씨를 대학에서 가르친 적이 있다. 그는 똑똑할 뿐 아니라 당당하고 지혜로웠다. 그런 그에게 '결혼했다는 사실'부터가 그런 공포로 다가왔다는 데는 놀랄 수밖에 없었다. 그는 자신의 공포에서 출발해 스타트업 여성들을 위한 지지 네트워크를 만들어 작년까지 6600여 명의 멤버를 모으며 일하는 여성들과 여성 창업자들의 이야기를 들었고 책도 펴냈다.[7]

일터의 남성에게 결혼은 인간으로서의 성취이자 도덕적 완성을 의미한다. 실제 완성의 여부와 상관없이 사회가 그렇게 인정하며 남성에게 가장의 권위와 존중을 부여한다. 하지만 일터의 여성에게 결혼은 결격 사유, 퇴출의 위험 요인이 된다. 이렇게 결혼이 노동자의 성별에 따라 차등적 가치를 만들어내면서 일터의 불평등은 심화된다. 여성의 개인사는 일터에서 쉽사리 부정적 평가 대상이 되며 때문에 여성들은 다른 동료와 자신의 조건을 계속 비교하면서 자신이 일터에서 선호되지 않는 상황을 계속 불안해한다. 여성에게 부과되는 평가 잣대로 인한 이 같은 불안은 '일을 계속 하고 싶다'라는 개인의 욕구보다 더 강하게 일터 안 여성의 존재감에 영향을 준다. 이는 분명 개인의 문제가 아니라 사회가 여성 노동자에게만 강요하는 심리다. "육아휴직 여성 57퍼센트, 직장에 못 돌아온다" 같은 기사 제목은 분명한 위협이고 현실이다. 결혼, 임신, 출산, 양육, 가족 돌봄으로 경력단절을 경험한 여성은 3명 가운데 1명(35%)꼴로, 이들은 평균 28.4세에 경력단절을 경험하고 재취업까지는 평균 7.8년이 걸린다. 육아휴직한 10명 중 6명은 직장에 복귀하지 못하며, 재취업하는 경력단절 여성 10명 중 8명이 전일제 직장을 원하지만 재취업 시에는 임시직이나 자영업 비율이 높아진다.[8] 즉, 경력단절이라는 말은 충분하지 않다. '경력단절' 이후 여성들은 같은 직장이나 비슷한 직종으로 재취업하기 어렵다는 점에서 단순한 단절 이상을 겪는다. 많은 이가 퇴직 혹은 퇴사하고 자신의 전문성이나 경력과는 상관없는 일자리로 재취업한다. 임금노동은 결혼이나 엄마 되기 같은 여성의 다른 존재성과 절대 병행할 수 없다는 젠더 각본은 불가피한 현실이 아니라 사회적 공모 체제다. 전 세계의 여성들이 결혼하고 출산하고 아이를 기른다는 이유로 직장에서 퇴출되지는 않기 때문이다. 한국 사회가 자연화한 성차별은 여성에게 무리한 선택을 강요한다. '유자녀 여성이면 눈치껏 나가는 것이 미덕' 같은 일터의 분위기도 그 연장선상에 있다.


## 왜 잘렸냐고 여성에게 묻는다면

> 2년은 채워야지, 채워야지 하는데 항상 2년이 되기 전에 뭔 일이 터져요. "아악!" 이러면서 나와요. 엄마마저도 "네가 이상한 거다"라고 해요. 절대 아니라고 말하지만, 이미 자격지심이 생겼어요.

20-30대 여성의 퇴사는 자발적 혹은 비자발적으로 일어난다. 일터 성격의 변화와 함께 고용 및 고용 해지 형태도 다양해졌다. 많은 여성이 일자리가 절박한 상황에서도 직장을 그만두게 된 이유로 '동료 관계'를 꼽았다. 상사나 동료와의 갈등 외에는 일방적 해고, 성희롱, 노동 강도 등과 같은 이유로 그들은 회사를 떠났다. 해고당한 여성들에게 어떻게 해고 통지를 받았는지를 물어보면 대부분 업무 관련 사유보다는 '케미' '팀 분위기' 같은 이유로 계약 해지되었다.

> 팀장이 밥 먹는 자리에서 "우리 둘이 안 맞는 것

같다"고 했어요. 제가 그만두는 걸로 정리했어요.

느낌을 알잖아요. 어느 순간부터 말 거는 사람도
없고, 왕따를 시키더라고요. 그걸 주도하는 사람이
대리님이란 걸 알게 됐고요.

일터를 자주 옮기게 되면 자신이 부적응자라는 생각이
들고 자신감이 떨어진다. 또한 잦은 이직을 한 이력은
이후의 취업에서 부정적으로 받아들여진다. 사실 많은
여성이 억울하게 조직에서 쫓겨난다. 그런데 이런 이력을
거친 이들은 피해자가 아닌 '그럴 만한 문제가 있는 사람'이
된다. 그로써 낙담하고 위축된 나머지 장기간 취업 활동을
중단하는 이들도 있다.

많은 여성이 자기 분야에서 최고의 직위에 이르기
전에 일찍이 이직이나 이탈을 강요받는다. 스카우트와
이직을 통해 평판을 높여가는 것이 일반적인 전문직, 기술직,
금융계에서도 여성들의 경력단절 공포가 크다. 시장 변화와
기술 발전 등에 민감한 분야의 경우 특히 관계와 정보에서
뒤처질까 봐 불안해 한다. 관련 경력을 잘 쌓아가던 여성들이
남성 중심의 특정 기술직으로는 진입이 불가능하다는 것을
깨닫기도 한다. 이미 학연, 지연, 회사 등으로 폐쇄적으로
연결되어 있고 여성은 외부인에 불과하기 때문이다. 또한

전장에서 언급했듯 여성에게 치명적으로 작용하는 나이
조건도 여성의 대규모 경력단절을 낳는다. 아무리 업계에서
탁월하다는 평판이 존재해도 그게 여성이라면, 나이가
능력과 평판에 우선하게 되는 것이다.

흥미롭게도 40세 전후로 출판업, 금융업, 마케팅
분야에 있던 전문직 여성 다수가 프리랜서가 되거나 덜 영리
추구적인 사회적 기업으로 이직한다. 여성이 다른 여성,
공익, 공동체를 돌보는 방향으로 업종을 바꾸는 경향은
타율노동에서 벗어나 사회적으로 의미 있는, 자신의 욕구에
부합하는 자율노동을 하고자 하는 그들의 의지를 반영한다.
하지만 일하려는 욕구와 전문성이 여전한 여성에게 더 이상
고임금을 지불하기를 거부하는 조직의 가부장적 여성 배제의
결과이기도 하다.


## "대단한 페미니스트도 아니었는데"

해고된 몇몇 여성은 그 이유를 묻자 회사에서 '불미스러운
일'을 경험했다고 말했다. 한 여성은 "문제를 제기한 것
때문에 밉보여서" 해고된 것 같다고 말한다. 또 다른
여성의 해고 사유는 성폭력과 관련 있다. 스스로 "대단한

페미니스트는 아니었다"고 소개한 30대 여성 호서 씨는
직장 동료의 성폭력 피해 문제로 팀장과 언쟁을 했다. 이후
같은 부서의 동료들이 자신에게 냉담해지고, 동료 간의
식사 자리에서 배제되었다. 팀장이 주재하는 회의 시간을
전달받지 못했고, 업무 대화에 초대되지 않았다. 이런 의도적
소외의 시간이 길어지면서 불면증과 우울에 시달렸고 급기야
병가를 냈다. 그리고 복귀해야 한다고 생각하니 너무나
끔찍해 몸이 떨렸다고 했다. 호서 씨는 곧 사표를 냈다.
사표를 내는 순간에도 팀원과 팀장은 '무심한 듯' 건강하라는
말만 하고 호서 씨의 사표를 수리했다.

　　　　　성폭력 피해를 당한 사람은 호서 씨 부서에서
일했던 계약직 여성이었고 가해자는 상당히 높은 위치의
관리자였다고 한다. 팀원이 성폭력을 당했다는 것은 호서
씨를 포함한 팀원들에게 충격이었기에 그는 이 문제로
함께 이야기하는 시간이 필요하다고 느꼈다. 그런데 팀장이
"조사가 끝날 때까지는 아무 얘기도 하지 말라"며 팀원들의
입을 막았다. 피해 여성은 계약이 끝나 회사를 나갔고 법적
소송을 준비 중이었다. 호서 씨는 왜 모든 사람이 이 끔찍한
사건에 대해 침묵해야만 하는지 이해할 수가 없었다고 한다.
심지어 팀장을 중심으로 계약직 여성 동료에 대한 험담, 농담,
조롱이 이루어졌고 명백한 2차 가해가 이어졌다. 호서 씨는
모든 팀원이 이 사건에 대해 침묵하도록 명령을 내린 팀장이

왜 끊임없이 피해자의 고통을 희화화하고 그 여성이 '원인 제공자'인 것처럼 거짓 정보를 유통할 '권리'를 가지는지 이해할 수 없었다. 그는 누가 피해자에 대해 말할 자격을 가질 수 있는지에 대해 심각하게 고민했다. 그러다 호서 씨는 자신도 똑같은 피해자 그리고 이처럼 조롱받는 위치로 전락할 수 있음을 깨달았다고 한다. 그는 4년간의 직장 생활이 모두 허무하게 느껴질 만큼 팀장과 팀원들의 적극적 동조에 실망했다. 그리고 마침내 피해자와 연대하고 그를 돕겠다는 '말'을 했다가 응징당한 것이다.

나는 인터뷰 당시 그에게 이것은 일종의 보복 해고라고 말해주었다. 실제로 차별에 대해 이야기했다는 이유로 고용주가 보복하는 것을 불법으로 규정한 국가가 많다. 이때 보복은 해고, 강등, 급여 삭감, 교대 근무 지시 또는 직무 변경 등 노동자의 건강에 부정적 영향을 주는 조치를 포함한다. 그러나 호서 씨는 자신이 당한 일들을 증명하기가 매우 힘들다고 여겼다. 그가 겪은 따돌림을 증언해줄 동료가 없기 때문이다. 그는 회사에 남은 팀장과 동료들이 자신을 '신경과민증 환자' 또는 '페미니스트'라 부르며 조롱하고 있을 거라고 상상했다.

# 12장

# 일자리를 만드는 여성들

밀레니얼 여성을 위한 경제생활 미디어예요.
(과거의) 경제 관련 서적을 보면 거부감이 앞섰어요.
여성을 위한 경제 서적에는 재테크도 육아도 잘
해내는 일명 '알파걸'과 하이힐이 그려져 있었고요.
표지만 봐도 성 역할이 현저히 분리된 느낌이 많이
들어 어느 것에도 손이 가질 않더라고요. (…) 우리가
독자에게 전하는 내용에 반하는 행동은 하지
않으려고 해요. 예를 들면 임금을 체불하지 않고
법정 노동시간과 최저임금을 준수하고, 직원이
응당 누려야 할 중소기업 정책을 잘 이행하는 것
등이 있겠죠. ('어피티' 박진영 대표)

지나치게 마르거나 지나치게 볼륨을 강조하지
않는, 다양한 나이대와 평범한 체형의 모델들을
건강하고 밝게 찍은 룩북도 보기 좋아요. 옷을
포장하는 폴리백을 전부 종이 패키지로 바꿨어요.
원단도 되도록 폴리가 아닌 잘 썩는 면을 쓰고,
폴리를 사용해야 하면 페트병을 재활용한 원단을
쓰죠. (하자 있는 옷들을 리사이클링하면) 비용이 더
나가요. 그런데 굳이 그런 작업을 부단히 해서
저렴하게 팔았어요. 약간의 하자 때문에 옷을
버려서 환경을 오염시키고 싶지 않았거든요.
'무브웜' 이정은 대표

'여성을 자유롭게 할' 모든 정보를 제공하는 앱
서비스예요. 제가 겪었던 고충과 깨달음의 시간을
다른 여성들에게 조금이나마 빨리 제공해드리고
싶었어요. 한국 여성은 자기 검열에 너무 익숙해
있어요. 능력이 충분함에도 자꾸만 스스로를
의심하죠. '자기만의방' 이명진 대표

이 인용들은 『코스모폴리탄』에 실린 "겁 없고 대담한
1990년대생 젊은 여성 창업가들"의 말이다.[9] 여성을 트렌디
소비주의의 대상이자 행위자로 간주해온 글로벌 대중잡지

또한 여성 스타트업 창업자들에 주목하기 시작했다. 이들의 일에 대한 열망과 지향에는 페미니즘이 주장해온 여성의 창의성, 평등, 공정, 대안적 가치관이 담겨 있다. 이 인터뷰를 미용실에서 우연히 읽게 된 나는 그들의 이야기에 매우 감동해 미용실을 나서자마자 서점에 가서 해당 잡지를 구입했다.

소위 페미니즘과 여성 경제가 접속하고 있다. 실제로 성 평등을 추구하는 페미니스트 기업인으로 스스로를 정의하는 여성이 증가하고 있다. 이들은 자신의 사업 아이템이나 상품, 정보, 이미지에 우리에게 낯익은 슬로건을 부착한다. 노골적으로 페미니즘을 표방한다고 하지는 않더라도 이들은 젠더·페미니즘 관련 정보와 지식을 생산하거나 여성과 성 소수자에게 상담을 제공하고, 생태 친화적인 식품, 의류, 예술품, 액세서리, 생리용품, 섹스용품 등을 판매한다. 페미니즘은 시장 안으로 들어왔다. 페미니즘 자아를 감추고 쉬쉬해야 하는 억압적 일터를 박차고 나와 페미니즘을 브랜딩한다는 것은 정말 멋진 일이다. 분명 나의 열광은 청년 여성 자영업자들이 '여성'에 머무르지 않고, 제품과 서비스를 생산해 고객에게 전달하는 일련의 모든 과정인 가치 사슬에 페미니즘을 진입시켰다는 데 있다. 혁명이 돈벌이와 함께 시작되는 기분이었다.

그런데 이런 독자 사업들은 단발적으로 이루어지고

지속가능성이 담보되지 않는 경우가 많다. 최근 급증하고 있는 여성의 독립 기업은 어떻게 남성 중심의 경제 영역에 진입하고 있을까? 페미니즘이 시장에 간다는 의미는 어떤 가능성과 한계를 보여줄까? 여성 혹은 페미니즘과 경제의 관계는 늘 일관적으로 진보적이지는 않았다. 페미니즘을 표방한 사업은 여성들의 권익을 옹호하고, 여성의 경제적 지분을 확장하고, 페미니즘의 가치를 대중적으로 확산시킨다. 하지만 페미니즘이 마케팅 도구로만 활용될 때 급진적 정치학은 힘을 잃기도 한다. 비즈니스와 페미니즘은 어떻게 공존할 수 있을까?

## 투자자가 보는 여성 기업

2021년 중소벤처기업부가 발표한 「여성기업 실태조사」에 의하면, 여성 기업(여성이 대표자로 있는 기업)은 전체 기업의 40.2퍼센트, 277만 개로 역대 최다 수준을 기록했다.[10] 도매, 소매업(26.3%), 부동산업(22.5%), 숙박·음식업(17.8%)이 전체의 66.6퍼센트를 차지했다. 기술 기반 업종에서 여성이 CEO인 기업 또한 꾸준히 증가하고 있고 2017-2021년 사이 여성 창업 증가율은 연평균 3.1퍼센트였다. 특히 기술 기반

업종의 경우 여성 창업이 남성보다 연평균 증가율이 높다. 20-50대 전 연령대에서 증가하고 있는 여성 창업은 점차 보수적 투자자들의 주목을 받고 있다. 벤처캐피털*이 호황인 미국의 경우, 여성 창업자는 남성 창업자보다 63퍼센트 더 높은 성과를 냄에도 불구하고 전체 투자액의 2.3퍼센트만이 여성이 이끄는 스타트업에 투자되었다.[11] 벤처 자본 투자의 불평등을 바꾸기 위해 노력하는 비영리 단체인 '올레이즈'의 All Raise 설립을 도운 제니 레프코트는 『하버드비즈니스리뷰』 대담에서 실리콘밸리가 능력주의 원칙을 표명하지만 실제로 이곳에는 남성 중심 인맥과 사회적 네트워크 관습이 지배적이라고 밝혔다. 벤처캐피털리스트는 돈만 벌 수 있다면 피부색이나 젠더에 상관하지 않고 투자하리라고 여겨지지만 실제로는 비슷한 교육 배경이나 이미지로 인맥을 구성한 남성들이 투자를 받게 된다. "하버드대를 중퇴한 회색 후드 티 차림의 젊은 마크 저커버그"의 이미지가 이 분야의 유유상종을 지배한다는 것이다. 그리하여 스타트업 사업의 내용보다는 인맥과 네트워크에 기반한 편견이 투자 결정에 영향을 준다. 그는 투자를 정하는 의사결정직에 여성 참여를 의무화하고 성별 다양성을 조건으로 삼은 북유럽의 예를 들면서, 이러한 국가의 개입이 궁극적으로 기업 수익성에 긍정적인 영향을 미쳤다고 주장한다. 또한 많은 자료와 기사에서 조사되었듯 여성이 이끄는 기업에서 직원의 업무

•  VC. 주로 잠재력 있는 스타트업을
   금융자본으로 지원하는 투자 형태

만족도가 높고, 남성이 이끄는 기업보다 더 많은 여성을 고용하며, 수익률이 높다는 점을 강조한다.[12]

한국의 경우 여성들의 창업은 성차별적 노동 환경에 대한 반작용으로서 선호되고 있다. 도전적인 일을 해보고 싶어하는 여성들은 SNS를 활용한 소규모 사업부터 벤처 자본의 투자를 유치하고자 애쓰는 스타트업까지 다양한 규모와 방식으로 자영업에 뛰어들고 있다. 대학 때부터 독립 사업을 해왔다는 하루 씨는 지난 15년간 출판, 스포츠 분야 등에서 대표로 일했다. 그는 모든 사업에서 한 번도 적자를 내본 적이 없다고 말한다. '직원 월급은 절대 밀리지 않는다'라는 원칙을 세웠고 그 원칙을 여전히 지키고 있다. 그것이 그의 '페미니즘'이다. 하지만 그는 사업 내용에 페미니즘 가치를 명시하거나 '여성' 연대를 강조하는 것은 "비즈니스 세계를 모르는" 처사라고 생각한다. 그의 경험상 여성이나 페미니즘의 가치를 미리 전제하고 사업 수익 모델을 짜면 살아남기 힘들다는 것이다.

피칭 미팅에서 여성 VC(벤처 투자자)들은 얘기를 귀담아듣고 잘 이해하는 편이에요. 하지만 이런 이해도가 비즈니스로 연결되는 것은 아니에요. VC를 설득할 수 있는 것은 '숫자상으로 가능성이 있는지'입니다. 여성이나 페미니즘 요소에 기대를 두지 말고 시작해야 해요.

하루 씨는 말한다. "여성들은 그냥 VC와 심사역 다수가
남성이라는 전제로 경기에 뛰어들어야 합니다." 또한 그는
여성 창업가들이 네트워크를 만들어 정보를 교환하고
협력하는 문제와 투자를 받는 일 역시 별개라고 생각한다.
투자자들은 투자 성과 즉 '숫자'를 중시하며, 의도적으로 여성
창업을 키우려는 목적의 기금이 아니라면 "여성이라는 성별
요인이 긍정적으로 작동할 가능성은 없다"고 그는 보았다.
오히려 투자자의 관점으로 보면 '왜 전체 시장을 다 먹을 수
있는데 타깃을 여성에 국한하지?'라는 의문을 줄 수도 있다.
　　한편 임팩트 투자* 분야에는 '젠더렌즈 투자'라는
gender lens investing
척도가 등장했다. 젠더렌즈 투자는 여성이든 남성이든
한쪽에만 편향된 기업에 투자할 때보다 '젠더 다양성'이
갖춰진 스타트업에 투자하는 경우 훨씬 더 높은 수익률을
얻을 수 있다는 지표를 제공한다.[13] 그런 한편 2018년
소셜벤처인큐베이터기업 '소풍'에서 발행한 『젠더 안경을
쓰고 본 기울어진 투자 운동장』의 공저자 임소희(실명) 씨는
여성들을 벤처 분야에서 '버틸 수 있게' 하는 것이 무엇보다
중요하다고 말한다. 현실이 너무나 기울어진 운동장이기
때문이다.

* 　재무상의 수익 외에도
　　사회적·환경적 가치를 함께
　　고려하는 투자 형태

세상에 의미 있는 일이 있을 거라는 마음으로 임팩트 투자 회사에 들어왔어요. 창업자를 '발굴'해서 심사하고 선정하는데 투자금은 작아도 작은 회사를 키우는 것이 재미있었지요. 그런데 어느 날 남성 LP*가 의문을 제기했어요. 예를 들어 1차 평가 때 선정된 기업 대표의 여남 비율이 4:6이었다면 최종 선발의 경우는 2:8 또는 1:9로 나오는 거예요. 분명 '편견'이 작용한 것이 아닌가 하는 생각이 들기 시작했어요. 이때부터 저는 선발 과정을 복기했고, 그랬더니 투자심사역인 우리가 남성 창업자들의 관습과 언어에 익숙해져 있다는 것을 깨달았어요. 운동장이 너무 많이 기울어져 있었는데, 이런 한국 현실에 심사역들도 익숙해 있었지요.

임소희 씨는 재키 밴더브룩과 조지프 퀸런의 저서 『젠더 렌즈 투자』를 참고하고 여러 가지 자료를 모아 동료들과 함께 한국판 젠더 관점 투자 보고서를 썼다.[14] 당시 20대로, 임팩트 투자에서 뭔가 전문성이 부족했다고 느꼈던 소희 씨는 "신세계를 발견한 것 같은 기분으로 15일간 리포트 작성에만 매진"했다고 한다. 이 보고서는 2019년 3월 8일 여성의날에 공개되었다. 이는 한국 최초의 젠더 관점 투자 리포트다.

• 유한책임조합원(limited partner). 개인 또는 기관 투자자

이후 여성 창업가를 위한 기금이 설립되고 투자 규모도
확장되었다고 한다. 벤처 투자자, 엑셀러레이터, 창업자,
투자심사역으로 활동하는 사람들이 활용할 수 있는 젠더
관점의 투자란 "자본시장이 기울어진 운동장임을 자각하고
여성들에게 공평한 자본 접근성을 제공하고, 여성들의
삶에 유익한 영향을 주고자 하는 임팩트 투자"로 정의된다.
투자자는 젠더 관점을 가지고 투자회사의 환경을 바꿔내야
하며, 이로써 여성을 이롭게 하는 제품이나 서비스에도
적극적으로 투자할 수 있다. 마찬가지로 창업자도 젠더
렌즈를 조직 운영에 적용해야 한다. 구성원의 승진이나 급여
체계, 의사 결정을 하는 이사회 구성, 기업 내부 문화로서
정착된 관습, 기업이 생산해내는 제품과 서비스에 불평등한
요소가 없는지 검토하고 평등한 시스템을 마련해야 한다.
사회적으로 의미 있는 변화와 경제적 이익을 동시에
추구하고자 하는 임팩트 투자 분야에 젠더렌즈의 도입은
매우 고무적인 일이다.

　　　　하지만 임소희 씨는 임팩트 투자에서 발전된
젠더렌즈가 상업적 투자에는 적용되지 않는 한계에 우려를
표명했다. 무엇보다 투자심사역이 초반 700명에서 2000여
명으로 늘어났지만 여전히 남성이 다수다. 업계에서 학연에
의존하는 경향을 줄이려고 노력하는 곳들이 있지만, 최근
벤처 투자는 AI와 같은 기술 기반 기업을 선호하기 때문에

특정 학교 출신과 남성에게 집중되는 경향이 있다. 실제로 2022년 한국에서 여성 창업자에게 투자된 금액은 전체 투자금의 4.6퍼센트에 불과하다.[15] 임소희 씨는 여기서 여성이 살아남으려면 '버티는 시간'이 필요하다고 말한다.

> 창업한 이후 몇 넌간은 수익성을 맞추기 힘들어요. 사업이 되려면 버티는 시간이 필요합니다. 이때 투자를 받아 여성 창업자들이 '시간을 확보할 수 있느냐?'가 관건입니다.

임팩트 투자 분야의 성찰과 젠더렌즈 도입에도 불구하고 투자업계의 인맥과 자본 흐름에 깊숙이 자리 잡은 남성 엘리트주의는 건재함을 넘어 더 강해지고 있다.

## 인스타그램 페미니즘과 여성 경제

인간의 역사에는 여성 경제<sup>female economy</sup>라 불릴 만한 활동이 수없이 많이 존재해왔다. 1950년대 한국전쟁 이후 양장점을 운영했던 여성과 여성 노동자, 여성 고객들이 국가 재건과 복구에 기여했음을 밝혀낸 김미선은 여성 경제를 "사업가, 노동자,

소비자가 모두 여성으로 구성되고 자본, 신용, 이윤을 낳는 사업가와 고객 사이의 관계망을 끌어낸 여성 중심의 비즈니스 네트워크"로 정의한다.[16] 김미선은 남성 중심 경제에서 가시화되지 못했던 여성들의 사회경제적 기여와 역사를 복원함으로써 여성들이 이윤을 추구하는 동시에 주변을 돌보며 함께 먹고사는 사회를 지향하는 구조를 만들어왔음을 밝힌다. 당시 소규모 양장점을 운영했던 여성들은 아내, 어머니, 일하는 여성으로서 삼중의 역할을 수행하며 공-사 경계를 넘나들었다. 이들은 집에서 양장점 운영을 함께 하며 돌봄과 생계 노동을 동시적으로 수행했다.

　　　1970년대 국가 주도의 계획 경제가 거대 자본가와 훈육된 남성 노동자 중심의 남성 경제로 이동하면서 여성 주도의 양장점 등은 사라져갔다. 그리고 2015년 페미니즘 대중화 이후 우리는 다양한 여성 경제를 목격했다. 여성들은 페미니즘 출판, 성평등운동, 피해자 지원, 불매운동 등을 통해 소위 '화력'을 모으고, 빠른 시간에 구체적인 성과를 냈다. 내가 후원으로 받거나 사들인 각종 스티커나 물건들만 하더라도 그 수를 셀 수 없을 정도다. 페미니즘 운동과 결합한 시장은 때로는 여성들에게 '우리도 힘이 있다'라는 강력한 정동을 구성해낸다. 여성들이 생산, 유통, 소비, 의미화의 전 과정을 주도하며 불평등과 맞서 싸우고, 소수자들과 함께 연대한다는 것은 정말 의미 있는 변화였다. 그러나 한편

'시장'으로 간 페미니즘은 일종의 유행이나 관성이 되기도 한다. 지금 우리 사회에서 만들어지고 있는 여성 경제는 기존과 어떻게 다를까?

일부 학자는 페미니즘과 시장의 결합을 '제4의 페미니즘 물결'과 연결 짓는다. 제4물결 페미니즘은 상대적으로 정의하기가 어렵지만, 인터넷의 출현과 소셜 미디어를 기반으로 한 행동주의로 특징지을 수 있다. 이런 행동주의는 온라인 영역에서 확장된 미투 운동을 포함한 페미니즘의 대중화를 촉진했고 동시에 소셜 미디어를 통해 여성들이 중심이 돼서 운영하는 경제 활동을 확산시켰다. 제4물결 페미니즘은 이제까지 과소대표되었던 정체성들과 그들의 목소리를 가시화하고, 실재하는 그들의 삶을 드러내는 데 주력한다.[17] 특히 미국의 경우 여성과 성 소수자의 인권만큼이나 뿌리 깊은 인종차별의 종식을 의제로 다룬다. 로자 크레팍스는 디지털화가 페미니즘의 표현 방식을 '개인화된 감성'으로 변화시켰을 뿐 아니라, 이제까지 주변화되어왔던 이슈들을 가시화하는 창조적 공간을 제공했다고 말한다. 그리고 그는 이러한 조류를 '인스타그램 페미니즘' 현상이라 명명했다.[18]

시각 기반 소셜 미디어인 인스타그램의 등장은 페미니즘이 가시화되는 방식을 변화시켜냈다. 전통적으로 페미니즘 운동은 패션, 예술, 미학과는 일정 정도 거리를

두어왔다. 시각과 패션은 규범적인 여성성을 강화하는
가부장적 기대가 반영되기 쉬운 영역으로 여겨졌기에 소위
'페미니스트 스타일'은 주류 패션보다는 안티-패션이나
반문화적 스타일의 창조에 관심이 있었다. 하지만 일상적
삶의 이미지를 전시하는 인스타그램은 미적인 것과 정치적인
것, 가벼움과 세련된 심미적 여성성, 인정 욕구와 '관종'•
욕구의 경계를 허물고 있다. 그리고 이 공간에서 페미니즘은
생산자와 소비자를 연결하는 문화적 자원으로 등장하고
있다. 즉 정치적인 동시에 경제적인 영역을 만들어내고 있는
것이다.

　　　최근에 한국에서 등장하는 다양한 여성 주도
스타트업이나 소규모 독립 사업 중에는 디지털 자본주의적
가시성에 기반을 둔 여성 경제의 성격을 띤 것이 많다.
20-40대 여성이 정성 들여 만든 상품을 멋진 이미지로
게시하면 그것에 환호하는 여성들이 주문을 약속한다.
그리고 인스타그램과 같은 방식의 이미지 전시에
일상적·강박적으로 몰두하는 이용자들이 이런 인스타그램
페미니즘과 상업화를 독려한다. 『인생샷 뒤의 여자들』에서
김지효는 '셀카'와 '인생샷'에 자아를 투척한 수많은 20대
여성의 이야기를 통해 인스타그램이 여성들의 사회적 인정
욕구를 확인하는 중요한 통로가 되고 있음을 보여준다.[19]
일부 여성은 페미니스트의 이미지를 순화시키고 매력적인

존재로 만들기 위해서도 인생샷에 매달린다고 말한다. 이들은 학교와 광장에서 지식과 이데올로기로 페미니스트 정치성을 실천해온 이전 세대와 달리, 페미니즘을 미학적 취향이나 감성으로 구성해내는 존재들이다. 이런 흐름 속에서 20-40대 여성들이 운영하는 스타트업 또한 상품이나 서비스를 보기 좋게, 소유하고 싶게 만들어 그 결과로 고부가가치를 추구하게 된다.

앞서 소개한 1990년대생 스타트업계 여성들의 사업은 단순히 디지털 미학화를 추구하는 것이 아니라, 기존의 주류 규범과 이윤 제일주의를 넘어선 대안적 가치를 표방한다는 점에서 매우 신선했다. 이들은 '페미니즘' '평등주의' '생태주의' 같은 추상적 지향을 구체적인 정보와 상품으로 물질화·가시화한다. 여성들은 경제적 안정을 창출하는 것뿐 아니라, 사회적 소수자의 권익을 보장하여 이들이 차별과 역경에 맞서 공적 장소에서 "돋보일 수 있게" 하는 데도 관심을 가진다.[20] 그리고 이 과정에서 무엇이 단순히 여성을 겨냥하는 사업이고, 무엇이 페미니즘 경제에 다가가는 일인지의 경계는 점차 모호해지고 있다.

# 페미니즘은 팔릴 수 있는가?

요한나 라우리는 자신을 페미니스트로 정의하며 물품을
생산하고 판매하는 스웨덴의 소규모 자영업자 열 명을
인터뷰했다.[21] 이들은 20-40대의 여성으로, 열 명 중 세 명은
전업으로 사업을 했고 일곱 명은 다른 직업을 갖거나 공부를
하면서 부업으로 자영업을 병행했다. 이들 모두는 상품을
자신의 웹사이트를 통해 판매했고, 두 명은 실물 상점과
웹사이트에서 판매했다. 라우리는 이들에게 페미니스트
비즈니스를 하는 것이 왜 매력적으로 보였고, 이런 일에
빠지게 되었는지를 물었다. 이들은 자신의 페미니스트
정체성을 포기하지 않으면서 어떻게 페미니즘을 가시화하고,
'좋은 일'을 하면서, 경제적 이익을 창출할 수 있을까를
고민하다 자영업자가 되었다고 말한다. 이들은 '페미니즘
없이는 이 사업도 없을 것'이라는 신념이 강했고, 자신의
비즈니스는 페미니즘이라 말했다. 이들 소규모 페미니스트
자영업자들은 대중 페미니즘의 혜택을 받은 이들로,
'대중적'이라는 의미를 새롭게 해석하고 있다. 즉, 대중적
페미니즘이란 디지털 공론장과 SNS 미디어에 페미니즘을
가시화하여, 더 많은 사람에게 페미니즘을 매력적으로
보이게 하는 일이라 이해하고 있었다. 이들 중 일부는
개인적으로 페미니즘을 브랜딩해 만든 티셔츠, 장신구,

예술품 등을 인스타그램에 올렸다가 "나도 갖고 싶어요. 어디서 살 수 있어요?"라는 친구와 팔로워의 반응을 보고 제품을 만들어 팔기 시작했다고 한다. 페미니즘 사업은 "놓치기에는 너무 좋은 가능성"으로 보였고, 페미니스트 자아와 기업가 자아를 모순 없이 결합할 수 있었다. 이들은 상품이 페미니즘 정치를 표명하기 때문에 이 상품의 가시성이 높아지고 잘 팔리는 것이 바로 페미니즘 '운동'이고 확산이라고 말한다. 한 사람은 "현재의 페미니즘 백래시와 보수 우익의 등장에 맞서기 위해서, '내가 지지하는 가치는 바로 이것'임을 상품을 통해 보여주는 일이 중요하기 때문에" 관련 제품이 잘 팔리는 것이라 해석했다. 그런 점에서 이들 자영업자는 '일상생활에서 페미니즘을 보여주는 것'이 중요하다는 데 강한 신념을 갖고 있었다. 이런 현상은 내 주변의 페미니스트 학생들이 노트북과 백팩에 페미니즘의 이미지와 언어를 담은 스티커를 붙이거나 액세서리를 다는 것과 같은 의도라고 생각한다. 페미니즘 비즈니스는 '가시성'의 경제라는 디지털 자본주의 메커니즘 그리고 생산과 소비 네트워크로 결속한 여성들의 자매애 간 결합으로 성장하고 있었다. 요한나 라우리의 면담자 중 한 명은 페미니즘 상품은 페미니스트 소비자에게 행복과 역능감을 줄 뿐 아니라 소속감과 안전함에 대한 기대를 높여주기 때문에 중요하다고 말한다.

이제 페미니즘은 상품과 서비스에 부착되어야 의미가 생기고, 대중화될 수 있는 것일까? 라우리는 이 젊은 창업자들이 페미니즘 또한 눈에 띨수록 인기가 높아진다는 전제를 하고 있으며 때문에 남의 관심을 끄는 것을 성장의 기반으로 삼는 주목 경제의 피드백 루프에 흡수되고 있다고 분석했다. 하지만 페미니즘 자영업이 번창하는 요인을 무엇이든 상품화시킬 수 있다는 신자유주의 논리로만 바라볼 수는 없다. 페미니즘 비즈니스는 역사적으로 축적된 페미니즘 공동체, 자매애, 정치적 투쟁의 가치를 증진하면서 성장, 경쟁, 개성, 기업가 정신이라는 시장 경제의 가치와 결합한 것이며, 그 최종 목적이 단순히 수익성에만 있지 않기 때문이다. 라우리가 인터뷰한 어떤 여성들은 사업을 하면서 불가피하게 다른 여성들과 경쟁하게 되는 상황에 불안함을 표현했다. 그리고 "무자비한 경쟁 방식은 페미니즘 가치와 양립할 수 없다"고 단언했다. '경쟁보다는 자매애'를 강조하는 자영업자들은 여성들이 안전한 공간, 수치심이나 경쟁이 없는 공간, 서로를 격려하는 정신이 살아 있는 공간을 지향했다. 그리고 이들은 페미니스트 비즈니스에는 몇 가지 원칙이 지켜져야 한다고 강조했다. 무엇보다 윤리적인 방식으로 상품을 생산해야 하고, 어린이, 여성, 환경을 착취하지 말아야 하며, 지역에서 생산되는 자원을 사용하고, 탄소 배출을 줄이며, 모든 생산 과정을 투명하게 공개할 수 있어야 페미니즘 비즈니스로 명명될 수 있다는 것이다.

한편 인터뷰에 참여한 여성들은 페미니즘을
브랜드화하고 상품으로 유통하는 것에 대해 '불편함'도
느끼고 있었다. 이들은 페미니즘 운동과 이윤 추구 사이의
긴장과 모순을 해결하기 위해 수익 일부를 관련 운동 단체에
기부하거나, 개인 소유권을 주장하는 대신 공유와 재투자를
선택하기도 했다. 여기서 연구자 라우리는 페미니즘
비즈니스의 가능성을 긍정적으로 탐색하면서도, 현대
신자유주의 논리가 비즈니스와 사회 변화를 구분하는 경계를
흐리면서 소비를 통한 사회 변화가 가능하다고 믿게 하는
환상적 내러티브에 의존하는 것처럼 페미니즘 비즈니스
또한 운동을 약화하는 데 기여할 수 있다는 점을 지적한다.
그리고 이러한 비즈니스 페미니즘이 점점 더 가시화될수록
다른 유형의 페미니즘은 번성하기가 더 어려워질 것이라
결론짓는다.

스웨덴의 이 사례는 현대 한국에서 본격적으로
목격되는 현상은 아니다. 일부 여성이 페미니즘으로
상품이나 서비스를 홍보하여 돈을 벌기도 하지만, 한국에서
페미니즘은 여전히 인스타그램 같은 공론장에 나오면
바로 '초토화'를 부르는 키워드다. 한국의 공론장에 만연한
반페미니즘 정서와 '페미 색출'은 페미니스트 여성들을
움츠러들게 하고 페미니즘을 악마화한다. 상품은 구매자의

환심과 선택을 받아야 하기에 상품 논리에 의해 유통된다. 때문에 특정 가치를 상품으로 표현, 확산하고자 할 때 그 가치가 어디까지 거래, 교환, 매매될 수 있는 것인지 그리고 가시성을 인정받으면 곧 해당 가치의 강화가 이뤄지는 것인지에 대한 고민이 생긴다.

페미니즘 상품화와 소비는 일견 진입 장벽을 낮추며 대중적 이미지를 만들어낼 수 있으나, 페미니즘은 개인화된 소비와 취향의 문제가 아닌 구조적 불평등을 해결하는 행동주의의 실천이다. 페미니즘이 마케팅 도구로만 활용되면 급진적 정치학은 힘을 잃는다. 페미니즘은 여전히 시장이 아닌, 사회·정치적인 영역의 문제이기 때문이다.

# 13장        여성들은 저항하지 않는가?

몇 년 전의 에피소드를 소개한다. 당시 나는 시드니 대학교수들과 공동연구를 진행했다. 연구 발표와 회의를 위해 4일간 시드니에 체류했는데, 도저히 후속 회의 시간을 정하기 어려웠다. 조바심이 난 나는 불쑥 '조찬 회의'를 제안했다. 비혼 중년 여성, 백인 중년 남성, 아시아계 중년 남성으로 구성된 연구팀 교수들의 놀란 표정이 잊히지 않는다. 이들은 "법이나 규칙은 아니지만, 시드니 대학에서 조찬 회의를 하는 것은 장려되지 않는다"라고 말했다. 조찬 회의는 아이 돌봄, 환자 돌봄, 일상적 가족 돌봄의 책임과 의무가 '없는' 사람만이 참여할 수 있으므로 다수를 배제하고자 하는 의도를 갖기 때문이다. 그러므로 모든 회의는 방문 돌봄자가 출근한 '이후', 아동 돌봄 센터나 여타

복지 시설이 문 여는 시간 '이후'로 정해야 한다. 그들은
페미니스트 교수라고 알고 있던 내가 이런 제안을 한 것에
분명 당황한 눈치였다. 나는 순간 너무 부끄러웠다. 그리고
이런 생각이 어디서 나온 것일까 고민했다. 내가 아이가
없다는 사실 때문에 보지 못하고 느끼지 못하는 여성들의
경험 세계가 분명 존재한다. 그리고 더 중요한 원인은 내가
남성 중심 일터의 관습에 동화되었다는 점이다.

　　　　　종종 대학교수로 조찬 모임에 불려 간 적이 있다.
대학에서 운영하는 위원회 회의나 '높은 분들'과의 회의는
이들의 바쁜 스케줄을 고려하여 아침 일찍 열릴 때가 있다.
한번은 기업인들이 다니는 모 최고경영자 대학원에서 문화
다양성에 대한 강연을 의뢰받았는데, 아침 일곱 시에 서울
시내 한 호텔에서였다. 30-40여 분 강의 동안 이들은 쉴 새
없이, 몇 끼 굶은 사람처럼 요란하게 밥을 먹었다. 숟가락질,
젓가락질, 쩝쩝대는 소리를 이겨내며 짧은 강연을 마쳤다.
드디어, 이들에게 커피가 서빙될 때, 질문과 응답 시간이
이어졌고 한 시간 남짓의 조찬 모임이 끝났다. 남성이
90퍼센트인 이 집단은 아침 일곱 시에 호텔 조식을 먹으며
지식인이나 전문가에게 세상 돌아가는 얘기를 대강 듣고,
참여자들 간의 연대를 확인한다. 이 강연을 제안받았을 때
의사결정권자들을 만나 잘 설득하면 기업 내 다양성 정책을
세우는 데 자극이 될 수 있을 거라 생각했던 내 순진함은

곧 '조찬 강연은 절대 응하지 않는다'로 바뀌었다. 당시 부글거리던 속마음과는 반대로 '이 자리에 초대해준 것에 감사'를 표하며 표정을 관리했던 것이 기억난다.

정치권, 국회, 기업, 대학에서 행해지는 조찬 모임은 자신도 돌봄 의무를 지지 않고 남의 돌봄 의무에 대해서도 무감한 엘리트 남성의 오래된 관습이다. 고학력, 전문가 남성들이 포진된 일터일수록 이런 배제적인 관행이 조직의 위상을 과시하고 구성원들의 지위를 상징한다. 이러한 집단에서 지위가 오를수록 여성들 또한 이런 관행을 당연한 것으로 받아들이거나, 조찬 회의 참여를 '인정'으로 해석하게 된다. 그리고 나는 이러한 조직 문화와 관행을 바꿔야 한다고 주장해왔다. 그런데 결정적 순간에 조찬 회의라는, 한국에서 익숙한 해법을 내놓은 것이다.

일터의 여성은 일터 내의 주류 문화에 '동화'된다. 동화는 조용히 스며드는 과정이다. 임금노동자는 일터에서 시간을 보내면서 새로운 역할, 임무, 지위 등을 갖게 되고 그때마다 배우고, 순응하고, 마침내 동화된다. 때문에 동화는 일하는 내내 지속하는 사건이다. 동화는 사회적 소수자나 약자가 기성의 문화와 관점들에 쉽게 저항하지 못하는 이유이기도 하다. 여성들이 노골적인 차별의 관행을 경험하면서 저항하지 않는 이유 또한 '동화'에서 찾을 수 있다.

## 여성은 어떻게 동화되는가?

동화는 자신의 정체성이나 자아의 일부를 숨기거나 드러내지 않는 방법으로 통과되기와 덮기부터, 차별적 규범을 옹호하거나 적극적으로 실행하는 것까지를 포함한다. 여성의 일터 내 권리와 다양성을 옹호하는 『인허사이트』의 기자 카라 허토는 동화를 "여성, LGBTQ+, 유색인종, 장애인 등 소수자와 소외된 구성원이 지배 문화에 적응하는 과정으로, 외모, 행동, 생각 등이 지배 집단에 일치해야 한다는 압박감을 느끼는 것"이라고 정의한다.[22] 소수자들은 남성 중심적 일터에서 그들이 '구별되는 존재'임을 안다. 자신이 조직의 일상 문화에 낯설어하거나, 놀라거나, 소속되지 않는다고 느끼거나, 어울리지 못한다는 생각을 하면 너무 괴롭기 때문에 이들은 적극적으로 동화를 바라게 되기도 한다. 성, 나이, 국적, 지역, 신체 조건 등에서 '차이를 가진 존재들'은 그 차이가 부정적인 표식으로 회자되기 때문에, 스스로 무뎌져야 한다고 마음먹는다. 이런 점에서 동화는 외부의 강압이나 명시적 요청 없이도 조직 내 소수자들이 드러나지 않도록 애쓰는 과정에서 생겨난다.

　　그러나 동화가 소수자들의 자발적 적응을 통해 이루어진다고 할 수는 없다. 일터의 여성들이 널리 경험하듯, "별 의도가 없었다"고 주장되지만 매일 지겹게 반복되는 공격적 발언들, 질문들, 외모 평가, 업무 배정, 취향 점검 등의 압력에 의해 동화가 일어난다. 일방적인 심문을 거듭 받을 때는 고유성을 드러내지 않는 것이 생존 방법이 된다. 동화되지 못하는, 여전히 자신의 고유성을 주장하는 여성과 남성은 동료들에게 귀찮거나 얄밉거나 피곤한 존재가 된다. 한두 번은 재미로 넘어가더라도 조직 내의 다수와 다른 관점을 자주 드러내는 사람은 공공의 적이 되기 쉽다. 무엇보다 동화되어야만 경력 발전이 가능한 상황에서라면 이는 자발적 선택일 수 없다.

그렇다면 지금 일터의 여성들은 어떤 식으로 동화를 겪고 있을까? 과거부터 현재까지 널리 보이는 사례인 '남성 모방' '명예 남성 되기' 같은 방식에 덧붙여 현대의 일터는 여성들에게 새로운 형태의 동화를 부추기고 있다. 그들이 말하는 동화 '전략'을 들어보자.

20-30대 여성들을 인터뷰하며 크게 느낀 것 중 하나는 그들이 '라인 타기'에 매우 민감해지고 있다는 점이다. 나이 든 남성들의 굳건한 연대와 패당적 행태를 비판해온 나는 젊은 여성들이 정확히 "라인을 잘 타야 한다"고 말하자 실망을 했다. 그러나 이들 이야기에 따르면 팀별 경쟁 체제인 그들의 일터에서 라인 타기는 생존의 필수 조건이 되고 있다. 팀 성과를 통해 인사고과가 결정되는 평가 체제에서 누가 팀장인가는 대단히 중요하다. 따라서 "누구의 라인으로

들어가는가"가 매우 민감한 사안이라며 강조했다. 팀 체제 혹은 팀 간 경쟁 체제는 유능한 팀장과 그의 리더십을 따르는 "충성스러운" 하급자를 얼마나 확보하느냐에 따라 성패가 갈리는데 이런 팀에 참여해야 성과를 내고 인정을 받을 수 있다는 말이다. 그리고 문제는 일을 잘한다고 해서 그러한 팀에 초대되는 게 아니라는 점이다. 게다가 "여성은 그리 탐탁지 않은 존재로 여겨지는 분위기"가 존재한다. 상사와 팀장들 또한 여성이 권위주의에 반감을 갖고 있음을 안다. 젊은 여성들은 "너무 개인주의적"이며 "전우애가 부족하다"고 간주되는 것이다. 여기서 여성들은 팀장이 자신의 커리어에 중요하다는 것을 인식하기에 누군가의 눈에 들기 위해 상당한 노력을 기울인다. 동네, 학교, 군대, 회사 등에서 남성 선배나 상사에게 "찍히면 끝"이라는 말을 오래도록 듣고 '찍힌 놈'의 결말을 목격한 남성들은 늘 어딘가에 줄을 대는 일을 상대적으로 자연스럽게 행한다. 하지만 여성들은 대부분 "쉽지 않다"고 털어놓았다. 원하는 좋은 자리가 있으면 '누구보다 일을 잘해서' 들어가는 길밖에 없다고 생각하는 경향도 강하다. 실제로 업무 성과나 역량과 상관없이도 이루어지는 남성들의 노련한 줄타기에 비해 여성은 줄을 잡는 데 시간이 걸리고, 그 줄이 "다른 일 잘하는 여성"과의 경쟁을 통해서만 획득된다고 믿는 모습도 보였다.

지연 씨는 게임 개발업체에서 일했던 30대 초반

여성이다. 이 회사는 몇 개의 팀을 경쟁시켜 성과를 못 보이는 팀의 팀원을 해고하는 서바이벌 게임식 채용을 시도했다. 지연 씨는 "어떤 팀에서도 여성이 들어오는 것을 달가워하지 않았"기 때문에 적극적으로 나갈 수밖에 없었다고 설명했다. 지연 씨는 유능한 팀장에게 자신의 "전투력"을 보여주기 위해 기회를 엿보았다. 놀랍게도 대부분 공학도였던 그 회사의 남성들은 무슨 말을 나누는 법이 거의 없고 웃지도 않았다. 팀의 유일한 여성 팀원이 되기 위해서는 "오타쿠인 것처럼 행세"하거나 젊은 여성에게 기대되는 "아주 활발하고 싹싹한 밝은 여동생" 같은 역할을 해야 했다. 그는 전력으로 그 역할을 수행했고 팀원이 되었다. 하지만 그렇게 해도 '팀장 라인'에 속하지 못한다는 느낌을 지속적으로 받았다고 말한다.

> 제 의견에 귀 기울여주는 정도가 훨씬 낮아요. 그 대신 업무가 아닌 부분에서는 친절하게 대해주고 잘 봐줬어요. 진짜 저를 동료로 취급하진 않았어요. '어린 여자애' '유쾌한 분위기 메이커 정도'로 본 거지요. 그걸 다 알면서도 모르는 척 버티는 게 제일 힘들었어요.

'라인도 잘 타는 회사원'이 되고 싶었지만 밖으로 밀려난 기분이 드는 상황에서 지연 씨는 나름 1년을 잘 버텼다. 그런데 결과적으로 라인 타기는 지연 씨에게 큰 도움이 되지 못했다. 왜냐하면 이 팀의 큰 성과에도 불구하고, 다른 팀 팀원이 아닌 지연 씨에게 유독 암묵적인 퇴사 압박이 가해졌던 것이다. 유능한 팀장은 지연 씨를 변호해주지 않았다. 전장에서 살펴보았듯, 조직에 의해 유도된 상황에 순응하지 않는 여성은 '배려심이 없다'고 여겨지고 이는 곧장 '치명적 인격적 결함'이자 정당한 해고 사유가 된다. 지연 씨는 어느 순간 라인 저 멀리 바깥으로 밀려나 있었다.

## 여성은 언제까지 성장해야 하는가?

나는 이직 경험이 있는 여성들을 인터뷰할 때 자주 듣게 되는 '성장'이란 단어가 늘 마음에 걸렸다. 부당한 이직이나 부서 배치, 해고를 당했을 때 이것을 '성장을 위한 고통'이나 '성장을 위한 떠남'으로 언어화하는 것이다. 연예인들이 범죄 행위 등을 저질러 현장에서 물러났다 복귀할 때 자주 쓰는 "이 사건을 통해 많이 성장했다"는 말이 왜 일터의 20-40대 여성들에게 광범위하게 유포되고 있는지 의아했다. 내가 보기에 충분히 노련하고 유능하고 경험 많은 여성들조차 성장이라는 말로 그가 겪는 시련을 설명해내고 있었다.

다양한 연령대의 여성으로부터 내가 목격한 '성장 서사'는 불확실한 현재를 묘사하는 감정의 서사다. 부당한 해고나 불합리한 이동마저도 성장통으로 설명하는 것이 집단 유행처럼 느껴질 정도였다. 자기 계발 담론에 휩싸인 채 청년기를 보낸 여성들이 이제 성장이라는 말로 자신을 위로하는 동시에 다시금 일에 몰입하고 있었다. 제현주는 그의 책 『일하는 마음』에서 성장에 대해 "자신이 무엇에서 나아졌는지 발견"하게 되었을 때 사람들이 성장이라 이름 붙인다고 썼다. 이때 성장은 성찰의 긍정적 결과다. "과정을 경유하지 않고서는 얻을 수 없는 결과이고, 잘 수행된 과정은 세상이 성공이라고 정의하는 결과를 담보하지는 못해도 성장만은 가져다"주기 때문이다.[23] 그런데 이 말이 여성들의 복잡한 일 경험과 좌절 혹은 부당한 대우 '이후'를 설명하는 관용어로 자주 사용되는 것은 자연스럽지 않다. 사실 우리가 일터에서 경험하는 성차별적 조건들은 주관적인 성장으로 해결되는 것이 아니다. 성장이라는 말이 이러한 방식으로 떠돌게 된 정확한 기원은 알 수 없으나 분명한 것은 스타트업 쪽에서 일하는 여성들에게서 많이 들린다는 점이다. 무엇보다 이 성장 서사를 유독 여성들이 사용하는 것이 흥미로웠다.

성장 서사는 누구라도 어려운 시기를 거칠 수 있으며

그러므로 이에 좌절할 필요가 없다는 용기를 준다. 해고나 이직 권유를 받았을 때 이를 '실패' 같은 부정적 감정으로 받아들이지 말라는 위로 섞인 조언으로 사용되기도 한다. 대학 졸업 후 스타트업 업계로 진출한 내 졸업생들은 쉴 새 없이 자리를 옮겼다. 그들은 퇴사나 이직 이후의 우울한 감정을 씻어내기 위해 성장 서사에 매료된다. 떠나온 곳에서 '얻은 것'이 있다고 여기고 이 모든 과정을 성장으로 서사화함으로써 이들은 모욕감을 떨쳐낸다. 남성 설립자와 함께 스타트업 회사를 시작한 영우 씨 또한 그의 '성장' 경험을 들려주었다. 영우 씨는 대표는 아니지만 사업체를 만들고 키운 설립 멤버였다. 오랜 기간 헌신했고 그의 공헌과 함께 회사는 급성장했다. 그럼에도 이후 영우 씨는 해직 위험에 직면한다. 여성들이 자신의 사업 아이디어를 가지고 남성 대표자와 함께 회사를 만들고, 조직이 성장하고 커지면 다른 전문성을 가진 직원들에게 자리를 내준 뒤 비켜나는 스타트업 회사들의 사례를 상당히 흔하게 듣는다. 기여도가 높지만 대표자는 아닌 여성 설립 멤버들은 '회사를 위해 적당히 빠져줘야 한다'는 압박을 받는다는 것이다. 내가 만난 여성 두세 명은 특히 유사한 경험을 들려주었는데, 그들은 스타트업에서 일하다가 조직에서 "폐기 처분 대상"이 된 듯한 괴로움에 시달렸다. 그리고 이때 여성들은 본인의 성과와 지분을 주장하기보다는 "깔끔하게 떠나는" 경향이 강했다. 스타트업에서 몇 년간

'빡세게' 열심히 일해봤으니 이제 '고인물'이 되지 않도록 "또 다른 성장을 위해 떠난다"는 것이다.

이렇듯 때로 성장은 여성들이 불의와 타협하면서 자신의 감정을 보호하는 데 사용되는 서사다. 그리고 그런 점에서 성장 서사는 일터의 신자유주의 통치 체제를 가능하게 하는 순치어다. 부당한 처우에 화를 내거나 문제를 제기하기보다는 보상을 바라지 않고 물러나는 여성의 '희생'을 낭만화하는 것으로도 비쳤다. 성장 서사 속에서 여성들은 도전, 투쟁, 논쟁이 필요한 순간에 자신의 권리를 포기하고 시시비비를 가리는 상황을 피한다. 억울함을 토로하는 대신 현재를 긍정적으로 사유하고 이 경험을 바탕으로 미래는 다를 것이라는 희망을 갖는 태도는 성숙한 것처럼 보이지만, 오히려 여성들에게 '나는 지속적으로 성장이 필요한 사람'이라는 자아를 영구화한다. 물론 성장 서사는 여성들이 다양한 일터로부터 단절되는 고통으로 스스로를 낙인화하지 않으려는 언어 전략이기도 하다. 하지만 문제는 이 서사의 사용이 매우 젠더화되어 있다는 점이다.

내가 만난 이들을 바탕으로만 생각해보더라도, 일하는 남성들은 자신의 이직, 부서 이동, 해고, 경력단절을 성장으로 의미화하지 않는다. 남성들에게 이 단어를 자주 쓰는가를 물었을 때 그들은 "그런 것 같지는 않다"고 대답했다. 한 남성은 만약 자신이 비슷한 표현을 쓴다면

"배웠다" 정도가 최대치일 것이고, 다른 남성들에게서도 성장이란 말은 거의 들어본 적이 없다고 했다. 전 직장에서, 누군가에게, 구체적으로 어떤 것을 "배웠다"라는 말을 할 수는 있지만 추상적으로, 전 직장 경험을 통해 성장했다는 유의 사고방식은 이들에게 낯선 것이었다. 반면 능력주의를 믿고 자라 일터에 헌신한 여성들은 정당한 몫을 보장받지 못했을 때 불의한 차별이 아닌 자신의 부족함에 집중한다. 지속적으로 성장을 요하는 미숙한 존재로 스스로를 낮춤으로써 스스로를 위안하는 것이다.

일하는 여성들의 나이, 경력, 경험, 직위와 상관없이 성장 서사가 자주 발견된다는 사실은 신자유주의 통치 체제하에서 구성된 여성들의 자아상과 밀접한 관련이 있다. 불평등, 불합리, 부조리한 구조로 인해 피해를 당한 여성 개개인은 구조와 일일이 맞설 수 없다고 느끼며, 때문에 감정적으로 타협하거나 불합리로부터 빗겨나고자 한다. 그리고 그러한 처지와 선택을 스스로 정당화해야만 다음으로 나아갈 수 있다. 때문에 성장이라는 개인적·주관적·감정적 영역의 언어적 발명품이 여성들에게 널리 자리 잡은 것이다. 하지만 여성은 언제까지 성장해야만 하는가? 성장이 여성의 노동 경력에 긍정적 변화를 이끌어내는 개념일까?

## 여성은 경쟁하지 않는가?

성장 서사와 함께 여성들에게서 자주 접하는 표현은
'나와의 경쟁'이다. 나의 일터는 대학교다. 그리고 이곳처럼
고학력자들이 집중된 일터는 특히 평생 경쟁이 일어난다.
연구, 수업, 봉사, 논문 지도 등과 관련한 모든 행위를 점수와
수치로 평가하는 시스템에 익숙해진 나 또한 가끔 승진이나
승봉 심사 때 혼자 웃는 일이 있다. 과거 2년간 내가 몇
점짜리 연구를 했고, 몇 점만큼의 수업과 논문 지도를 했고,
몇 점어치의 봉사를 했는지를 바라보니, 인격이 상실된 무슨
규격화된 상자가 된 기분이다. 이렇게 점수로 인한 서열화가
심해질수록 조직의 활력은 떨어지고, 사람들은 '점수 안 되는'
토론이나 수다를 떨지 않으며, 불의한 시스템에 화를 내지
않는다. 많은 교수가 침묵, 냉정, 흥분 안 함 등의 감정으로
유도된다는 것은 그만큼 경쟁 체제가 이 일터에 매우 깊숙이
들어와 개개인의 일상을 점유했다는 방증이다. 그리고
이러한 일터에서 세세하게 수치화되어 평가받는 개개인은
이렇게 되뇐다. '나는 충분한 능력이 있고, 이 모든 것은
나와의 싸움이다.'

영국의 여성 리더들 또한 이와 비슷한 말을 자주
한다는 것이 밝혀졌다. 다양한 조직 내 최고 자리에 있는
여성들을 인터뷰한 샤론과 마리나의 연구에 따르면 그들은

"완벽을 위해 저는 저와 경쟁합니다"라고 이야기한다.[24] 그리고 저자들은 고위직 여성들에게서 이 표현이 자주 등장하는 이유를 페미니즘과 신자유주의적 자본주의의 만남에서 찾고 있다. 특권적인 백인 여성 리더들은 젠더 정의를 추구하고 변혁적 리더십을 창조하기보다는 일단 성공을 위한 경쟁에 집중한다. 그런데 여기서 이들이 성공을 위한 싸움을 '자신과의 경쟁'으로 서사화하는 이유는 과도하게 경쟁적인 여성으로 보이는 데서 오는 위험을 관리해야 하기 때문이다. 즉 여성들이 다른 사람 즉 외부와 경쟁하는 존재로 인식되는 것은 그들의 경력에 '위험'하며 때문에 이들은 스스로 완벽해지고자 오직 그 자신과 치열하게 싸우는, 타인에게 위협적이지 않은 존재가 되고자 한다는 말이다. 연구자들은 이것이 여성들이 조직에서 생존하고 성공하기 위해 취한 전략이라고 설명한다. 또한 이들은 경쟁적인 여성이라는 부정적 낙인을 피하는 동시에 '불필요한 감정 소모'를 줄이고자 한다. 많은 여성이 타인과의 경쟁을 갈등과 난관으로 인식하며 이때의 감정적 소모가 목표 달성에 방해가 된다고 느낀다. 반면 자신과의 경쟁은 스스로 설정한 목표에 매진하여 인정을 구할 수도 있는 긍정적인 일로 인식한다. 이어 여성들은 '자신과의 경쟁' 서사가 "혹시 생길지도 모를" 젠더적 긴장을 완화하는 데 도움이 된다고 여겼다. 이들은 일터에서 남성들 간의 능력, 집안

배경, 경제력, 외모의 차이는 자연스러운 차등의 질서처럼 받아들이는 반면 여성은 상대적으로 동질적인 집단으로 인식한다. 그리고 여성들 간의 차이와 서로가 경쟁 상대가 된다는 데서 불안감과 불쾌감을 느끼는 경향을 보였다. 경쟁 안에서 뒤처질 수 있다는 불안 심리는 더 심하다.

이 같은 경향은 내가 인터뷰한 한국의 여성들에게서도 발견된다. "나는 경쟁적인 성향은 아니지만, 완벽주의자다." "일의 처음부터 끝까지 꼼꼼히 봐야 마음이 놓인다." "여성과 경쟁하고 싶지 않다." 그들은 이러한 자아를 구성함으로써 자신의 감정을 낭비하지 않고, 다른 여성과 경쟁하지 않으며, 오직 자신의 성취에 매진하려 애쓴다. 경쟁심을 가질 때에 생겨날 수밖에 없는 신경 쓰임, 질투, 긴장과 분노를 애써 감추려 하거나 '감정적으로 성숙한 존재로 보여야 한다는 강박'도 볼 수 있었다.

한편 실제로 경쟁을 요구하는 환경에서 일하는 여성들을 살펴보면 스스로는 경쟁적인 인간이 아니라고 주장하지만 너무나 많은 노동을 하고, 높은 성취를 지향한다. 내가 주변에서 보는 엘리트 여성, 중간관리자급 여성, 대학 교수들은 자신의 성취가 만족스럽지 못할 때 과도하게 자기 비하를 하거나, 인정을 받아야 한다고 느낄 때는 시시콜콜하게 자신의 성취를 자랑하는 감정의 스펙트럼을 종횡한다. 그리고 이런 심리적 갭이 증가하면 할수록 여성들은 번아웃, 외로움, 분노, 우울의 감정을 갖게 된다.


## 여성은 무엇을 두려워하는가?

또 많은 여성에게서 볼 수 있었던 태도는, 직장에서 가치관을 드러내는 말을 하지 않거나 특정한 말만을 한다는 것이었다. 많은 여성이 자신을 페미니스트라 믿지만 그 '정체'가 탄로날까 봐 전전긍긍한다. 우리 사회에서 페미니즘에 대한 이해와 페미니스트 자아는 돈과 감정과 지성과 시간을 투여한 배움의 결과이지만, 일터에서는 빨리 털어내야 할 짐 또는 "과거의 수치"처럼 취급된다.

페미니즘이 여성과 남성 모두에게 일깨운 가장 큰 영감은 우리는 우리 자신다워야 한다는 것이다. 페미니즘은 거대한 여성성과 남성성의 속박에서 벗어나 개개인을 자신의 사상과 지향대로 사회 속에 자리 잡게 하고 용기를 주었다. 하지만 그러한 개개인이 임금노동자가 되면, 모두의 시간을 장악하고 있는 일터에서 숨어 지내는 독립운동가 혹은 색출의 두려움을 과도하게 끌어안은 독립운동가의 아주 먼 친척처럼 "떨고" 있었다.

여성들은 무엇을 두려워하는가? 회사에서 쓰는

용어를 좀 더 젠더 중립적으로 바꾸는 것, 동료의 외모 평가를 하지 말라고 제안하는 것, 회사의 지향이나 채용 공고에 다양성을 넣자는 말, 식당에 비건 메뉴를 포함해달라는 말, 인사고과에 성 평등 원칙을 반영해야 한다는 말, 계약직 여성을 팀 회식에 초대하고 보너스를 주자는 말, 심지어 회사 커피 머신을 바꾸자는 말조차 정치적으로 불온한 이야기라 간주되는 일터에서 여성은 어떤 '말'을 할 수 있을까?

커뮤니케이션 회사에 다니는 30대 여성 호림 씨는 '직장은 그냥 월급 나오는 곳'이라는 데 만족한다. 그는 자신의 "인격 일부분을 매매한다"는 생각으로 회사를 다닌다고 했다. 자신을 페미니스트라고 소개한 호림 씨는 가끔 페미니즘 관련 행사에도 참여하고, 관련 논의를 접하고자 SNS에도 자주 접속한다. 그런데 회사에서는 SNS에서 논란이 되고 있는 페미니즘 이슈나 성차별 같은 이야기를 동료들과 해본 적이 없다. 회사에서 그는 "제 일만" 한다고 한다. 그리고 그런 그의 눈에는 조직 안의 '세세한' 차별들을 대단한 사건처럼 흥분하여 언어화하는 20대 후배들이 이상해 보였다. 그는 그 모습을 어린 여성의 철없음이나 "경험 부족"으로 이해했으며 자신이 속한 조직의 성차별 문제로 바라보지 않았다. 그런데 어느 날, 후배 여성들과의 식사 자리에서 그는 처음으로 이들이 회사에 대해 어떻게 생각하고 있는지를 알게 되었다고 한다. 철없어

보이기만 했던 20대 후배들은 자신이 5년 동안 깨닫지
못했던 회사 내 '젠더 역학'을 간파하고 있었다. 호림 씨는
자신을 페미니스트라고 생각했지만 직장에서 생각이나
행동으로 그런 가치관을 드러낸 적이 한 번도 없었다.
결국 실천 없는 페미니스트 자아는 조직을 변화시키는 데
아무런 기여도 하지 못했음을 깨닫고 크게 반성했다고 그는
이야기했다.

> 후배들이 정말 똑똑하다고 느꼈어요. 이들은
> 무언가 말을 하고, 개선안을 제안하면서
> 직장에서도 살아 있어요. 제가 회사에 적응한
> 방식과는 정말 달라요.

호림 씨의 후배 여성들은 직원이 임신하거나 인공수정을
위해 검사를 받아야 할 때 검진 휴가를 받을 수 있는 제도를
만들어냈고 다른 여성 동료를 위해 적극적으로 마음을
쓰면서 변화를 만들었다. 이들은 다 비혼이었지만, 여성들의
생애과정에서 일어날 수 있는 일들에 대해 회사가 좀더
관심을 갖고 제도를 만들어야 한다고 주장했다. 호림 씨는
여성 직원을 위한 처우 개선이나 차별에 대한 문제 제기는
"대단한 위험을 무릅쓰는 행위"이며 말해봤자 관철되기
어렵다고 생각해왔다. 때문에 회사에서 동료들과 그에

관해 이야기할 생각조차 하지 않았다. 그런데 이 후배들은 다른 회사의 사례를 조사하고 검진 휴가가 왜 필요한지를 정리해서 '높은 분'에게 자연스럽게 제안했다. 여성의 재생산 건강을 보장하는 것은 반드시 필요한 일이라고 그들은 주저 없이 말했고 이 제안은 관철되었다. 그리고 그들의 실천은 조직 동료들의 생각을 바꿔놓았다. 호림 씨는 그들을 보며 "페미니스트 직장인이 탄생했다"고 표현했다.

인터뷰에 참여한 일부 여성은 자신이 페미니스트임을 강조했다. 이들은 성폭력, 성적 괴롭힘, 동료 스토킹, 접대 문화, 임금 차별 등에 예민하게 반응했다. 그러나 실질적으로 일터에서는 '개인적 차원의 방어'나 '페미니스트 정체성 덮기'와 같은 방식을 고수하며 버텼다. 회사의 차별적 체제를 개선하고자 적극적으로 나선 여성은 많지 않았다. 탈혼 후 혼자 살고 있는 마흔네 살의 성혜 씨는 혼자 사는 여성이 "성적으로 만만하다"는 사람들의 편견을 강하게 느껴왔다. 그는 자신에게 성적 농담을 자주 하는 회사의 남성 동료에게 '나한테 말 걸면 죽여버리겠다'는 눈빛을 하루 종일 보낸다고 털어놨다. 문제는 그가 그 눈빛을 알아차리지 못한다는 데 있다. 성혜 씨는 남성 동료가 성적 농담을 하고 추근대는 이유는 자신이 "이혼녀이고 혼자 산다는 것을 알고 있기 때문"이라고 느꼈다. 그는 조직 내 적대적 성차별의 분위기를 문제 삼기보다는 문제의 원인을

'자신의 조건'에서 찾고 있었다. 성혜 씨는 그가 "혼자 산다는 이유만으로 누구나 접근 가능한 대상처럼 여겨"지는 것이 괴롭다고 말했다. 그는 이 때문에 출근 자체를 힘들어하고 있었다. 하지만 성희롱하는 동료에게 자신의 마음을 이야기하기 어려워했다. 일터에서 '페미니즘적인 행동'을 하는 건 그에게 쉽지 않은 일이다.

"생활밀착형 페미니스트로 살고 싶다"고 말하는 기자 전은영(실명) 씨는 '양성평등'을 '성 평등'이라 고치는 등, 직장 안에서도 많은 변화를 모색했다. 그리고 어느 순간 그는 자신이 '유리천장 깨는 메갈 선배'로 회자되는 것을 느꼈다. 그리고 일을 지속하면서 전은영 씨는 전문성 있는 직업인으로서의 평판과 페미니스트 활동가라는 이중의 정체성 사이에서 우선순위를 두게 되었다고 털어놓는다.

> 나는 은연중에 기자라는 직업인으로서 내
> 앞에 가장 먼저 붙는 수식어가 '페미니스트'는
> 아니었으면 좋겠다고 생각하고 있었다.[25]

그는 직업인으로서의 자신에 대한 평가가 페미니스트 정체성과 직결되기를 꺼리는 자신을 발견한다. 그는 자신이 '회사에서 눈에 띄게 페미니즘 기사를 많이 쓴' 기자라는 사실에 기뻐하지 못한다. "페미니스트는 맞는데

페미니스트라고 불리는 건 달갑지 않"았다는 것이다.[26]

　　　　일터의 여성들은 어디서, 어떻게, 무슨 발언으로 내 목소리를 낼까를 늘 고민한다. 마음속에 끓어오르는 강력한 대꾸와 결국 입에서 나오는 말 간의 이질감을 자주 느낀다. 이런 상황이 반복되다 보니 말을 하지 않게 되거나, 직장 안 자신의 행동을 '공연'으로 여기며 스스로를 대상화한다. 회사의 차별에 분노를 표현하거나 '갈등을 유발'하는 일은 여전히 여성들에게는 두려운 일이다. 일하는 많은 여성이 '페미니스트 자아가 자신의 평판에 해가 될 수 있다'고 믿는다. 이들에게 일터의 멋진 여성이란 불평등과 불의를 지적하고 대안을 제안하는 사람이 아니라 '불필요'한 감정들로부터 자신을 보호하고 흔들림 없이 성취에 집중하는 사람이다.

　　　　"문제가 다 보이지만 문제를 언어화하지 않겠다." 많은 중간관리자 여성이 이렇게 결심한 듯 보인다. 그리고 이런 결심이 굳건해질수록 성차별, 젠더 정의, 문화 다양성에 대한 감수성과 실천을 직장에서 '프로답지 못한' 태도로 바라본다. 하지만 "느끼고, 보고, 알지만" 결코 드러내지 않는 이들이 자신을 페미니스트로 정의할 때 그들의 자아는 어떻게 구성되는 것일까? 일터는 유체 이탈의 장소인가?

## 페미니스트 타이밍

인터뷰를 통해 내게 일 경험을 들려준 여성들은 자신을
페미니스트로 정의하든 안 하든 간에 '타이밍을 기다린다'는
종류의 표현을 많이 썼다. 20대, 30대, 40대, 50대 여성들
각자가 "아직은 때가 아니"라고 말했다. 여전히 조직 돌아가는
방식을 배워야 하는 시기이고, 업무가 너무 많아 '다른 것'을
생각할 여유가 없으며, 함께 싸울 여성이 없고, 무엇보다
생존하기 급급한 상황이다. 동시에 그들은 공통적으로
일터의 불평등을 인지하고 있었으며 필요할 때 목소리를
높일 준비가 되어 있다고 했다. 적당한 시기가 오면 말도 안
되는 관행을 없애기 위해 본인을 "드러내겠다"는 것이다.

　　　가장 좋은 시간이란 언제, 어떻게 오는 것일까? 많은
여성이 불평등하고 몰인격적인 일터의 관행을 거침없이
지적할 만큼 알고 있었지만 정작 그들은 "때를 기다린다".
다른 의견을 내더라도 미움받지 않을 수 있는 때, 설령
고립감에 시달리더라도 당당해질 수 있는 때, 내 관점에
동의하는 동료들이 함께하는 때, 그때가 오기를 기다린다.
하지만 기다리는 사이 우리는 때를 놓친다.

　　　왜 일터에서 변화를 위한 실천과 저항이 일어나기
힘든가? 뜻이 있어도 실행하기 어려운 이유는 남성 중심
조직의 가치관과 관습에 '동화'되는 약자의 위치에 있기

때문이기도 하지만, 신자유주의 통치 체제가 구조적 문제를 회피하고 개인적 해법에 골몰하도록 개개인을 추동한다는 점이 중요하다.

앞서 언급한 카라 허토는 여성에게 "동화에 저항할 근육"을 키우라고 조언한다. 물론 가장 중요한 것은 조직과 일터를 변화시킬 수 있는 관리자와 고용주를 변화시킬 수 있는 법제도, 압력, 교육, 설득이다. 많은 여성은 일터의 젠더 불평등 체제에 영향을 받고, 그 권력에 의해 자신의 선택지를 제한받고, 스스로의 행동과 말을 규율하며 생존한다. 그런 동시에 권력 관계에 적극적으로 참여하여 권력을 재생산하거나 권력을 변형시켜낸다. 일터 여성들의 위치는 일방적인 피해의 경험에 있지 않다. 여성들은 일터의 인사, 승진, 보상, 관리 체제 안에 뿌리 깊이 내재한 남성 중심 체제를 유지하는 데 기여하기도 하고, 규칙을 바꿔나가며 일터를 좀 더 공정한 공간으로 변화시켜내기도 한다. 현 체제에서 일터의 여성에게 널리 요구되는 '균형 잡힌 여성성'은 매우 세련된 수사지만 근본적으로 기존 체제에 동화하라는 설득이다. 설득의 결과 많은 여성은 자신이 대인 관계에서 친화성이 좋고, 훌륭한 경청자이며, 후배나 동료에게 관대하다는 인정을 받기를 '원한다'. 동시에 이들의 페미니스트 자아는 그러한 욕구와 불화한다.

페미니즘 운동에는 항상 현장이 있다. 그 현장이

때로는 폭력을 당한 혹은 임신 중지를 고민하는 나의 몸이고, 깊은 우울의 감정에서 헤매는 내 정서일 수도 있고, 때로는 지하철역, 거리, 국회, 편의점, 콜센터, 온라인 플랫폼이나 한 편의 영화일 수도 있다. 일터는 대부분의 여성이 많은 시간을 보내며 거쳐 가는 현장이다. 이 현장에서 나의 페미니스트 자아가 침묵한다면 우리는 언제, 어디에서 때를 만날 수 있을까? 좋은 타이밍, 적당한 때는 언제일까? 그 시간이 침묵하는 내게 도래할까?

# 닫는 글

처음에는 호기로웠다. 매우 쉽게 이 책을 쓸 수 있으리라 생각했다. 나는 대학에서 교수로 오래 일했지만 나의 중요한 표식 즉 내가 '여성' 그리고 '페미니스트'임에 대한 인식을 내려놓은 적은 없었다. 페미니즘 대중화 이후 많은 20-60대 여성이 페미니스트임을 천명했다. 임금노동을 해본 적이 전혀 없거나 취업준비생으로 이미 몇 년을 보낸 20대 여성부터 회사의 '핵심' 노동자가 된 30대 여성, 언제까지 직장에 머무를 수 있을까를 고민하는 40대 여성, 조직에서 의사결정권자의 위치에 있는 50-60대 여성까지. 이들이 페미니즘과 맺는 생애의 순간은 다양하다. 내가 만난 여성 중 일부는 고용주였고, 대부분은 고용인이다. 모두 페미니스트 자아의 일부를 마음에 품고 있었고, 일터에서 이를 실천하기

어려워했다. 이러한 제반 상황에서 이야기를 듣는다면
여성들 간의 서로 다른 위치에서 오는 갈등, 협상, 협력의
에피소드가 많을 것이라 기대했다.

책의 큰 주제를 '일터의 페미니즘'으로 정해놓고,
지난 인터뷰 기록을 다시 독해했다. 그런데 특히 2018년
이후 책을 쓸 구체적인 목적을 가지고 했던 인터뷰들을
해석하다가, '답'이 없다는 당혹감이 생겼다. 많은 여성이 성
불평등을 고발하고 분개하지만, 너무나 익숙하기에 견딘다.
그리고 그렇게 견디다가 일터를 떠난다. 나 또한 30년간
비정규직, 정규직 임금노동자로 살아오면서 항상 페미니스트
자아를 온전히 발휘할 수는 없었다. 모른 척하거나 피하기,
불편한 상황이 연출될 수 있는 조건 만들지 말기 등,
응전만이 길이 아니라며 열심히 우회로를 찾기도 했다.

대학이나 연구소에 고용된 지식 노동자들은 성
권력과 불평등 문제를 잘 안다고 과시하지만 결코 정확히
아는 사람은 없고, 동시에 어떤 수치에 의해서도 설득되기를
거부하고, 자신들의 편견에 대해서도 의문을 갖지 않는
경향이 강하다. 대신 공정성, 중립성, 개인주의라는 강력한
방어 기제를 갖고 있다. 하지만 페미니즘을 가르치고
연구하는 것이 내 직업인 이상, 내게는 숨거나 위장할 길이
많지 않았다. 나는 드러냄과 목소리 내기를 통해 제도에
개입하거나, 새로운 조직을 만들고, 성폭력과 싸운다. 수업

내용 때문에 개인적인 혹은 집단적인 공격을 받기도 한다. 하지만 그것이 내 일자리를 빼앗아 가지는 않았다. 아마 이런 점이 내가 페미니스트 노동자로 살 수 있었던 직업 안정성이다. 나는 모든 여성이나 노동자들이 최소한 이런 안정성을 누려야 거기서 경험도 생기고, 버티는 힘도 기르고, 해법도 모색할 수 있다고 생각한다. 안정적 일터를 갖지 못하고, 일자리를 위한 자격증과 경험 획득에 많은 시간을 쓰는 여성들의 삶은 늘 불안할 수밖에 없고 그런 감정은 조바심 어린 능력주의로 귀결되기도 한다.

　　　·　　신자유주의적 조직은 노동자와 조직 둘 다의 건강함을 해친다. 신자유주의는 노동 유연화를 통해 노동자의 집단적 협상력을 약화시켰다. 필요에 따라 노동자를 고용하고, 해고하며, 개별적 보상을 내리는 방식이 이윤을 최대화할 뿐 아니라 노동자의 생산성, 창의력, 성장을 이끌어내는 길이라 본다.[1] 신속한 고용과 해고, 아웃소싱, 직원 줄이기, 비밀스러운 연봉 계약 등은 노동자의 삶과 생존을 영구히 불안하게 한다. 우리는 이러한 적대적 관행이 이미 보편화된 현재를 살고 있다. 그리고 이 현실에서 사람들은 쉬운 이직과 반-노동 정서로 이 지독한 유연화에 대응한다. 산재한 불안정성과 불예측성은 오히려 기업의 기능과 생산성에 손해를 끼친다는 점을 증명한 선례는 이미 많다. 하지만 인력 감축과 구조 조정을 계획하면 그

기업의 주가가 올라가는 '친기업적'이며 '반노동자적' 정서는
사라지지 않는다. 스스로가 노동자임에도 노동자들의 집단적
요구가 있을 때 고용주에게 공감하며 노동자 탄압에 지지를
보내기도 한다. 특히 한국 사회의 오랜 초남성적 발전주의를
주도해온 국가와 기업은 사회와 노동자의 무권력 상태를
유지함으로써 빠른 경제 성장을 이뤄냈기 때문에 이 같은
제도를 신봉한다.

　　　　자본주의의 경제 부정의는 인간들의 차이를
자양분 삼아 증폭한다. 그리고 일터는 자본주의 탄생 이후에
남성 생계 부양자와 무임 여성 돌봄자라는 강압적 성 역할
이분법을 통해 거대한 이윤을 축적해온 젠더화된 공간이다.
성별 직종 분리, 성 불균형한 직무 배치, 평가·계약·승진
등에서의 성차별적 대우…… 성적 긴장과 성적 억압이
교차하는 우리의 일터는 불평등에 기생하고 불평등을
재생산한다. 일터의 성 불평등은 현재 진행 중인 이슈다. 생산
노동과 재생산 노동 모두를 담당해야 했던 한국 여성들은
결혼과 출산을 포기하거나 유예하면서 일터에서 자아를
구성하고자 한다. 이런 움직임은 여성들의 집단적 선택이기도
하지만, 동시에 신자유주의 경제가 구성해온 모든 인간의
생산자·소비자화 압력에 의한 것이기도 하다. 신자유주의는
노동자에게 삶과 생활을 위한 주관적 시간을 허락하지
않는다. 이 체제에서 모든 개인은 싼 임금으로 고강도 노동을

제공하는 동시에 소비자가 되어 상품과 서비스에 임금을
쏟아붓는다. 신자유주의적 자본주의는 개인화, 경쟁, 고립,
소비를 통해 거대한 이윤을 축적하는 체제다.

그리고 이러한 일터에 여성들은 변화를 만들어냈다.
이들이 일터에 가져온 페미니스트 자아는 남성 중심적
관행을 고치고, 다양성을 도입하고, 젠더렌즈를 통해
기존의 규칙을 변화시키고 있다. 하지만 이런 변화는 눈에
띌 만큼의 규모로 이뤄지지는 않았다. 전문직·사무직 여성
다수가 집단적인 행동을 매우 꺼리는 경향을 보였고, 많은
여성이 '능력 있는 개인'이라는 모처럼의 타이틀을 성취하고
싶어하는 듯하다. 차별이 있더라도 이에 대해 불편한 감정을
드러내지 않기를 택하며, 문제보다 문제 제기를 더욱
비판적으로 보기도 한다. 많은 여성은 직장에서 생존과
인정의 확보를 최우선으로 여겼고, 다른 사람의 '섣부른'
판단이나 '선동'에 참여했다가 마음을 다치지 않으려 애쓴다.
가부장제 배당금을 받는 동급의 남성 동료와 달리 자신들은
예측 불가한 조건들의 위협에 놓였다는 점을 알고 있기에
더욱 능력주의와 성과에 의존하기도 한다.

살펴보았듯, 남성 중심적 조직의 원리는 개인적
차원이 아닌 집단적 차원의 젠더 불평등과 여성 배제에
기반한다. 때문에 소수를 제외한다면, '승승장구하는
여성'이란 존재하지 않는다. 있더라도 이 소수의 여성이

성 평등을 위한 실천을 하리라 기대하기는 어렵다. 젠더를 초월한 능력주의에 대한 믿음과 실제 겪는 일 경험 사이의 괴리가 커질수록 일터의 여성들은 언어를 잃어간다. 그리고 '문제'의 근원을 자신에게 돌리며 치유적 자아를 구성해간다. 이들에게 일터, 상담소, 병원은 동시적 현장이다.

　　　　이 책에 오래 머문 이유는 일하는 여성들에게 페미니즘이 왜 서사적 자원이 되지 못하는가라는 질문에 명확히 답하지 못했기 때문이다. 분명 많은 여성이 예전과 달리 두려움 없이 자기 생각과 가치관을 말하기 시작했다. 많은 이가 '위험'을 무릅쓰면서도 분명 페미니스트가 되었다. 그렇다면 이들의 일 경험의 언어는 어떻게 달라졌는가? 한국의 일하는 여성들은 현장에서 느낀 문제의식을 공론화하고, 집단 행동에 참여함으로써 남녀고용평등법(1987), 영유아보육법(1991), 직장 내 괴롭힘 금지법(2019)을 포함한 일련의 법을 만들어내는 데 기여했다. 그리고 이들은 "그곳에 내가 있었다"고 주장한다.[2] 이렇게 페미니즘은 개인 역량에 기반한 권리와 지위 획득을 옹호하기보다는 구조적 해결책을 모색하는 '합의'를 만들어가는 운동이다. 하지만 점차 여성들은 그들 자신을 구조적 불평등의 간파자 혹은 피해자로 정의하는 것에서 '답'을 찾지 못한 듯하다. 대신 이들은 신자유주의가 강조하는 자기 책임의 윤리에 매료되었다. 그리고 성취와 인정에 얽매일수록 모든 상황을

'실패'로 정의 내리기 쉬워졌다.

　　　책의 제목이 호소하듯, 노동 환경의 변화 속에
여성들은 파편화되고 있다. 피폐해지는 일터에서 생존하고
성공하고자 이들은 "흠결 없는 존재"가 되리라 결심했다.
하지만 기본값이 남성인 일터의 기준을 해체하지 않은 채
능력을 증명해내겠다는 분투는 여성들에게 부분적 성공과
광범위한 우울을 안겨줬다. 스스로를 닦달하고, 비교하고,
질책하다가 어느 날 소리 없이 일터를 떠나거나, 해고되거나,
혼자 남았다. 여성들은 이렇게 흠결 없는 파편이 된다.
이때의 두려움과 고통 속에서 주위 여성들을 곁눈질하고
돌아보면서, 연결되고 싶다는 욕망을 갖는다. 그리고 다시
한 번 변화를 모색한다. 여성들의 페미니스트 자아는 여기에
머물지 말고, 상상력을 발휘하여 더 큰 자유와 평등을
회복하라고 요청한다. 홀로 흠결 없음을 추구하는 데서
벗어나 문제를 함께 이야기하고 해결하는 관계적 자아로
이동할 때, 자유를 맞이할 수 있다.

　　　나는 페미니즘이 말하는 '자유'와 '평등'이, 남성에게
할당되어왔던 거대한 지분을 찾아와 똑같이 나눠 갖자는
주장이 아니라고 말하고 싶다. 오히려 기업과 일터에 만연한
남성 중심적인 집단주의, 위계주의, 학력주의, 능력주의,
연고주의, 소수자 차별이라는 권력 역학을 여성들이
복제하거나 반복하지 않는 일이 중요하다고 강조하고

싶다. 젠더 다양성을 여성과 남성이 갖는 몫, 숫자의
문제로만 환원해서는 안 된다. 이것이 평등과 정의로 자동
귀결되지 않기 때문이다. 기득권, 계급, 학력, 지역, 성적
지향, 장애 등에서 같은 조건을 가진 사람 간의 동질성이나
동일성에 안주하기보다는, 다양한 조건의 사람들이
일터에 들어와 창의적 긴장과 활력을 만들어내는 것이
중요하다. 페미니즘의 역할은 일터의 환경을 바꾸고, 관행을
변화시키며, 더 다양한 해법을 제안하여, 일터가 노동자의 삶
모두를 장악하지 못하게 하는 데 있다.

　　　　오래전 자본주의가 기업과 자산가의 자유만을
확장하는 체제임을 비판한 칼 폴라니는 이를 '오염된 자유'라
불렀다.[3] 현대 한국의 정치 엘리트를 포함한 소수 특권 계급이
부르짖는 자유가 곧 이 오염된 자유다. 오염된 자유가 시민
개개인이 여가와 안정을 통해 자신과 사회의 재생산에
참여할 자유를 박탈했고, 사회적 협력을 모색해야 할 일터는
공존의 토대를 무너뜨리는 가장 불온한 난투장이 되고
있다. 여기서 상상력은 변혁적 행동을 위한 새로운 형상을
만들어낼 수 있다. 린다 제를리가 주장한 대로 페미니즘은
자유를 추구할 자유를 제공했다. 이 자유는 기존의 관행과
페미니스트 공동체로서 일과 삶 사이의 규범적 경계를
재정의하는 것이다.[4] 규범적 기대로부터 자신을 해방한다는
것은 신자유주의가 짜놓은 일터 안에서 여성들이 어떤

역할을 해야 하는지 또는 그것을 변화시키기 위해 어떤
해법이 있는지에 대해 미리 주어진 결론을 받아들이지
않는다는 의미다.

일터는 우리의 자아, 때로는 페미니스트 자아와
분리될 수 없다. 일터는 우리가 세상에 어떤 존재로 머무르고
있는지, 어떻게 존재하고 느끼고 살고 싶은지를 이해하는
데 영향을 준다. 마찬가지로 우리가 인생에서 아마 가장
오랜 시간을 보낼지도 모를 일터에서 우리의 페미니스트
자아도 발현되어야 한다. 발현의 순간은 더 높은 직위나
성공을 거머쥐었을 때 따라오는 트로피와 같은 것이 아니다.
그 순간은 언제나 현재적, 일상적이다. 그 순간은 부정의를
간파하는 사람들 간의 순간적이며 열정적인 협력에서
나온다. 역사가 증명하듯, 대안과 해방은 늘 '주변부'의
경험과 목소리에서 나온다. 현대 전문직·사무직 일터의
여성들은 목소리를 박탈당한 완벽한 피해자도 아니고,
그렇다고 능력을 통해 안정된 지위에 도달한 인간도 아니다.
그 경계와 노정 사이 어딘가에 위치한 존재로서, 그 과정에
놓인 무수한 해방의 가능성을 사유하고 실천할 수 있는
존재다. 여기서 일터의 페미니즘은 그 모습을 드러낸다.
일터가 좀 더 정의로운 공간이 되어야만 우리는 산책할
수 있다. 친구와 밥을 해 먹고, 지역 사회의 현안에 귀를
기울이고, 사회운동에 참여하는 온전한 인간이 될 수 있다.

전 세계에서, 무수한 영역에서 여성들은 일하고 있다. 이들에게 있어 평등의 모습, 정의로운 변혁의 모습은 다양하다. 여성들은 서로 다른 여성들 내부의 이질적인 경험과 위계 관계가 가부장적 자본주의가 행한 지속적인 젠더 배치의 결과라는 점을 이해하며, 공동의 대안을 구성해가도록 사유 방식을 변화시켜내야 한다. 일터와 삶터는 분리된 영역이 아니다. 공동의 대안은 일터의 불의와 싸우는 일뿐만 아니라 실업, 직업 훈련, 조세, 가족, 연금, 복지 제도에 뿌리 깊은 성 불평등을 인식하며 모든 이를 위한 사회적 안전망을 확보하는 것을 포함한다. 더불어 지구를 다시 살 만한 장소로 구성해내는 생태적 삶으로의 전환 역시 포함한다. 페미니즘은 페미니즘 내부의 이질적이고 낯선 목소리를 수용하고 반박함으로써, 성찰적이며 확장적인 생산성을 만들어낼 수 있다. 모든 정치운동의 역사가 그렇듯이, 페미니즘 또한 필연적으로 갈등을 통해 새 장을 열어간다. 일터의 페미니즘은 현재이며 도래할 미래이다.

# 주

여는 글

1   Bunting, Madeleine. *Willing Slaves: How the Overwork Culture is Ruling Our lives.* Harpercollins Publication Ltd, 2005.

2   여성가족부 청소년 통계, 2023.

3   "매킨지, 한국 여성 임금차별·유리천장 아시아 최악 수준"『한겨레』, 2018.04.25.

4   "남녀 간 임금 격차 연평균 2000만원…여성, 남성의 60% 수준·OECD '최악'"『경향신문』, 2023.08.08.

5   "여성 '집중고용' 직종도 남성월급 더 많아"『매일노동뉴스』, 2023.03.07.

6   인구주택 총조사 통계청 자료, 2020.

7   통계청,「2022 통계로 보는 1인가구」, 2022.

8   에릭 클라이넨버그,『고잉 솔로 싱글턴이 온다』, 안진이 옮김, 더퀘스트, 2013.

9   통계청,「2022 통계로 보는 1인가구」, 2022.

10  신경아,「서구사회 개인화 논의에 대한 여성주의적 고찰」『페미니즘 연구』12(1), 2012.

11  각 시기의 연구 결과는 보고서와 토론회 발표문, 학술 단행본으로 발표되었다. 구체적으로는 김현미(2009), "커리어우먼의 '정서' 관리: 커리어 '유지하기'와 커리어 '쌓아가기'의 사이에서"; 손승영·조혜정·김은실·김영옥· 이지연,『커리어 여성, 그들이 거기에 있다』미래인력연구원 연구보고서 ; 김현미(2015),

"청년 여성의 일과 이동의 좌충우돌 생애사: 해법의 모색" 한국여성민우회 토론회 ; 김현미(2016), "1인 가구 여성, 구조적 한계와 능동적 선택 사이에서" 한국여성민우회 토론회 ; 김현미(2017), "바로 여기서 차별에 대항한다: 페미니즘의 대중화와 정동적 전환" 한국여성민우회 토론회 ; 김현미(2021) 『페미니스트 라이프스타일』, 반비 ; 김현미(2023), "능력주의의 배신과 젠더화된 불안" 『오늘을 넘는 아시아 여성: 페미니즘이 묻고 인류학이 답하다』, 서울대학교 출판문화원.

### 1부

1   Ramos-Zayas (2012). Street Therapists: Race, Affect, and Neoliberal Personhood in Latino Newark. Chicago and London: University of Chicago Press.

2   오찬호, 『우리는 차별에 찬성합니다: 괴물이 된 이십대의 자화상』, 개마고원, 2013.

3   "살림밑천·부모 조력자…현관문 옆방을 거부하는 'K-장녀'들" 『한겨레』, 2020.07.23.

4   강민선, 『나의 비정규 노동담』, 임시제본소, 2019.

5   김영·황정미, 「"요요 이행"과 "DIY 일대기": 이행기 청년들의 노동 경험과 생애 서사에 대한 질적 분석」 『한국사회』 14(1), 고려대학교 한국사회연구소, 2013.

6   같은 글.

7   박기남, 「20-30대 비혼 여성의 고용 불안 현실과 선택」 『한국여성학』 27(1), 2011.

8   윤이나, 『미쓰윤의 알바일지: 14년차 알바생의 웃픈 노동 에세이』, 미래의창, 2016.

9   김성훈, 「대학 재학 중 비정규노동과 졸업 후 노동시장 성과」 『한국교육학연구』(구 안암교육학연구), 17(2), 안암교육학회, 2011.

10  박기남, 앞의 글.

11  「로제타」, 장 피에르 다르덴, 뤽 다르덴 감독, 1999.

12  Holmes, Janet and Schnurr, Stephanie. "'Doing Femininity' at Work: More than just Relational Practice" Journal of Sociolinguistics, 10(1), 2006.

13  Miles, Sara. Gender and Politeness, Cambridge, UK: Cambridge University Press, 2003.

14  Mavin, S. and Grandy, G. "Doing Gender well and differently in management" Gender in Management: An International Journal, 27(4), 2012.

15  게일 에반스, 『남자처럼 일하고 여자처럼 승리하라』, 공경희 옮김, 해냄, 2000.

16  Fogiel-Bijaoui, Sylvie. "Women

in the Kibbutz: The "Mixed Blessing" of Neo-Liberalism" *Nashim: A Journal of Jewish Women's Studies & Gender Issues*, No.13, Jewish Women in the Economy, Spring 2007.

17 McRobbie, Angela. *The Aftermath of Feminism: Gender, Culture and Social Change*, Los Angeles and London: SAGE, 2009.

18 Adamson, Maria. "Postfeminism, Neoliberalism and A 'Successfully' Balanced Femininity in Celebrity CEO Autobiographies" *Gender, Work & Organization*, 24(3), 2017.

19 McRobbie, Angela. "Notes on the Perfect: Competitive Femininity in Neoliberal Times" *Australian Feminist Studies*, 30(83), 2015.

20 Rottenberg, Catherine "Women Who Work: The limits of the neoliberal feminist paradigm" *Gender, Work & Organization*, 26(8), 2019.

21 Baker, Darren T and Brewis, Deborah N "The melancholic subject: A study of self-blame as a gendered and neoliberal psychic response to loss of the 'perfect worker'" *Accounting, Organizations and Society*, vol.82(C), 2020.

## 2부

1 Schnurr, Stephanie. "Constructing leader identities through teasing at work" *Journal of Pragmatics*, 41(6), June 2009.

2 화간(和姦)은 부부가 아닌 사람들 간 정사를 의미하는 옛 표현이지만 중장년층 남성의 경험 세계를 반영하기 위해 사용했다.

3 김보화, 『시장으로 간 성폭력』, 휴머니스트, 2023.

4 셰어 하이트, 『기업과 섹슈얼리티』 이경미 옮김, 굿모닝미디어, 2002.

5 1개월 이내 퇴사가 57퍼센트, 3개월 이내 11퍼센트, 6개월 이내 14퍼센트다. 진주원, "직장 내 성희롱 신고는 한해 500건, 검찰 기소는 5년간 9건" 『여성신문』 1485호, 2018.04.11.

6 "보통의 '김지은들'이 만들어낸 승리…김지은씨 "성폭력 피해자 용기 함께 하겠다"" 『한겨레』, 2019.09.09.

7 Echiejile, Innocent. "Dealing with sexual harassment at work" *Employee Counselling Today*, 5(4), 1993.

8 Jacobson, Ryan K. and Eaton, Asia A. "How Organizational Policies Influence Bystander Likelihood of Reporting Moderate and Severe Sexual Harassment at Work" *Employee Responsibilities and Rights Journal*, 30(1), Mar 2018.

9  "대한항공 성폭력 피해자, 3년 만에 "이제서야 존엄 가치 회복""『한겨레』, 2023.08.24.

10  Kettrey, Heather Hensman and Marx, Robert. "The 'Bystander Effect' and Sexual Assault" *The Wire*, 2018.10.8.

11  Glick, P. and Fiske, S. T. "An Ambivalent alliance: hostile and benevolent sexism as complementary justifications for gender inequality" *American Psychology*, 56, 2001.

12  Stamarski, Cailin S. and Son Hing, Leanne S. "Gender inequalities in the workplace: the effects of organizational structures, processes, practices, and decision makers' sexism" *Frontiers in Psychology*, vol.6, 2015.

13  저자가 심층 면접을 수행한 남성은 총 일곱 명으로 한국여성민우회 주관 「1인 가구 여성」 연구에서 40대 남성 3명, 2018~2019년에 면접한 30대 직장인 남성 3명, 2023년에 개인적으로 면접한 관리직 남성 1명이다.

14  Schnurr, Stephanie. 같은 글.


3부

1  리처드 세넷, 『신자유주의와 인간성의 파괴』, 조용 옮김, 문예출판사, 2002.

2  박선화, 『남자에겐 보이지 않아: 함께하고 싶지만 어쩐지 불편한 심리 탐구』, 메디치미디어, 2018.

3  이다혜, 『출근길의 주문: 일터의 여성들에게 필요한 말, 글, 네트워킹』, 한겨레출판, 2019.

4  Holmes, Janet and Schnurr, Stephanie. "'Doing Femininity' at Work: More than just Relational Practice" *Journal of Sociolinguistics*, 10(1), 2006.

5  '긱(gig)'이라는 말은 공연 장소 주변에서 필요할 때마다 공연이 가능한 사람을 물색해 공연에 투입했던 데서 기원한다. 1920년대 이후 미국의 대도시를 중심으로 늘어났던 재즈 클럽 주위에서 생겨난 '긱'이라는 단어가 새로운 경제 형태를 가리키는 표현으로 등장했다. IT 스타트업 조직들을 필두로 모든 노동이 긱 형태로 변할 것이라는 예견도 있다.

6  Ho, Swee-Lin. *Friendship and Work Culture of Women Managers in Japan: Tokyo After Ten*, London: Routledge, 2018.

7  엄승미·김영미, 「여성 관리자의 가치위협과 조직의 젠더 불평등」『한국사회학』, 56(2), 2022.

8  Duguid, Michelle M., Denise Lewin Loyd, and Pamela S. Tolbert. "The Impact of Categorical Status, Numeric Representation, and Work Group Presitige on Preference for Demographically Similar

Others: A Value Threat Approach" *Oranization Science,* 23(2), 2012.

9  엄승미·김영미, 같은 글.


### 4부

1  이 글의 일부는 『오늘을 넘는 아시아 여성: 페미니즘이 묻고 인류학이 답하다』(지은숙·구기연·오은정 편저, 서울대학교출판문화원, 2023) 제4장에 「능력주의의 배신과 젠더화된 불안: 한국 전문직 여성의 일 경험」으로 실렸다.

2  Williams, Christine L. "The Glass Escalator: Hidden Advantages for Men in the 'Female' Professions" *Social Problems,* 39(3), 1992.

3  Ryan, Michelle K. and Haslam, S. Alexander Haslam. "The Glass Cliff: Exploring the Dynamics Surrounding the Appointment of Women to Precarious Leadership Positions" *The Academy of Management Review,* 32(2), 2007.

4  딜버트의 법칙은 미국의 만화가 스콧 애덤스의 『딜버트』에서 등장했다. 개념에 관한 자세한 소개는 강준만, 『생각의 문법』(인물과 사상사, 2015) 참조.

5  Harris, Daniel. "The Contents of Women's Purses: An Accessory in Crisis" *Salmagundi,* No.114/115 Spring-Summer 1997.

6  앨리 러셀 혹실드, 『가족은 잘 지내나요?』, 이계순 옮김, 이매진, 2016.

7  권자경·김수경·윤성원, 『스타트업으로 출근합니다』, 스여일삶, 2021.

8  "여성 10명 중 6명, 육아휴직 후 직장 복귀 못했다" 『한겨레』, 2020.02.12.

9  "1990년대생 창업가 16팀의 비범하고도 유쾌한 성장 스토리" 『코스모폴리탄코리아』 2023년 3월호.

10  중소벤처기업부, 「2021 여성기업실태조사」.

11  "Understanding the Venture Capital Gender Gap" *Harvard Business Review*, 2021.03.18.

12  같은 곳.

13  "'젠더 렌즈' 부상하는 VC업계… 주목받는 여성 리더 4인방" 『한경비즈니스』, 2021.11.16.

14  Quinlan, J. and VanderBrug, J. *Gender Lens Investing: Uncovering Opportunities for Growth, Returns, and Impact*, John Wiley & Sons, 2016.

15  "창업 생태계 '성차별' 없애고 공정한 정책 도입해야 해요" 『한겨레』, 2023.03.21.

16  김미선, 「한국전쟁 이후 '여성의 경제(Female Economy)'의 형성: 양장점 운영을 중심으로」

『한국여성학』 38(1), 2022.

17 Alfonseca, Kiara. "The feminist
   movement has changed
   drastically. Here's what the
   movement looks like today" *ABC
   News*, 2023.03.08.

18 Crepax, Rosa. "The
   Aestheticisation of Feminism:
   A Case Study of Feminist
   Instagram Aesthetics" *ZoneModa
   Journal*, 10(1S.), 2020.

19 김지효, 『인생샷 뒤의 여자들: 피드
   안팎에서 마주한 얼굴』, 오월의봄,
   2023.

20 Rahman, Syed Abidur et al.
   "Shaping bricolage behaviour:
   the role of personality traits
   among female entrepreneurs
   in an emerging economy"
   *International Journal of Emerging
   Markets*, 18(3), 2023.

21 Lauri, Johanna. "Feminism
   Means Business: Business
   Feminism, Sisterhood and
   Visibility" *NORA-Nordic Journal
   of Feminist and Gender Research*,
   29(2), 2021.

22 Hutto, Cara "Ways Women
   Work: How Assimilation Affects
   a Workday & What Allies Can Do
   About It" *INHERSIGHT.*

23 제현주, 『일하는 마음: 나를 키우며
   일하는 법』, 어크로스, 2018.

24 Mavin, Sharon and Yusupova,
   Marina. "'I'm competitive with

myself': A study of women
   leaders navigating neoliberal
   patriarchal workplaces" *Gender,
   Work & Organizations*, 30(3) 2022.

25 전은영·김소라, 『페미니스트인
   내가 어느 날 직장인이 되었다』,
   동녘, 2022.

26 같은 책.


닫는 글

1 Crowley, Martha and Hodson,
   Randy. "Neoliberalism at Work"
   Social Currents, 1(1), 2014.

2 일하는여성아카데미, 『그곳에 내가
   있었다』, 이프북스. 2019.

3 칼 폴라니, 『거대한 전환: 우리
   시대의 정치·경제적 기원』, 홍기빈
   옮김, 도서출판 길, 2009.

4 린다 M.G. 제릴리, 『페미니즘과
   자유의 심연』, 조주현 옮김, 박영사,
   2022.

# 참고문헌

강민선, 『나의 비정규 노동담』,
　　임시제본소, 2019.

게일 에반스, 『남자처럼 일하고
　　여자처럼 승리하라』, 공경희 옮김,
　　해냄, 2000.

권자경·김수경·윤성원, 『스타트업으로
　　출근합니다』, 스여일삶, 2021.

김미선, 「한국전쟁 이후 '여성의
　　경제(Female Economy)'의
　　형성: 양장점 운영을 중심으로」
　　『한국여성학』 38(1), 2022.

김보화, 『시장으로 간 성폭력』,
　　휴머니스트, 2023.

김성훈, 「대학 재학 중 비정규노동과
　　졸업 후 노동시장 성과」
　　『한국교육학연구』 17(2),
　　안암교육학회, 2011.

김영·황정미, 「"요요 이행"과 "DIY
　　일대기": 이행기 청년들의
　　노동 경험과 생애 서사에 대한
　　질적 분석」 『한국사회』 14(1),
　　고려대학교 한국사회연구소, 2013.

김지효, 『인생샷 뒤의 여자들: 피드
　　안팎에서 마주한 얼굴』, 오월의봄,
　　2023.

리처드 세넷, 『신자유주의와 인간성의
　　파괴』, 조용 옮김, 문예출판사,
　　2002.

린다 M.G. 제를리, 『페미니즘과 자유의
　　심연』, 조주현 옮김, 박영사, 2022.

박기남, 「20-30대 비혼 여성의 고용
　　불안 현실과 선택」 『한국여성학』
　　27(1), 2011.

박선화, 『남자에겐 보이지 않아:
　　함께하고 싶지만 어쩐지 불편한
　　심리 탐구』, 메디치미디어, 2018.

셰어 하이트, 『기업과 섹슈얼리티』
　　이경미 옮김, 굿모닝미디어, 2002.

소풍, 『젠더 안경을 쓰고 본 기울어진 투자 운동장』, 2018.

신경아, 「서구사회 개인화 논의에 대한 여성주의적 고찰」 『페미니즘 연구』 12(1), 2012.

앨리 러셀 혹실드, 『가족은 잘 지내나요?』, 이계순 옮김, 이매진, 2016.

엄승미·김영미, 「여성 관리자의 가치위협과 조직의 젠더 불평등」 『한국사회학』 56(2), 2022.

에릭 클라이넨버그, 『고잉 솔로 싱글턴이 온다』, 안진이 옮김, 더퀘스트, 2013.

오찬호, 『우리는 차별에 찬성합니다: 괴물이 된 이십대의 자화상』, 개마고원, 2013.

윤이나, 『미쓰윤의 알바일지: 14년차 알바생의 웃픈 노동 에세이』, 미래의창, 2016.

이다혜, 『출근길의 주문: 일터의 여성들에게 필요한 말, 글, 네트워킹』, 한겨레출판, 2019.

일하는여성아카데미, 『그곳에 내가 있었다』, 이프북스. 2019.

전은영·김소라, 『페미니스트인 내가 어느 날 직장인이 되었다』, 동녘, 2022.

제현주, 『일하는 마음: 나를 키우며 일하는 법』, 어크로스, 2018.

칼 폴라니, 『거대한 전환: 우리 시대의 정치·경제적 기원』, 홍기빈 옮김, 도서출판 길, 2009.

Adamson, Maria (2017) "Postfeminism, Neoliberalism and A 'Successfully' Balanced Femininity in Celebrity CEO Autobiographies" *Gender, Work & Organization,* 24(3).

Bunting, Madeleine (2005) *Willing Slaves: How the Overwork Culture is Ruling Our lives,* Harpercollins Publication Ltd.

Crepax, Rosa (2020) "The Aestheticisation of Feminism: A Case Study of Feminist Instagram Aesthetics" *ZoneModa Journal,* 10(1S).

Crowley, Martha and Hodson, Randy (2014) "Neoliberalism at Work" *Social Currents,* 1(1).

Duguid, Michelle M., Denise Lewin Loyd, and Pamela S. Tolbert (2012) "The Impact of Categorical Status, Numeric Representation, and Work Group Presitige on Preference for Demographically Similar Others: A Value Threat Approach" *Oranization Science,* 23(2).

Echiejile, Innocent (1993) "Dealing with sexual harassment at work" *Employee Counselling Today*, 5(4).

Fogiel-Bijaoui, Sylvie (2007) "Women in the Kibbutz: The "Mixed Blessing" of Neo-Liberalism" *Nashim: A Journal of Jewish*

*Women's Studies & Gender Issues*, No.13, Jewish Women in the Economy.

Glick, P. and Fiske, S. T. (2001) "An Ambivalent alliance: hostile and benevolent sexism as complementary justifications for gender inequality" *American Psychology*, 56.

Harris, Daniel (1997) "The Contents of Women's Purses: An Accessory in Crisis" Salmagundi No.114/115.

Ho, Swee-Lin (2018) *Friendship and Work Culture of Women Managers in Japan: Tokyo After Ten*, London: Routledge.

Holmes, Janet and Schnurr, Stephanie (2006) "'Doing Femininity' at Work: More than just Relational Practice" *Journal of Sociolinguistics*, 10(1).

Jacobson, Ryan K. and Eaton, Asia A. (2018) "How Organizational Policies Influence Bystander Likelihood of Reporting Moderate and Severe Sexual Harassment at Work" *Employee Responsibilities and Rights Journal*, 30(1).

Lauri, Johanna (2021) "Feminism Means Business: Business Feminism, Sisterhood and Visibility" *NORA: Nordic Journal of Feminist and Gender Research*, 29(2).

Mavin, S. and Grandy, G. (2012) "Doing Gender well and differently in management," *Gender in Management: An International Journal*, 27(4).

Mavin, Sharon and Yusupova, Marina (2022) "'I'm competitive with myself': A study of women leaders navigating neoliberal patriarchal workplaces" *Gender, Work & Organizations*, 30(3).

McRobbie, Angela (2009) *The Aftermath of Feminism: Gender, Culture and Social Change*, Los Angeles and London: SAGE.

— (2015) "Notes on the Perfect: Competitive Femininity in Neoliberal Times" *Australian Feminist Studies*, 30(83).

Miles, Sara (2003) *Gender and Politeness*, Cambridge, UK: Cambridge University Press.

Quinlan, J. and VanderBrug, J. (2016) *Gender Lens Investing: Uncovering Opportunities for Growth, Returns, and Impact*, John Wiley & Sons.

Rahman, Syed Abidur et al. (2023) "Shaping bricolage behaviour: the role of personality traits among female entrepreneurs in an emerging economy" *International Journal of Emerging Markets*, 18(3).

Ramos-Zayas, Ana Y. (2012) *Street Therapists: Race, Affect, and*

*Neoliberal Personhood in Latino Newark*. Chicago and London: University of Chicago Press.

Rottenberg, Catherine (2019) "Women Who Work: The limits of the neoliberal feminist paradigm" *Gender, Work & Organization*, 26(8).

Ryan, Michelle K. and Haslam, S. Alexander Haslam (2007) "The Glass Cliff: Exploring the Dynamics Surrounding the Appointment of Women to Precarious Leadership Positions" *The Academy of Management Review*, 32(2).

Schnurr, Stephanie (2009) "Constructing leader identities through teasing at work" *Journal of Pragmatics*, 41(6).

Stamarski, Cailin S. and Son Hing, Leanne S. (2015) "Gender inequalities in the workplace: the effects of organizational structures, processes, practices, and decision makers' sexism" *Frontiers in Psychology*, vol.6.

Williams, Christine L. (1992) "The Glass Escalator: Hidden Advantages for Men in the 'Female' Professions" *Social Problems*, 39(3).

# 흠결 없는 파편들의 사회

| | |
|---|---|
| 1판 1쇄 발행 | 2023년 11월 10일 |
| 1판 4쇄 발행 | 2024년 7월 15일 |

| | |
|---|---|
| 지은이 | 김현미 |
| 편집 | 이두루 |
| 디자인 | 우유니 |

| | |
|---|---|
| 펴낸곳 | 봄알람 |
| 출판등록 | 2016년 7월 13일 2021-000006호 |
| 전자우편 | we@baumealame.com |
| 인스타그램 | @baumealame |
| 트위터 | @baumealame |
| 홈페이지 | baumealame.com |

| | |
|---|---|
| ISBN | 979-11-89623-21-0 (03330) |